国家出版基金项目
NATIONAL PUBLICATION FOUNDATION

中国话语体系建设丛书

丛书主编　沈壮海

▼ 邢瑞磊　著

中国国际关系学话语体系建设

WUHAN UNIVERSITY PRESS
武汉大学出版社

图书在版编目(CIP)数据

中国国际关系学话语体系建设/邢瑞磊著. -- 武汉：武汉大学出版社,2025.5. -- 中国话语体系建设丛书/沈壮海主编. -- ISBN 978-7-307-25046-8

Ⅰ.D80

中国国家版本馆 CIP 数据核字第 20250DG243 号

责任编辑:黄金涛   责任校对:汪欣怡   版式设计:马　佳

出版发行:**武汉大学出版社**　　(430072　武昌　珞珈山)

(电子邮箱:cbs22@whu.edu.cn　网址:www.wdp.com.cn)

印刷:湖北恒泰印务有限公司

开本:720×1000　1/16　　印张:15.5　　字数:253 千字　　插页:2

版次:2025 年 5 月第 1 版　　2025 年 5 月第 1 次印刷

ISBN 978-7-307-25046-8　　　定价:99.00 元

"中国话语体系建设丛书"编委会

作者简介

邢瑞磊，武汉大学政治与公共管理学院副教授，硕士生导师。武汉大学经济外交研究中心主任。中国高等教育学会国际政治研究专业委员会理事，中国欧洲学会理事。当前的研究领域为国际关系理论、比较地区主义、欧洲政治、国际安全、全球治理等。已在国内CSSCI期刊发表论文二十余篇，文章多次被《中国社会科学文摘》《人大复印报刊资料》转载；主持完成国家社会科学基金青年项目一项，参与国家社会科学基金重大项目一项（子课题负责人），主持完成部委委托课题近十项。

前　　言

　　2022年4月习近平总书记在中国人民大学考察调研时强调，加快构建中国特色哲学社会科学，归根结底是建构中国自主的知识体系，要以中国为观照、以时代为观照，立足中国实际，解决中国问题，不断推动中华优秀传统文化创造性转化、创新性发展，不断推进知识创新、理论创新、方法创新，使中国特色哲学社会科学真正屹立于世界学术之林。这是继2016年习近平在哲学社会科学工作座谈会上把"学科体系、学术体系和话语体系"建设作为构建中国特色哲学社会科学的重大战略以来，就中国特色哲学社会科学建设做出的又一次重要论述。

　　建设具有中国特色的自主的知识体系，是新时代赋予我们的重大使命。学科体系是指由科学研究的若干基本领域或分支以特定方式联系而成的具有特定结构和功能的整体。学科体系的核心构成单元是学科分支，其分类遵循知识系统的内在逻辑与社会需求的动态平衡。学科体系主要由主体学科、主干学科、支撑学科和特色学科构成，是关于某一学科专门知识的传承与研究体系，包括学术流派、学术观点、学术评价、研究与教学的理论方法等。学术体系在"三大体系"中居于核心地位，是学科发展的载体和学科划分的实践检验，是话语表达的根本所在，是学术成果的最终标志。话语体系则承担着学术成果社会化与国际化的双重使命，是学科体系、学术体系的外在表达。学科体系、学术体系的内涵决定了话语体系的表达方式与时代特征。

　　在哲学社会科学的诸多学科之中，国际关系学具有较强的政治性和竞争性，其学科体系、学术体系和话语体系建设显得尤为关键。在新时代的变革浪潮中，中国国际关系学话语体系建设已成为中国学界回应国家发展需求和促进人类文明进步的重要任务。当前，国际秩序正经历自威斯特伐利亚体系建立以来最深刻的转型期，其动力机制呈现多维度交织特征：技术革命重构权力生成逻辑，非西方文明集体觉醒冲击西方中心主义的知识体系，全球南方通过制度创新重塑治理规则。这一次的秩序转型并非简单的权力转移，而是文明对话范式、制度性权力分配和话语合法性基础的系统性变革。① 第四次科技革命引发的数字主权争夺标志着技术已成为秩序重构的核心变量。② 中国北斗导航系统在突破 GPS 垄断的同时，通过"数字丝绸之路"将地理空间优势转化为规则制定权。同时，技术赋权现象使得中小国家能够在特定领域实现"不对称超越"，这种权力扩散正在瓦解传统中心——边缘的秩序结构。③

全球南方的结构性崛起构成秩序转型的伦理革命。2024 年金砖机制历史性扩容(伊朗、沙特等加入)和非洲自贸区启动，标志着发展中国家从规则接受者向制度设计者的角色转变。2023 年 9 月举行的首届非洲气候峰会上，非洲领导人联合签署了《内罗毕宣言》，明确提出对碳关税的批判，呼吁建立符合非洲需求的融资机制。峰会期间多位非洲政要和学者将碳关税等气候政策称为"新殖民主义手段"，认为其本质是发达国家通过规则设定转嫁气候治理成本，限制非洲地区发展权。非洲需通过绿色工业化实现自主发展，而非接受外部强加的碳市场规则。这实质是全球南方国家对发达国家主导的全球治理体系发起挑战，争夺全球治理规则的定义权。同时，金砖国家通过《喀山宣言》，强调促进建立本币结算体系、气候补偿基金等机制，其内含的"差异共存"原则既否定西方"普世主义"的话语霸权，又超越"冷战"式意识形态对抗，标志着金砖国家从经济合作上升到"文明平等对话"，旨在构建更具代表性、更加公平的国际秩序"，支持新兴市场和发展中国家在国际事务中平等地参与，反对西方中心主义。

国际秩序转型的深层逻辑与阿米塔夫·阿查亚(Amitav Acharya)提出的全球

---

① 王明国：《从边缘性反抗到结构性重塑："全球南方"与国际秩序转型》，载《太平洋学报》2024 年第 5 期，第 19-24 页。

② 蔡翠红：《新科技革命与国际秩序转型变革》，载《人民论坛》2024 年第 4 期，第 10 页。

③ Madeleine O. Hosli, Joren Selleslaghs (eds.) *The Changing Global Order*: *Challenges and Prospects*, 2024, pp. 87-103.

国际关系学(Global IR)知识运动及其"复合世界"理论形成深刻呼应。阿查亚指出,传统国际关系理论长期受困于西方中心主义的桎梏,将威斯特伐利亚体系与自由主义霸权秩序视为唯一合法性模板,而忽视了非西方行为体的施动性及其对规范的重构能力。这一批判直指国际关系学的知识生产机制,例如,多边主义的历史叙事往往以19世纪欧洲协调为起点,却忽略古埃及、美索不达米亚乃至万隆会议等非西方实践对全球治理的贡献。当前秩序转型的核心特征——行为体多元化、互动动态化与规则多层化——正是"复合世界"理论的实践映射。其中,复合世界的规则多层化揭示了国际秩序合法性的重构逻辑。阿查亚强调的"多元普遍主义"主张在尊重文明差异性基础上寻求共识。这种规则体系既包含威斯特伐利亚遗产,又融入"天下体系"和"曼荼罗秩序"等非西方智慧,形成"分层整合"的治理结构。更重要的是,阿查亚的"复合世界"理论不仅是对霸权秩序的批判,更是对全球国际关系学的范式革新。他强调,国际关系的理论构建需从"文明研究"视角出发,将历史纵深扩展至5000年,揭示被西方中心叙事遮蔽的秩序可能性。①

在世界秩序转型过程中,中国在世界秩序重塑和全球治理中的作用日益突出,跟"复合世界"的核心理念形成深刻共鸣。自改革开放以来,尤其是加入世界贸易组织(WTO)后,中国迅速成为全球经济体系建构的重要参与者。中国在全球经济体系中的角色从"边缘追随者"逐步转变为"核心参与者"和"积极建设者"。在经济增长的背后,中国的外交政策也在不断调整,越来越多地反映出对国际事务的积极参与和对全球治理的贡献。国际问题专家认为,在过去30年里,中国在世界政治中遵循着世界秩序的既定规范,实现了和平崛起。马丁·雅克指出:"中国的发展模式为全球提供了新的选择,不再仅仅是西方自由市场的主导模式。"这表明中国崛起不仅在经济领域影响深远,也为全球治理提供了新的视角。② 尤其是2013年以来中国提出了旨在促进区域间经济合作与互联互通的"一带一路"倡议。"一带一路"倡议是中国以共同发展与合作共赢理念在全球治理中

---

① Amitav Acharya, *The End of American World Order*, Polity Press, 2018, pp. 134-137.

② Martin Jacques, *When China Rules the World: The End of the Western World and the Birth of a New Global Order*, Penguin Books, 2012, pp. 103-106.

寻求提升话语权的重要举措。

尽管中国在全球经济和政治体系中发挥日益重要的作用，可是当前中国在全球政治、经济规则制定中的话语权却与其国际地位不匹配。这种中国在全球政治经济规则制定中的话语权与其综合国力之间的结构性失衡，既是西方主导的治理体系长期制度性排斥的结果，也与中国在国际话语建构中的理论与实践挑战密切相关。

首先，当前国际话语权存在结构性缺失。中国缺乏在全球范围内引起共鸣的理论体系来解释和影响全球事务。第二次世界大战结束以来，国际关系的理论体系主要由西方国家建构，包括现实主义、自由主义和建构主义等这些主流国际关系理论范式均是如此。这些理论深深根植于西方的历史经验和文化背景，其基本假设和研究方法大多反映了西方国家的政治利益和价值观。西方主流国际关系理论虽然能够部分解释全球政治经济现象，但它们基于西方的历史经验和文化背景，难以充分反映发展中国家，尤其是中国等新兴大国在全球事务中的角色和贡献。中国国际话语权的提升，本质上是文明对话范式的革命性重构。这要求超越"制度替代"的对抗逻辑，在技术赋权、知识创新与价值共识的交互中，探索多元现代性的共生路径。

学术和话语上的不对称性导致中国在参与国际事务时，常常需要借用西方的理论框架，无法全面、准确地表达自己的观点和立场。这种"理念缺失"现象，反映出一种更广泛的结构性不平衡，不仅限于经济或军事层面，更是涉及价值观和文化的认同问题。巴里·布赞着重指出，西方国际关系理论的主导地位加剧了发展中国家的声音被边缘化，特别是在涉及国家主权和发展议题时，这种结构性缺失尤为明显。他认为"传统国际关系理论的框架使得发展中国家的视角和经验难以纳入主流讨论之中"。①

国际话语权的结构性缺失和国际关系理论上的局限使得中国的国际贡献和立场难以被国际社会充分理解和接受。例如，中国在非洲和拉丁美洲的投资与合作，尽管对当地经济发展产生了积极影响，但西方国家却常常将其解读为"新殖

---

① Buzan, Barry. *From International to World Society? English School Theory and the Social Structure of Globalization.* Cambridge University Press, 2004, pp. 189-192.

民主义"。国际事务分析师亚历克斯·古尔德坦言："西方对中国在非洲的投资缺乏客观理解，常常以偏见的方式解读中国的意图。"①这种误解不仅削弱了中国的国际形象，也限制了中国在全球治理中的话语权。简言之，中国在全球事务中的话语权主要受限于理论体系的缺失。西方主流国际关系理论未能充分反映中国的发展模式和国际贡献，导致中国在国际事务中常常面临声音被边缘化的困境。构建一个具有中国特色的国际关系理论体系，既是提升中国国际话语权的必要途径，也是对全球治理贡献的有效保障。

其次，当前全球治理体系存在不平等结构。近年来，中国尽管在经济、科技等"硬实力"方面取得了显著进步，但在全球治理中的"软实力"仍然相对薄弱。这一现象在全球治理和国际组织的议程设置、规则制定和投票权方面中表现得尤为明显。当前，以联合国、国际货币基金组织（IMF）和世界银行等政府间国际组织为代表的全球治理体系，依然以西方发达国家的利益为核心。例如，国际货币基金组织的投票权分配仍固守 1944 年布雷顿森林体系框架，美国凭借 16.5% 的否决权压制新兴经济体诉求，而中国虽为全球第二大经济体，投票权仅占 6.09%，是"资本—知识"复合霸权的直接体现。要实现更平衡的全球治理，中国需要进一步参与规则的制定，增强在国际机构中的话语权。

最后，当前国际舆论场存在非对称竞争。全球媒体和国际舆论场是展现国际话语权的重要领域，而这一领域长期以来为西方国家所主导。西方的主流媒体，包括 CNN、BBC、路透社等，掌控着全球大部分的新闻信息流和舆论导向。这些媒体不仅能够塑造全球公众的观点和看法，还能够通过传播特定的叙事框架，影响全球的政治决策者和舆论。中国虽然近年来加大了对外传播的投入，推出了包括中国国际电视台、新华网等一系列国际传播平台，但在国际舆论场中的影响力仍然有限。西方媒体长期主导的舆论框架，使得中国的声音在国际社会中往往被边缘化或误解。尤其是在涉及中国核心利益的议题上，西方媒体往往采取与中国政府立场相对立的报道角度，进一步加剧了国际社会对中国的误解。

上述问题不仅与中国的国际话语权相关，更是在世界秩序转型期，引导中国

---

① Gould, Alex. "China's Role in Africa: New Colonialism or Mutual Development?" *Foreign Policy*, 2016.

国际关系学理论创新和自主知识体系建设的出发点。国际话语权与学术体系、学科体系以及世界秩序转型实践之间存在深刻的互构关系。本书以中国国际关系自主知识体系构建路径为依托,强调学术体系和学科体系的协同演进决定着中国国际话语体系的表达方式与时代特征。在系统梳理国际关系学的学术体系和学科体系内涵式发展的基础上,围绕国际话语权这个核心研究对象,从"能力、权力、权利"相结合的角度,系统考察国际秩序转型过程中,中国国际话语体系建设的定位、作用机制及现实挑战。

目　　录

第一章

学术体系建构：从社会科学到国际关系学

第一节　波普尔"钟与云"隐喻及社会科学理论类型

社会科学是探究人类行为与社会现象的学科体系，其核心目标在于探索社会运行的规律。然而，由于社会科学的研究对象社会世界具有主体间性和复杂性特点，导致了多种认识论与方法论路径的形成。人类社会的运行不仅包括客观的物质实践，还涉及主体间的意义构建以及深层次的权力博弈。这种多维度特性决定了社会科学研究需要超越单一视角的限制。哈贝马斯的生活世界理论将社会存在划分为劳动、沟通和权力三个维度，相应地形成了经验——分析知识、历史——解释性知识和批判知识的分类框架。这三种知识类型反映了不同的认知兴趣，为理解社会现实提供了互补的视角。① 其中，经验——分析知识或解释型（explanatory）理论关注对客观的或客观化的世界作出准确预测及有效控制，以建立变量间的逻辑关系模型，揭示社会现象的因果关系为目标，强调通过可验证的假设和规律性总结实现理论建构。历史——解释性知识或诠释型（interpretive）理论关注行为体的意义赋予过程，强调对主体间动机、意向和意义的理解。批判型（critical）理论直面权力的宰制性结构，指向社会解放的实践旨趣。例如，马克思对资本的剖析揭示了经济关系如何转化为政治支配。社会科学的多元方法论本质

① 周晓虹：《西方社会学理论的历史和体系（第一卷）》，上海人民出版社 2002 年版，第 31 页。

上折射出人类认知社会存在的不同维度。经验——分析知识构建了工具理性的认知框架，历史——解释性知识复原了主体间的意义网络，批判型知识解构了支配性权力结构。

接下来，我们借助卡尔·波普尔(Karl Popper)"钟与云"的隐喻为我们理解社会科学理论的多样性和复杂性提供框架。① 在波普尔的哲学中，科学的核心特征之一是可证伪性，意思是科学理论必须可以被实际的观察和实验所反驳或推翻，而不是通过经验和观察的验证来证明。波普尔的"证伪主义"科学方法论的程序可简化为：P1→TT→EE→P2，即科学发展的"四段式"。科学发展由问题(P1)出发，针对问题提出尝试性或猜测性理论(TT)，各种理论竞争和批判，接受经验检验(EE)筛选出逼真性更高的理论，新理论被证伪或反驳引发新问题(P2)。在这样无限循环往复不断前进的过程中科学知识得到发展。② 在这个科学研究过程中，"钟"作为象征代表"科学的秩序"，是坚固、稳定、可测量和可预测的。就像钟表的规律性一样，波普尔强调科学理论在揭示世界规律的过程中，需要对任何理论进行批判性检验，提出可能会被证伪的假设，基于此不断调整和进步。

然而，波普尔对科学理论的看法并非完全支持"钟"代表的单一秩序和固定性，他同样强调科学的开放性和不可预见性。波普尔提到，科学并非一个逐渐积累的过程，而是不断遭遇批评、颠覆和再生的过程。科学理论必须保持开放性，允许不同的观点和理论进入并挑战现有假设。"云"可以作为这一观点的隐喻，象征变化、开放性和多样性。云总是在变化，无法完全预见其形态，这正如社会、文化以及科学中充满不确定性和变革的部分。波普尔认为，社会系统应当是开放的，意味着它应尊重多元思想和动态变革。云的流动性和不确定性恰好反映了这一观点，它提醒我们，社会科学应避免陷入任何僵化的理论陷阱。

从波普尔的哲学角度来看，钟和云可以被视为理性与自由、秩序与创新之间的辩证关系。钟代表了我们对世界进行有效控制、理解和预测的能力。"云"则代表了在这一过程中不可忽视的动态性与不可预测性，强调创新和反思的必要

---

① ［英］卡尔·波普尔著，舒炜光等译：《客观知识》，上海译文出版社 2005 年版，第 239-288 页。

② 闻凤兰：《论波普尔的社会科学方法论体系》，载《学习与探索》2009 年第 6 期，第 33-35 页。

性。波普尔的科学方法正是基于这种"在不确定性中寻求确定性"的动态平衡。波普尔"钟与云"隐喻揭示了科学理论中理性与变革、稳定性与不确定性、普遍性与特殊性之间的张力。波普尔提醒我们只有通过不断的批判性对话和理论的更新，科学便能够从"云"中吸取灵感，不断发展和适应。科学知识并不是一成不变的，它从一开始就处于不断的修正和重构之中。在这个意义上，"钟"和"云"并非对立的存在，它们共同推动着知识的发展与变革。

社会科学的三大理论类型：解释型理论、诠释型理论和批判型理论，均可以通过"钟"与"云"的隐喻来理解它们在社会科学中的定位与互动。本节将探讨这一隐喻如何帮助我们分析这三种理论类型的特征及其内在关系，说明社会科学的多元性和复杂性。

一、解释型理论："钟"的稳定与可验证性

解释型理论，也称为"因果解释型理论"或"实证型理论"，主要关注揭示社会现象背后的普遍因果规律。它的本体论预设是社会现象具有客观存在性，且这些现象是可以通过科学方法进行解释的。方法论上，解释型理论倾向于采用定量研究方法，尤其是实验法和统计分析法，通过控制变量来探讨因果关系。解释型理论的认识论预设是，知识可以通过观察和实验证据获得，理论必须具备可证伪性和可验证性，以便为社会现象提供普适性解释。解释型理论多关注宏观社会现象，如经济发展、社会变迁、政治制度等。它的适用范围广泛，尤其适用于那些可以通过数据和事实进行检验的社会现象。因此，解释型理论的目的是发现可以普遍适用的规律，类似于"钟"讲求精准和有序。例如，经济学中的"理性选择理论"或社会学中的"功能主义理论"都属于解释型理论。

在波普尔的"钟与云"隐喻中，解释型理论可比作"钟"——强调理性、秩序与可验证性。正如钟的精确运行和预见性，解释型理论通过科学的、客观的证据揭示社会现象背后的因果关系，寻求普遍适用的规律。功能主义理论是这个理论类型的典型代表之一。涂尔干的社会事实理论认为，社会现象是社会结构与文化整体功能的产物。社会现象必须被看作独立于个体行为之外的存在，就如同钟的运转无关个体的干预。社会事实具有因果关系、功能和结构三种分析维度。因果

分析关注事件产生的原因，功能分析关注系统或更大需求的满足，而结构分析则关注社会事实如何维持其存在。在涂尔干看来，一个社会之所以具有某种普遍的特性，并非因为其成员原本就具有这样的特性，而是社会的结构、体制、法律、教育等整体性的功能和力量长期作用的结果。① 这种理论推崇通过社会整体功能的视角来解释社会现象，而这种整体性和规律性使得功能主义理论具备"钟"的特点。另一方面，行为主义，尤其是在经济学中的理性选择理论，也体现了类似"钟"的理念。这些理论依赖于量化方法，通过对个体行为模式的统计和实验研究，发现其规律性。理性选择理论假设个体在做出选择时是理性的，并遵循稳定的行为模式，这种假设为社会现象的规律性研究提供了框架。

尽管解释型理论在社会科学研究中占据了主流地位，但它也同时面临着批评。一些学者质疑，解释型理论可能过于强调因果关系和普遍规律，从而忽视了个体的主观意义与文化差异。正如波普尔自己所提出的，科学理论必须能够经得起反驳，这一要求使得解释型理论往往在面对复杂的社会现象时显得过于简单和机械。

二、诠释型理论："云"的流动与意义建构

诠释型理论代表了社会科学中的另一种思维方式，强调理解社会现象的主观意义和文化语境，理解个体和群体行为背后的主观意义是社会科学理论的主要任务。它的本体论预设是社会现象具有社会构建性，社会意义是由个体和群体在互动过程中不断创造和变化的。方法论上，诠释型理论多采用质性研究方法强调通过直接接触和理解参与者的观点来揭示社会行为的内在动机和文化背景。认识论预设认为，知识的获取不仅依赖于经验观察，还依赖于对社会文化语境的深入理解。

诠释型理论的核心在于，对社会现象的理解并不单纯依赖于外部可观测的证据，而更多依赖于如何解读行动者的意图和他们所处的文化环境。这种理论方式推崇对个体主观性和文化差异的理解，强调社会行为的多样性和开放性。它认

① 张庆熊：《孔德和涂尔干论社会研究中的本体论——从拒斥到发掘其科学意蕴》，载《复旦学报（社会科学版）》2019 年第 4 期，第 36-38 页。

为，社会现象是一个不断变化的过程，不能仅仅依赖于静态的因果链条来解释。正如云的变化无常，诠释型理论呈现出高度的流动性和不确定性。这一理论取向反对将社会现象简单化为可验证的规律，更注重社会行为的"意义建构"而非单纯的因果关系。诠释学（hermeneutics）和现象学（phenomenology）是诠释型理论的基础，研究方法主要依赖于质性分析，如深度访谈、民族志等。韦伯的理解社会学是诠释型理论的典型代表。韦伯主张，社会科学的因果性是一种"情势因果律"，是针对具体事件独特的关联式把握，用于理解行动者的主观意图和行为背后的意义，而不是仅仅对外部行为模式进行分析。[1] 例如，在分析社会现象时，诠释型理论不仅会考察行为的社会背景，还会探讨个体如何在特定文化和历史条件下构建意义。这种研究方法强调了社会行为背后意义的多元性，而这些意义往往是无法完全量化或预见的，就像云朵的不断变化。因此，诠释型理论强调的流动性和变化性正是社会科学研究对象复杂性的体现。

三、批判型理论：风暴的力量与社会变革

批判型理论在社会科学中进一步突破了传统理论的界限。批判型理论源自马克思主义理论传统，旨在揭示社会中深层的权力结构，特别是资本主义对个体和社会群体的压迫。它的本体论预设是社会现象不是外在的客观事实，而是由复杂的权力关系构成的。方法论上，批判型理论强调批判性分析揭示社会结构中的不公与压迫，采用辩证法和历史唯物主义进行社会变革分析。批判型理论的认识论预设是，知识不仅是对社会现象的客观描述，更是推动社会变革的工具。批判型理论的主要研究对象是社会中的权力关系、阶级结构和意识形态，尤其关注社会不公和社会变革。它适用于对社会结构、制度和文化进行批判和挑战的情境。批判型理论致力于揭示这些日常现象背后的权力支配性，通过批判与反思实现社会变革。

在波普尔的隐喻中，批判型理论可以看作一场"风暴"，象征着批判型理论中的不安定因素和变革动力，它质疑社会的现状，挑战权力结构的合法性，推动

---

① 王赞：《被误读的韦伯社会学认识论：理解范式诸因素及其内部联系》，载《社会学评论》2016 年第 1 期。

社会向更加公平和正义的方向发展。它冲破现有的秩序和稳定，引发新的思考和行动，挑战"钟"的机械性和固定性，推动"云"的变革。批判型理论不仅关注社会现状，还强调揭露隐藏在社会结构中的压迫性力量，不满足于仅仅解释社会现象或理解其文化背景，还力求揭示深层次的权力机制和意识形态控制，要求对现有社会秩序进行革命性重构。例如，法兰克福学派理论家，如霍克海默和阿多诺，批判了现代社会的工具理性和资本主义对个体的异化；马克思主义理论通过分析阶级斗争和文化霸权，揭示了社会的不平等和不公正。概言之，批判型理论的核心在于揭示隐秘的压迫性力量，并通过理论批判来实现社会的改革和进步，其目标是揭示"钟"无法表达的深层次社会问题，推动从"云"的混乱中寻找新的社会结构。

小结：钟、云与风暴：社会科学理论的多元性与复杂性

波普尔的"钟与云"隐喻为我们理解社会科学的理论类型提供了一个深刻的框架。解释型理论、诠释型理论和批判型理论各自代表了社会科学研究中不同的认知取向和实践目标。解释型理论通过提供稳定的因果关系和规律性，追求客观性和普遍性，像钟一样精确而可验证；诠释型理论则通过强调文化背景和主观意义的构建，呈现出像云一样流动和变化的特点；批判型理论则通过批判现存的社会结构和意识形态，推动社会的变革，像风暴一样激烈而具有动力。通过波普尔的隐喻，我们可以理解这些理论如何在社会科学的多元性中互动与交织，如何在稳定性与变化、普遍性与特殊性、理性与批判之间寻找平衡。这三者的相互作用不仅丰富了社会科学理论的内涵，也深刻揭示了社会现象的复杂性。

第二节　"抽象阶梯"与社会科学理论的层次性及其构建过程

社会科学研究始终面临着如何平衡具体经验与抽象理论之间关系的挑战。社会科学理论是理解和解释社会现象的核心工具，但理论的建构过程并非一蹴而就，而是一个不断抽象化、从具体经验现象逐步发展到具有一定普遍性理论的理论化过程。这个理论化过程不仅是对社会现实的解释，更是探索和理解社会结

构、行为模式与变化动力的认知路径。在社会科学的理论构建中，理论的"抽象阶梯"起到了至关重要的作用。所谓理论的"抽象阶梯"（Ladder of Abstraction）是社会科学与哲学中一种从具体的经验现象到抽象概念的层次递进关系的思维架构。这个思维架构揭示了研究者如何通过逐步归纳、概念化和理论化，将零散的观察转化为一个系统化的知识框架。它不仅帮助学者理解理论的结构和构建过程，也为社会科学理论的研究提供了方法论基础。通过这个递进过程，研究者能够从初步的具体经验开始，逐步上升到更高层次的理论概括，建立起对社会现象的深刻理解。

一、理论的抽象阶梯：层次与过程

理论的抽象阶梯描述了理论构建的层级，阐明了从一个具体经验现象到更广泛概念的演变过程。这个阶梯通常分为几个不同的层次，每个层次代表理论构建中的不同阶段，从经验材料收集、概念抽象，直至形成理论框架。下面是这个抽象过程的主要层次：

1. 经验层

在社会科学的理论构建过程中，最初的层次通常从经验观察开始。通过对社会现象的直接观察、数据收集和分析，研究者能够识别出个体或群体行为的外部表现。在国际关系领域，这意味着通过具体的外交事件、冲突、合作案例等，分析国家行为的模式及其背后的动因。这一阶段为理论的进一步抽象化提供基础，并为构建更高层次的理论框架做好准备。

2. 描述层

描述层是社会科学理论构建的一个重要阶段，它紧随经验观察之后。这个阶段的核心任务是将通过经验观察收集到的具体数据和现象进行系统化和结构化的归类、整理与描述，从而形成易于理解的类别和模式。此阶段并不涉及理论推导或深层次的因果关系分析，而是着重于对现象的结构性描述、模式识别和现象之间的关系整理，为后续理论的构建和推理提供必要的实证基础。

在国际关系领域，描述层主要涉及对不同国际事件、行为、国家之间互动的整理与归类，以便提炼出普遍性的规律和模式。例如，在研究国际冲突时，可以根据冲突的性质、参与方、持续时间等因素进行分类，从而揭示不同类型冲突的特点和规律。在研究经济制裁时，研究者可能观察到某些制裁可能导致目标国家的外交政策调整，而另一些则有可能加剧该国的对抗情绪。在描述层，研究者需要通过收集历史上多个经济制裁的案例，来归纳不同制裁的效果，如单边制裁与多边制裁的区别、短期与长期制裁的效果等。这种分类和描述不仅有助于理解具体现象，还为后续的概念化和理论化提供清晰的框架。

3. 概念层

概念层是社会科学理论构建中的一个关键阶段。随着对经验现象的分类和整理，研究者开始将具体的观察和经验现象抽象化为关键概念。这些概念有助于理解和阐明社会现象的本质，从而提供更深层次的理论洞察，为后续的理论化和假设形成奠定基础。例如，在研究国际冲突时，研究者通过对多次战争、争端和军事对抗事件的观察，抽象出"安全困境"的概念。安全困境指的是在国际关系中，国家为了自身的安全而增强军事力量，导致其他国家感到威胁，从而也加强军事力量，这种"互为敌对"的局面往往使得国家间的安全状况变得更加不稳定。在这个过程中，研究者不再单纯地关注某场战争或冲突，而是将多个战争事件的共同特征(例如，国家的军事扩张、互不信任的安全状态等)抽象为"安全困境"概念。

4. 假设和命题层

假设和命题层是社会科学理论构建的高级阶段，它位于概念层之后，目的是通过将抽象的概念之间的理论关系转化为假设和命题，进而构建一个可以进行实证检验和理论推导的框架(以社会科学的实证研究为例)。假设层的核心任务是探索和定义这些概念之间的因果关系，提出可以通过实证研究加以验证的预测性命题，并为进一步的理论发展提供理论基础。假设通常是指更为具体的，仅适用于某一特定理论背景下的特定情境或变量，而命题则是更为普遍的理论陈述，具有更广泛的适用性。

在国际关系研究中，假设和命题层的应用尤为重要，它使得抽象的理论转化为具体的可检验命题，从而促进理论的科学化和实证化。这一层次的工作是理论从抽象阶段到实际应用阶段的桥梁，它不仅有助于揭示理论内在的因果机制，还能为政策制定提供具体的预测。例如，在一个特定冲突中，假设"国家 A 的军备扩张会导致邻国 B 感到安全威胁，从而加强军事准备"。这个假设较为具体，侧重于描述某种特定情况下的行为关系。相比较而言，"国际体系中的权力不平衡会增加战争发生的风险"，则是一个命题，该命题概括了多个具体情况和变量之间的普遍关系，能够为分析各种不同的历史背景下的战争提供理论框架。

5. 理论和模型层

该层次是社会科学理论构建的一个高度抽象的阶段，是在大量假设和命题基础上，整合并系统化多个理论元素，形成一个完整的、系统化的理论或模型。这个层次的核心任务是将零散的理论要素和假设组织成结构化的理论框架，涵盖更广泛的现象，解释复杂的社会现象，并为进一步的理论研究和政策制定提供系统性理论支持。在国际关系研究中，理论和模型层通常意味着将多个假设和命题结合在一起，形成对国际关系现象的整体性解释框架。这个阶段的成果通常是能够在不同情境下应用的理论体系或模型，能够解释和预测国家之间的互动、国际制度的作用、战争与和平的动态等复杂现象。

在这个层次上，理论主要是指"实质性理论"（substantive theory），即专注于解释和描述特定社会现象的理论。它着重于研究对象的内容、结构和性质，试图揭示现实世界中的具体机制、关系和规律。在国际关系理论中，"实质性理论"通常聚焦于国际政治行为、国家行为、国际制度等实际领域的理论，而非纯粹的规范性或形式性讨论。现实主义、自由主义、建构主义、世界体系论等都属于"实质性理论"的范畴。

理论模型和分析框架则是在某个"实质性理论"的基础上，进一步细化出可以应用的模型或框架。模型和分析框架的构建基于某个"实质性理论"涵盖的变量、机制和因果关系，通过再次简化和细化，找出能帮助研究者和政策分析者理解和预测国际关系动态的逻辑架构。模型和分析框架通常具有以下特点：第一，简化复杂性。将复杂的社会现象抽象为若干关键因素，通过简化和层次化，使得复杂的社会互动可以通过清晰的框架进行理解和分析。第二，适用因果推导。模型通常通过明确的因果关系链条，描述不同因素之间的相互作用及其对结果的影响。例如，现实主义中的"权力平衡"模型描述了不同国家力量对比如何影响国际冲突的发生。第三，具有可操作性。理论模型能够被转化为可操作的研究工具，用于实证研究、政策制定或危机管理。

6. 元理论层

元理论层是理论建构的最终阶段，研究者在此阶段对已有的理论进行根源性的反思和批判。元理论层不仅关注理论本身的局限性和假设，还探讨理论构建的哲学基础和方法论选择。是指对理论本身进行反思和批判的理论，主要研究理论的本质、构建方法、概念框架、假设以及理论之间的关系。换言之，元理论探讨的是"理论的理论"，包括理论如何运作、如何构建以及如何与其他理论互动，关注的是理论的范围、结构、逻辑、前提和价值基础等。在国际关系学中，元理论关注国际关系理论的哲学前提，如科学哲学中的实证主义与解释主义、自然主义与社会建构等不同流派对国际关系的理解。这些哲学立场影响我们看待国际关系中的权力、秩序、冲突现象的视角，从而得出不同的结论。

综上所述，社会科学理论构建的"抽象阶梯"通过六个层次逐步推进，从经验观察到理论模型的构建，呈现出一个由具象到抽象、由具体到普适的递进过程。最初，理论构建始于对社会现象的观察和数据收集，然后通过归类和整理形成描述性层，进一步转化为核心概念，并通过假设和命题建立概念之间的关系。在此基础上，研究者开始系统化地整合假设与命题，形成完整的理论模型，并通过这些模型对复杂社会现象进行解释与预测。每个层次在理论发展中都发挥着独特作用，共同推动理论从初步的观察走向成熟的、具有适用性的解释框架。

二、"抽象阶梯"与社会科学理论类型定位

在前面的讨论中，我们简要介绍了社会科学理论构建的"抽象阶梯"，揭示了从具体经验观察到高度抽象理论模型的逐步推进过程。接下来，我们将结合第一节讨论的社会科学理论的三种基本类型，即解释型、诠释型和批判型，进一步探讨它们在抽象阶梯中的定位。每种理论类型扮演着不同的角色，涉及从描述和归纳到深层的社会批判等多个层次。其中，解释型理论侧重于从经验现象中归纳出因果关系，建立普适性的理论框架，通常处于中高的抽象层次；诠释型理论更关注对特定社会现象的理解与意义的阐释，在经验层和概念层之间的中低层展

开；批判型理论则从更加宏观的视角出发，挑战现有知识生产模式、理论命题和社会结构，通常位于抽象的较高层次。(参见表1)

表1 理论定位与抽象程度对比

类型	抽象层级	核心目标	典型方法	贴近经验程度
元理论	最高抽象	反思理论生产的哲学基础	哲学分析	远离具体现象
批判理论	高抽象+实践	揭露权力结构，推动变革	辩证分析、解构	介于抽象与实践之间
解释理论	中高抽象	建立因果机制和普遍规律	量化和实验	依赖经验检验
诠释理论	中低抽象	理解主观意义和文化语境	质性研究、深度描述	高度贴近经验

补充说明：

1. 批判理论的特殊性：同时跨越抽象阶梯的理论模型层与元理论层。例如：在理论模型层批判理论提出"殖民主义是结构性压迫"(抽象解释)。在元理论层质问"现有理论为何忽视了殖民视角"(哲学批判)。

2. 解释理论的"中间性"：试图在具体数据与抽象模型之间架桥，但可能因追求普适性而牺牲语境细节。

3. 诠释理论与经验层的紧密性：即使提炼出概念(如"社会资本")，也强调概念的情境依赖性，而非追求普适定义。

1. 元理论(Meta-Theory)

元理论位于"抽象阶梯"的最高层次，是最抽象的层级，它不仅关心具体的社会现象和理论模型，更是对整个理论体系的基础进行反思与评估。元理论的核心任务是探讨社会科学理论的哲学基础、认识论假设与方法论假设，要求理论家从一个更高的视角审视我们如何理解、构建和解释社会现象。元理论超越了具体现象与理论本身，侧重于审视知识的生产过程、理论的构建方式以及它们背后的假设与哲学立场。它关心的问题不仅仅是某一特定社会现象或理论的有效性与适用性，更重要的是理论的"有效性"如何被界定，如何评判理论是否能够反映社会现实，以及这些理论是否有隐含的价值偏见。换言之，元理论聚焦于理论的构建与运用是否受到认识论与意识形态的影响。

　　元理论的核心问题：（1）"知识如何被生产？"这一问题涉及不同理论背后的方法论假设，例如实证主义与诠释学的争论。在国际关系理论中，实证主义强调通过科学方法对国际行为进行量化分析与预测，强调中立性与客观性，而诠释学则主张从主观理解出发，分析国际行为的意义与背景，关注社会构建的历史与文化因素。（2）"理论是否隐含价值偏见？"这一问题通过批判理论的视角，特别是马克思主义和法兰克福学派等批判理论，质疑传统社会科学理论是否被"价值中立"假设所束缚，并指出理论的构建常常与政治力量紧密相关。在国际关系理论中，批判理论关注全球权力结构、殖民历史、经济剥削等问题，质疑主流理论（如现实主义与自由主义）是否隐含着全球不平等与霸权主义的偏见。其中，"社会科学是否应追求自然科学般的客观性？"这是元理论的经典讨论。在国际关系领域，实证主义与诠释学的争论就是对这个问题的深入探讨。实证主义者认为，社会科学应借鉴自然科学的方法，追求客观性、实证性和普适性，力求揭示国际政治中的规律和因果关系；而诠释学者则认为，社会科学的研究对象——人类社会——具有更高的复杂性，无法完全通过自然科学的标准来衡量，理论的构建应关注社会现象背后的意义与价值。"批判理论如何将知识生产与政治实践结合？"批判理论特别关注理论与现实之间的关系，强调理论不仅仅是知识的生产工具，更是社会变革的动力。在国际关系中，批判理论家更关注国际秩序背后的权力结构，质疑全球治理的公平性与正义性，试图通过揭示现有国际体系的结构性问题，推动全球政治变革。

　　在国际关系理论中，元理论的讨论尤为重要。学者们不仅关注如何解释具体的国际现象（如战争、外交政策、国际合作等），更关注理论的根本假设与价值取向。现实主义、自由主义、建构主义等主流理论虽然具有不同的解释框架，但在元理论层次上，学者们常常需要审视这些理论背后隐含的哲学假设。例如，人类或国家行为是否可以完全理性化？国际关系是否可以通过普遍规律来解释？此外，批判理论则不断提醒我们，在构建国际关系理论时，不能忽视全球不平等、历史背景以及社会结构性问题，主张通过对现有国际秩序的批判，推动全球政治的变革与进步。总之，元理论为国际关系理论构建提供了自我反思和批判的视角，帮助学者审视现有理论的局限性与潜在偏见，推动理论的进一步发展与深化。

2. 批判型理论（Critical Theory）

批判型理论处于较高的抽象层次，并具有实践介入的特征。它不仅聚集于揭露社会结构中的权力关系与不平等，还推动变革，尤其在于对不公正和压迫的揭示及挑战。与传统的解释型和诠释型理论不同，批判型理论更侧重于对社会现象的根本性反思与批判，目的在于揭露隐性的社会不公，并通过理论的力量推动社会进步和政治变革。

批判型理论具有高度的抽象性，并且通常与具体的社会实践相结合，推动理论与社会变革之间的互动。它不仅构建宏观的理论框架来解释社会现象，还常常反思和挑战现有理论的合法性，特别是从社会正义与不平等的角度进行审视。在"抽象阶梯"中，批判型理论通常在理论模型层构建宏观的社会解释，也在元理论层对主流理论范式的合法性提出质疑。

在理论模型层构建的宏观层次，批判型理论通过系统的理论框架来揭示和分析社会中的结构性不平等。例如，马克思主义理论通过提出"资本主义导致异化"的理论，揭示了资本主义社会如何通过资本的集中与生产力的发展，导致工人阶级被剥削和疏离。此类理论往往涉及社会、经济、文化和政治等多个层面的结构性批判。在元理论层挑战既有范式的合法性。批判型理论不仅关注现象的揭示，还挑战传统理论背后知识生产的合法性和意识形态偏见。例如，批判理论家可能会质疑主流国际关系理论为何忽视性别压迫、种族歧视或全球南方的声音。他们质疑主流理论为何没有将这些问题作为核心议题，并揭示其潜在的价值偏见。例如，法兰克福学派批判工具理性对社会的支配。法兰克福学派的代表性批判理论强调，现代社会通过工具理性（即理性化的、目标导向的思维方式）压迫人类的自由与创造力。法兰克福学派的学者，如霍克海默和阿多诺，认为资本主义不仅仅是经济关系的体现，更是通过文化和意识形态压迫个体的力量。工具理性支配了社会的各个方面，包括教育、媒体、政治与经济等，导致了个体的异化和自我疏离。后殖民理论解构了西方中心主义的学术话语。后殖民理论对西方中心主义的批判尤为鲜明，代表学者如爱德华·萨义德（Edward Said）通过《东方学》，揭示了西方学术和文化如何构建"东方"的刻板印象，将非西方文化视为落后、神秘和野蛮。后殖民理论不仅关注西方对殖民地的直接压迫，还批判了西方在知识生产、学术话语及国际关系中如何通过理论话语维持其权力和统治地位。

批判型理论在国际关系领域应用广泛，不仅从宏观层面批判全球国际秩序的不平等，还质疑主流理论（如现实主义、自由主义）对全球政治和经济秩序的解释。批判理论家主张，国际关系中的不平等并非自然存在，而是被全球力量结构、历史经验以及殖民主义、帝国主义等因素塑造的。在批判型理论框架下，学者们分析国际关系中隐性的压迫与不公，如发展中国家如何被全球北方国家的经济体系压迫，全球南方国家如何在国际组织和全球治理体系中处于边缘地位等。总之，批判型理论以揭露权力关系和不平等为核心，不仅在理论上构建宏观的解释框架，还积极挑战现有理论的合法性与意识形态偏见。在国际关系的研究中，批判型理论推动了对主流国际理论的反思与改造，注重社会正义与变革的实践，力图通过揭示和改造现有的国际结构，推动全球政治和社会的进步。

3. 解释型理论（Explanatory Theory）

解释型理论位于中高抽象层次，聚焦于通过因果关系或普遍规律来解释社会现象。这类理论旨在识别和揭示社会现象背后的普遍机制，并提供清晰的因果解释，帮助理解各种社会过程和动态的发生原因。解释型理论的核心任务是解释不同社会现象之间的关联，并尝试揭示它们背后的普遍规律和机制。解释型理论位于抽象阶梯的中高层次，其焦点在于通过理论模型来揭示社会现象中的普遍因果关系。在"抽象阶梯"中，解释型理论主要处于理论模型层，通过建立概念之间的联系和规律性，提供普遍适用的解释框架。该层次的理论着眼于经验现象的描述和概念化，还将这些现象通过因果关系或规律性联系起来，从而提供解释社会现象发生的机制。

解释型理论在理论模型层提出普适性机制。解释型理论强调从经验现象中提炼出普适性的规律。例如，功能主义理论试图解释社会制度如何通过平衡各个部分之间的功能维持社会稳定。这些普适性机制通常具有较高的抽象性，并不局限于具体的社会情境，而是希望在多种社会背景下都有应用价值。同时，解释型理论又依赖操作性定义连接经验层。解释型理论在实践中往往依赖具体的操作性定义来连接理论模型与实际数据。为了使理论解释能够有效地应用于经验数据，解释型理论会定义一系列可操作的指标和变量，并通过这些指标来验证理论的有效性。例如，社会学家使用"基尼系数"量化社会不平等，并将其与社会政策、经济增长等因素进行关联分析，从而提供理论解释。

例如，在社会学家塔尔科特·帕森斯等学者的贡献下，功能主义理论提出社会系统是由相互依赖的部分组成的，每个部分都有特定的功能，社会系统会自然趋向自我平衡与稳定。功能主义通过揭示不同社会结构和制度之间的关系，试图解释社会如何维持稳定与秩序。家庭、教育、经济等制度各自承担不同的功能，协作共存以保持社会的正常运作。源自于经济学用"效用最大化"模型预测个体行为的理性选择理论是解释型理论的又一个经典范例。理性选择理论通过假设个体行为是理性的，且目的是最大化效用来解释社会行为，认为个体在做出决策时会权衡不同选项的成本与收益，选择能够带来最大效用的行为。此类理论可广泛应用于政治学、经济学等领域。

同理，在国际关系领域解释型理论致力于揭示国际行为体之间的互动规律，尤其是通过分析因果关系来预测国家行为。现实主义理论试图通过国家追求自身利益和权力的动机来解释国际冲突和合作。理性选择理论在国际关系中的应用，也体现在对国家决策过程的分析方面，认为国家行为是基于效用最大化的理性选择，这种选择会受到经济利益、军事能力和政治压力等因素的影响。这也是现实主义和自由主义被统称为"理性主义"理论的原因。

总之，解释型理论通过建立普遍适用的因果关系和规律性，提供对社会现象的深刻理解。在国际关系领域，解释型理论能够系统地揭示国家和其他国际行为体之间的互动机制，并通过理论模型为预测和解释国际政治动态提供框架。这类理论的特点是将具体的社会现象与普遍的因果机制相联系，并通过操作性定义来验证其假设，以提供有力的理论支持。

4. 诠释型理论(Interpretive Theory)

诠释型理论主要关注理解行动者的主观意义与文化语境，致力于探索社会现象背后个体和群体的感知、理解和经验。不同于解释型理论通过因果关系揭示普遍规律，诠释型理论强调从行动者的视角理解社会现象，并在特定的文化和情境中进行分析。其核心目标是深入了解社会行动者如何赋予他们的行为意义，并探讨这些意义如何在特定社会和文化语境中产生和发展。诠释型理论位于中低抽象层次，主要聚焦于理解行动者的主观体验和行动背后的文化意义。在"抽象阶梯"中，诠释型理论集中在概念化层，通过精简和阐述情境化概念来对社会现象进行深入分析。该理论层次的一个重要特点是扎根于经验层，避免过度普遍化，通过个案的深刻描绘来揭示其中的意义和文化差异。

在概念化层提炼情境化概念。诠释型理论强调从具体情境中提炼出具有文化和历史背景的概念。这些概念不是普遍适用的普适理论，而是针对特定社会语境中的行为和意义进行解释。例如，"污名化"是指特定群体或行为在某一社会中被负面评价并被排斥的过程，而"身份表演"则是指个体在特定社会环境下通过行动来展示其社会身份的方式。这些概念帮助诠释型理论家深入分析个体和群体行为背后的文化动因。扎根于经验层，避免过度普遍化。诠释型理论强调从经验中获取数据，并以此为基础进行分析，避免过度概括或普遍化。这意味着，诠释型理论家通常通过细致的个案研究，深入探讨特定社会群体或文化中的行为和意义，从而揭示隐藏在其中的社会现实。例如，通过民族志研究，研究者能够刻画特定群体的生活世界，并理解他们如何在特定历史和社会背景下构建和理解他们的身份、信仰和行为。例如，符号互动论分析日常互动中的符号意义。符号互动论关注个体如何通过语言和行为与他人互动，特别是关注如何通过符号（如语言、姿势、符号等）赋予这些互动行为意义。研究者通过分析日常生活中的互动细节，揭示个体在互动过程中如何构建社会现实。符号互动论认为，社会现实不是一个客观存在的东西，而是由个体通过互动和解释共同创造的。因此，研究者需要了解行动者如何在特定情境中理解以及对他人的行为的反应。民族志研究刻画特定群体的生活世界。民族志是诠释型理论的一个重要方法，研究者通过长时间的田野调查和参与观察，深入了解特定群体的日常生活与文化意义。这类研究通常侧重于理解一个群体如何在其特定的社会文化背景中形成集体认知和行动方式。通过民族志研究，学者能够揭示那些难以用普遍理论解释的细节，为社会科学提供更为深入的地方性知识。

在国际关系领域，诠释型理论关注不同国家、民族和国际组织如何在特定文化背景和历史情境中理解国际政治，如何赋予国际互动、冲突和合作以特定意义。例如，后殖民理论通过解构西方国家在国际关系中的主导地位，揭示了非西方国家如何在全球政治中形成自己的身份认同和文化意义。又如，国际关系中的身份政治分析不同国家和民族如何在国际舞台上通过"身份表演"来维护或提升自己的国际地位。

总之，诠释型理论强调从社会行动者的主观视角出发，理解他们如何在特定的文化和社会语境中赋予行为意义。这类理论通过提炼情境化概念，避免过度普遍化，强调个案研究的深入分析。在国际关系领域，诠释型理论有助于理解国家、民族和国际组织如何在国际互动中构建并表现自己的文化、身份与意义，从而为理解国际关系中的文化冲突、身份认同和跨文化沟通提供重要视角。

第三节　国际关系理论的哲学基础演化：
从实证主义到科学实在论

在西方国际关系学的发展历程中，实证主义作为主要的哲学立场，深刻影响了国际关系学的理论构建与方法论选择。实证主义强调通过经验观察、量化分析和科学方法来研究国际现象，追求客观性和实证验证。这种方法为国际关系理论提供了许多系统化和可操作的工具，但在理论的深度与解释力方面却也暴露出许多不足。其中，实证主义对于"普遍法则"的依赖，忽视了国际关系的复杂性与多样性，简化了人类行为和国际互动的社会性与历史性维度。更重要的是，实证主义强调的价值中立，未能深入探讨理论构建背后隐含的价值观和权力关系。本节从"元理论"角度出发，批判西方国际关系学中实证主义立场的局限，探讨其理论和方法论上的不足，并呼吁更加综合和多元的视野，以回应国际关系研究中日益复杂的挑战。

一、实证主义

发轫于18世纪的实证主义（positivism）至今仍然是西方国际关系这门学科研

究中的"元理论"支撑。在国际关系研究中，人们往往将实证主义等同于一种与数据收集和分析的特定类型相关的方法论准则。事实上，实证主义是一个庞大且内部组成要素多元的复杂哲学体系，不仅囊括了方法论和认识论，而且更为重要的是其对本体论立场的特殊承诺。① 实证主义最初源于启蒙时代的哲学思潮，旨在将人类知识的来源从神圣权威中解放出来，排除教会对知识生产的垄断，推动以经验和理性为基础的世俗知识体系的发展。

尽管实证主义在历史上经历了不同的演变，20 世纪 30 年代兴起的逻辑实证主义对其后来的发展具有深远影响。以下是实证主义的三大核心立场。

（1）现象主义的本体论。实证主义坚持笛卡尔式的心身二元论，即知识的主体（思维实体）与其所指涉的客观世界（广延实体）是彼此独立的②。实证主义强调，知识只能指向现象，而非对象的本质。实证主义者认为，客观事物只是经验事实，而非潜在的本质或深层的原因。据此，实证主义认为"事实"与"价值"之间是截然对立的。③

（2）普遍主义的认识论。实证主义的认识论根植于经验事实的观察和描述④。在人类理性中，经验事实的透明性并非完全开放，科学的任务是通过对现象的描述，揭示经验事实之间稳定的规律和法则。科学研究的目标在于将个别案例归于普遍法则之下，这一过程体现为"演绎-律则模型"（deductive-nomological model）。⑤

（3）自然-经验主义的方法论。实证主义的自然主义立场认为，社会科学与自

---

① Jonathan Joseph, "Is Waltz a Realist?" *International Relations*, Vol. 24, No. 4, 2010, p. 479.

② Patrick Thaddeus Jackson, *The Conduct of Inquiry in International Relations: Philosophy of science and Its Implications for the Study of World Politics*, 2nd ed, Abingdon and New York: Routledge, 2016, p. 61. 正是在这个意义上，实证主义和下文中提到的"科学实在论"有类似之处，而它们都明显与下文中的"建构主义"背道而驰。

③ Colin Wight, *Agents, Structures and International Relations: Politics as Ontology*, Cambridge: Cambridge University Press, 2006, p. 21.

④ Richard S. Westfall, *The Construction of Modern Science: Mechanism and Mechanic*, Cambridge: Cambridge University Press, 1997, p. 40.

⑤ Todd Donovan and Kenneth R. Hoover, *The Elements of Social Scientific Thinking*, 11th ed, Boston: Wadsworth, Cengage Learning, 2014, p. 7; Vincent Guillin, "Comte and the Positivist Vision," in Lee McIntyre and Alex Rosenberg, eds., *The Routledge Companion to Philosophy of Social Science*, Abingdon and New York: Routledge, 2017, pp. 7-8.

然科学在方法上应当保持一致性。只有符合自然科学标准，社会科学才可被认定为"真正的科学"。经验主义进一步主张，所有科学研究的基础应为经验观察，无法直接观测的现象无法纳入科学范畴。① 经验主义由"核心-边缘"的两个不同层次的原则构成：经验主义的核心原则由经验上的可验证性、逻辑上的连贯性以及科学共同体的集体评议三者共同构成，只有满足三个标准才能被实证主义视为是科学知识；边缘的原则（并非所有的科学门类都认同）包括量化的方法和模型，通过潜在的规律解释观察到的现象，理论是由各种假设组成的统一体系，利用受控实验来验证假设的合理性，基于理论推理建立广泛的预测以及一些关于人类行为的基本假定等。②

　　除了上述核心立场，实证主义对因果关系的理解也十分独特。受大卫·休谟（Hume，1748）影响，实证主义认为因果关系是一种通过经验反复观测得到的稳定共变关系。原因和结果是在经验上可以准确识别的具体事件；二者之间必须要在时空上毗连，并且要以先因后果的时间顺序出现；因果现象相伴而生，构成经验上反复出现的必然性共变关系。③ 根据这种普遍化的因果关系，实证主义假定解释说明和预测是对称的，理论的验证与预测密切相关，强调解释现象的因果规律同样具有预测未来现象的能力。④ 在更激进的版本工具主义（Instrumentalism）那里，正如弗里德曼所倡导的，科学理论的真正意义不在于揭示客观事实的真实性，而在于其能否有效地预测未被观察到的现象。工具主义强调预测能力比验证理论假设更重要，科学理论是一种有效的"预测工具"，而非对客观实在的准确描述。

　　据此，工具主义认为尽管理论主张及其假设或者所使用概念对于科学研究来

① Harold Kincaid, *Philosophical Foundations of the Social Sciences: Analyzing Controversies in Social Research*, Cambridge: Cambridge University Press, 1996, p. 3.

② Daniel Little, *Varieties of Social Explanation: An Introduction to the Philosophy of Social Science*, Boulder and Oxford: Westview Press, 1991, pp. 223-224; Harold Kincaid, "Introduction: Doing Philosophy of Social Science," in Harold Kincaid, ed., *The Oxford Handbook of Philosophy of Social Science*, Oxford: Oxford University Press, 2012, p. 4.

③ 彭玉生，《社会科学中的因果分析》，载《社会学研究》，2011 年第 3 期，第 3 页；唐纳德·利文斯顿：《休谟的日常生活哲学》，李伟斌译，华东师范大学出版社 2018 年版，第 191~197 页。

④ 帕特里克·贝尔特：《二十世纪的社会理论》，瞿铁鹏译，上海译文出版社 2005 年版，第 199 页；Milja Kurki, "Critical Realism and Causal Analysis in International Relations," *Millennium: Journal of International Studies*, Vol. 35, No. 2, 2007, pp. 362-363.

说是不可或缺的，但我们最好都将它们视为是具有启发意义的工具或有用的虚构。① 理论不涉及对理论之外客观事实的真实描述，对理论的评判也就无真假可言（正如作为一个劳动工具的锤子是无所谓真假的），研究者只需要关注它们是否能够充分满足在实现目标方面的功能。② 例如，在新古典经济学理论中，"完全竞争"和"完全垄断"两个概念都不是对客观事实的真实反映，但这并不妨碍经济学家利用它们推导、解释和预测宏观经济现象。类似的情况同样见诸于经济学的理性选择理论。工具主义的兴起与社会性因素密不可分。预测在日常生活、商业、政治和技术中的主要功能是帮助设计行动计划，使我们为未来做好准备或者改变现在，以便它可能通向一个更加令人满意的未来。③ 作为一名企业管理者或者政府顾问的社会科学家，如果他们不能根据各种具有普遍性与一般性的法则或者律则对政策的结果及其可能存在的替代选项作出合理且准确的预测，那么其担任管理者或者专业顾问的社会性角色及其地位就会岌岌可危。④

　　在国际关系领域，实证主义的理解有时显得狭隘，常常被等同于一种僵化的行为主义分析模式。这种模式试图通过物理学或工程学中的定量数据和统计技巧来排除对行动者意图和动机的分析可能性⑤。沃尔兹无疑是实证主义（或更准确地说，是工具主义）立场的典型代表之一。作为第二次大辩论"科学"取向的继承者，沃尔兹在 20 世纪 70 年代致力于构建一种价值无涉的科学研究模式，以回应当时对现实主义提出的种种合法性质疑。⑥ 从一开始，沃尔兹就明确与摩根索的

---

① Alexander Rosenberg, *Philosophy of Social Science*, 3rd ed. Boulder: Westview Press, 2008, p. 90.

② Lawrence A. Boland, "A Critique of Friedman's Critics," *Journal of Economic Literature*, Vol. 17, No. 2, 1979, p. 508-509; Milton Friedman, "The Methodology of Positive Economics," in Uskali Mäki, ed., *The Methodology of Positive Economics: Reflections on the Milton Friedman Legacy*, Cambridge: Cambridge University Press, 2009, p. 15.

③ Mario Bunge, *Finding Philosophy in Social Science*. London: Yale University Press, 1996, p. 157.

④ Alasdair Macintyre, *After Virtue: A Study in Moral Theory*, 3rd ed. Notre Dame: University of Notre Dame Press, 2007, p. 89.

⑤ Martin Hollis, "The Last Post?" in Steve Smith, Ken Booth and Marysia Zalewski, eds., *International Theory: Positivism and Beyond*, Cambridge: Cambridge University Press, 1996, p. 302.

⑥ Inanna Hamati-Ataya, "Knowing and Judging in International Relations Theory: Realism and the Reflexive Challenge," *Review of International Studies*, Vol. 36, No. 4, 2010, pp. 1087-1088.

古典现实主义划清界限，否定了国际政治中存在任何价值论维度的可能性。他的理论主张剔除价值选择和道德判断，形成了一个所谓"客观"的话语体系。这一体系不仅拒绝了对社会科学的批判性评价，也不认为国际关系研究应当关注观念、价值或规范的作用。

在沃尔兹看来，理论首先是关于特定行为或现象（经验事件）规律的集合，这些规律揭示了稳定不变的因果联系；其次，理论必须对为何这些规律存在给出合理的解释。他的理论强调，规律并不等同于理论。规律是通过经验归纳得来的假设的结果，而理论是被构建的，而非通过归纳发现的。他认为，理论不是现实的再现，也不是对真理的揭示，而是对某一特定领域行为的描述工具，主要用于解释该领域的组织形式及其各组成部分之间的联系。衡量理论的标准不在于其与现实的吻合度，而在于其是否具有解释力和预测力。

奥利·维夫认为沃尔兹是一个科学实在论者，因为沃尔兹试图寻找那些虽然无法被观测到，但总是存在的潜在机制，这些机制即沃尔兹理论中的"结构"。[①] 如果维夫的看法成立，那么沃尔兹笔下的"结构"应当类似于社会形式中的语言，它既能使得国家行为成为可能，也限制了行为发生的范围；同时，结构既是行动的结果，也是行动得以产生的中介。理查德·阿什利（Richard K. Ashley）则批评沃尔兹的理论过于强调国家主义立场，认为新现实主义中的国际体系结构是由预先存在的单位集结而成的特性，而非通过构建各行为体来表达独立性和绝对性的整体。换句话说，沃尔兹的理论将国家行为体置于优先地位，认为它是国际体系中的核心单元，并且这一体系是由国家间互动逐步形成的结构。尽管结构反过来对国家行为产生影响，但沃尔兹并未充分考虑"结构"是否可以独立于国家行为体的构建而存在。

概言之，沃尔兹的"结构"概念并不是指客观世界中独立存在的东西，而是作为一种理论工具，用以理解国家行为，并赋予经验数据以意义。沃尔兹关注的是可重复的行为模式和具有经验含义的概括性规律，这些规律能够解释为何某些行为模式会在不同国家间反复出现，即使这些国家的国内政治模式存在显著差异。

---

① Ole Waever, "Waltz's Theory of Theory," *International Relations*, Vol. 23, No. 2, 2009, p. 204.

在经历过新现实主义与新自由主义之间的"第三次大辩论"之后，国际关系与政治学、经济学和社会学等其他学科门类一道，共同发起了一项有关社会科学研究"元理论"的争论，旨在评估"后实证主义"时代下的理论选择。① 其中，最有可能成为实证主义替代选项的元理论是科学实在论（scientific realism）以及社会建构主义（Social Constructivism）两大基本性立场。在此，有两点值得作出更加具体的说明。首先，科学实在论和批判实在论（critical realism）是两个高度重合但又存在细微差别的概念。两者的主要区别在于，科学实在论是一个具有相对普遍性的科学哲学立场，并且可以说是科学哲学领域的主流范式（但未必就是正确的）；而批判实在论则是利用罗伊·巴斯卡（Roy Bhaskar）的相关研究在社会科学领域应用科学实在论的一种特殊尝试。② 在这个意义上，批判实在论也就是科学实在论在社会科学领域更加具体的表现形式。因此，下文将不再对两者进行任何区别分，并统一采用"科学实在论"这一术语进行指代。其次，这里的社会建构主义不同于我们所熟知的以亚历山大·温特为代表的建构主义理论（constructivism），尽管后者也被冠以相同的名称，但其元理论或是社会科学哲学立场是建在了科学实在论的基础之上的。③ 据此，在那些真正以社会建构主义作为元理论或社会科学哲学立场的学者们看来，温特意义上的"国际关系建构主义理论"对社会建构主义的社会科学哲学立场坚持太少而对其反对者——实在论——的让步太多。④

二、科学实在论

从最为普遍的立场来看，所谓的"实在论"认为，认识的对象——实在

① Yosef Lapid, "The Third Debate: On the Prospects of International Theory in a Post-Positivist Era," *International Studies Quarterly*, Vol. 33, No. 3, 1989, p. 237.

② Colin Wight, "A Manifesto for Scientific Realism in IR: Assuming the Can-Opener Won't Work!", *Millennium: Journal of International Studies*, Vol. 35, No. 2, 2007, p. 381.

③ 温特对于科学实在论的论述可参见 Alexander Wendt, *Social Theory of International Politics*, Cambridge: Cambridge University Press, 1999, pp. 51-67.

④ Jamie Morgan, "Philosophical Realism in International Relations Theory," *Journal of Critical Realism*, Vol. 1, No. 1, 2002, p. 96.

（reality）——是独立于人的客观存在。① 具体来说，实在一词在科学实在论的语境下有两个方面的具体含义：其一，真实的东西，即实在，指的是任何存在的东西，无论它具有自然属性还是社会属性，无论它们是否是我们的经验对象，也无论我们对其本质是否有着充分的理解；其二，实在指的是对象及其结构和权力的领域，无论这些对象是物质性的还是社会性的，它们都具有一定的结构和因果效力，即以特定方式行事的能力以及易受特定变化类型影响的因果责任与被动权力。② 以此为基础，我们的各种观念以及知识都是对这种客观实在的一种符号的或观念的反映或再现，这一反映具有绝对的客观性，即它并不预设任何具有主观性的前提条件，观念和知识就如同一面平滑的镜子真实地反映着对象。③ 这就与"观念论"（idealism），或被称为建构主义的哲学立场相对立，因为这两者认为实在的存在离不开思维和观念的作用。

一般来说，实在论又分为"形而上学实在论"（metaphysical realism）以及"实质性实在论"（substantive realism）两种具体类型：形而上学实在论将我们对实在的表征与这些表征背后的实在本体进行了一个二元论的划分，而后者正如康德笔下对"物自体"的描述那样，往往是超出人类认识范围之外，因而是不可知的对象。④ 对于实质性实在论来说，类似的二元划分虽然存在，但却是在浅层的表象与深层的不可观察的（但仍然是可知的）因果机制之间做了区分。⑤ 换句话说，实在的（real）是与假想的（imaginary）和表象的（apparent）相对而言的：实在论者所探究的认识对象是存在于表象之下的深层的实在部分和结构，而不仅仅是假想的

---

① 郑祥福：《实在论科学观的衰微及未来发展构想》，载《自然辩证法研究》，2018 年第 7 期，第 5 页。

② Andrew Sayer, *Realism and Social Science*, London, Thousand Oaks and New Delhi：Sage Publications, 2000, p.11.

③ 郑震：《西方建构主义社会学的基本脉络与问题》，载《社会学研究》2014 年第 5 期，第 166 页。

④ William Outhwaite, *New Philosophies of Social Science：Realism, Hermeneutics and Critical Theory*, Basingstoke and London：Macmillan Education, 1987, p.27.

⑤ Justin Cruickshank, "Critical Realism," in Lee McIntyre and Alex Rosenberg, eds., *The Routledge Companion to Philosophy of Social Science*, Abingdon and New York：Routledge, 2017, p.270.

或表象的部分和结构。① 因此，宣称实在这种东西不存在，或者主张人类无法接近实在，或是将理论认为只是工具装置或修辞行为的主张都是错误的。② 正是在这个意义上，科学实在论属于实质性实在论的一个重要分支。

科学实在论的代表人物的罗伊·巴斯卡认为，无论是实证主义还是社会建构主义，两者都共享"人类中心主义"的形而上学结构，都犯下了类似的"认识谬误"(epistemic fallacy)。这是因为它们将关于存在的陈述等同于源于知识的陈述，使得本体论问题被还原为了认识论术语，即将定义真实是什么的本体论问题还原为了我们如何知道真实的认识论和方法论问题。③ 两者对于何为实在的判断标准总是带有某种人类的特质或印记：对于实证主义者来说，实在是根据是否被经验加以确定；对于社会建构主义者来说，实在从根本上就不是客观存在的，而是由通过语言和话语的主观和社会性建构得来的。④ 因此从严格的意义上来看，知识与科学的实证主义理论持有彻头彻尾的反实在论立场，尽管它试图巧妙地谈论一个独立的世界(在这个意义上我们可以把实证主义又称之为"经验实在论")，但这都无法否认这样一个与实在论基础相冲突的事实，即实证主义所讨论的那个世界是从主观经验中提取出来的一个构造而成的连贯故事。⑤

与此同时，社会建构主义固然突出了观念、语言乃至话语对于实在形成的特殊意义，但是我们无法从"除了在特定描述中我们才能形成对于一个事物的了解"这一社会建构主义式的命题，直接推导出"如果没有特定以及一般性的描述，我们无法知道该事物是否存在(以及能否行为)"这样一个实在论的命题。⑥ 换句

---

① 殷杰、安麓：《巴斯卡的批判实在论思想——兼议哲学社会科学研究之第三条进路》，载《哲学研究》2007 年第 9 期，第 97 页。

② Patrick Baert, *Philosophy of the Social Sciences: Towards Pragmatism*, Cambridge: Polity Press, 2005, p. 90.

③ Roy Bhaskar, "Philosophy And Scientific Realism" in Margaret Archer et al, *Critical Realism: Essential Readings*, London and New York: Routledge, 1998, p. 27.

④ Heikki Patomäki and Colin Wight, "After Postpositivism? The Promises of Critical Realism," *International Studies Quarterly*, Vol. 44, No. 2, 2000, p. 217.

⑤ Martin Hollis, "The Last Post?" in Steve Smith, Ken Booth and Marysia Zalewski, eds., *International Theory: Positivism and Beyond*, Cambridge: Cambridge University Press, 1996, pp. 303-304.

⑥ Roy Bhaskar, *Philosophy and the Idea of Freedom*, Oxford and Cambridge: Blackwell, 1991, pp. 24-25.

话说，我们只能通过诸如观念、思维和话语带有主题维度的方式去形成有关实在的知识，并不意味着这些实在在最为根本的意义上是无法独立于我们的主体而存在的。对于科学实在论者来说，知识不仅仅与可被经验和可被观察的事物有关，还应该将其延伸到原则上不可观察到的事物之上。① 相反，在科学实在论看来，科学研究的对象，即实在，既独立于人的观念和思维而存在，也独立于科学实验与应用活动，从而构成我们开展科学研究的前提条件。不仅如此，我们也有非常充分理由相信将目前所使用的各种理论的原则视为是真实的，并且由成功科学理论所提出的各种概念（诸如电子、基因、病毒、暗物质以及黑洞）也同样是真实存在的，绝非只是服务于对未来进行预测的社会建构或人们头脑中的臆想。②

在巴斯卡看来，人类的知识具有不可及（intransitive）与可及（transitive）两个层次：我们所研究的各种对象，无论是物理过程还是社会现象，都属于知识的不可及维度（实在），它们完全独立于人类的知识活动而存在；作为知识媒介和来源的各种科学理论以及科学话语则属于可及维度，它们可以被援引、综合与修改。③ 彼此间存在竞争关系的各种理论和科学有着各自不同的可及对象（关于世界的不同理论），但它们所关涉的是同一个不可及的世界，其目的也都是旨在增进我们对于这同样一个不可及世界的深入了解，否则这些理论既不值得被称为"科学理论"，也因而无法构成竞争关系。④ 当理论（知识的可及维度）发生变化时，并不意味着理论所关涉的对象（不可及的世界）也必须发生变化：正如我们没有理由相信，人们的科学知识从"地球是平的"转变为"地球是圆的"这一过程会伴随着地球本身的形状发生变化。以此为基础，巴斯卡指出，实证主义之所以会出现上述所谓的"认知谬误"，与其未能认识到不可及世界（实在）的多层次属性这一缺陷密不可分。换句话说，实证主义/经验实在论错误地将实在的三个维

---

① Patrick Thaddeus Jackson, *The Conduct of Inquiry in International Relations*, 2nd ed, Abingdon and New York: Routledge, 2016, p. 40.

② Fred Chernoff, "Critical Realism, Scientific Realism, and International Relations Theory," *Millennium: Journal of International Studies*, Vol. 35 No. 2, 2007, p. 403.

③ Andrew Sayer, *Realism and Social Science*, London, Thousand Oaks and New Delhi: Sage Publications, 2000, p. 10.

④ Andrew Collier, *Critical Realism: An Introduction to Roy Bhaskar's Philosophy*, London and New York: Verso, 1994, p. 51.

度或层次错误地归结为了一个层次，即经验层次；与之相反，科学实在论认为，为了更好地理解并推动科学研究的深入发展，我们需要将实在划分为经验的（empirical）、事实的（actual）以及真实的（real）三个不同的层次。[1]

经验层面是由人们对实在的观察、感知和感觉组成，这一层面中出现的各种活动都是可以直接被行动者与研究者所感知到的。[2] 事实层面指的是由一个或多个机制的运作而产生的特定情况或行动，它们相区别并促使其产生的各种结构和机制。尽管会有大量的事件发生并产生各种实际的影响（也有可能无影响），但我们识别以及测量这些影响的能力是非常有限的（特别是对于那些我们很难直接感知到的复杂事件），而这阻碍了我们对事件的直接接触。事实上，我们对于这些复杂事件的了解只能通过对其所产生的可观察影响进行抽象而非直接的感知。[3] 真实层面则指的是生成上述事件的基本机制或结构性力量。深层的层面不是必然可以观察到的，也不必然通过事件的方式加以现实化，但是它依然存在着，并且将经验和事实层面都包含在内。[4] 这种层次划分意味着科学实在论并不反对经验性研究，而是反对将科学实践简化为对经验数据收集的刻板重复。这是因为，经验不是实在的全部，尽管它对任何认识论的构成产生了非常重要的影响。

通过对实在的三个层次的划分，科学实在论最为重要的贡献就在于指出基于过程的因果机制，即从原因发生作用到产生结果的具体过程，而非基于共变或相关的因果关系才是科学研究应当加以认识，甚至是重点关注的对象。[5] 这是因为在科学实在论者看来，在人类社会中"前行事件乃是后起事件之因"的状况明显

---

① Colin Wight and Jonathan Joseph, "Scientific Realism and International Relations", in Jonathan Joseph and Colin Wight, eds., *Scientific Realism and International Relations*, Basingstoke and New York: Palgrave Macmillan, 2010, p. 10.

② Hu Xiaoti. "Methodological Implications of Critical Realism for Entrepreneurship Research," *Journal of Critical Realism*, Vol. 17, No. 2, 2018, p. 120.

③ Donald Wynn, Jr. and Clay K. Williams, "Principles for Conducting Critical Realist Case Study Research in Information Systems," *MIS Quarterly*, Vol. 36, No. 3, 2012, p. 792.

④ Chares Demetriou, "The Realist Approach to Explanatory Mechanisms in Social Science More than a Heuristic?" *Philosophy of the Social Sciences*, Vol. 39, No. 3, 2009, p. 445.

⑤ 曲博：《因果机制与过程追踪法》，载《世界经济与政治》2010 年第 4 期，第 98~102 页；劳伦斯·纽曼：《社会研究方法：定性和定量的取向》（第 7 版），郝大海等译，中国人民大学出版社 2021 年版，第 69 页。

要多于"前行事件经常联结着后起事件"的状况（休谟意义上的"恒常联结"）。①
不仅如此，如果我们能对联结各种社会的机制有着更加深入的了解，那将有助于
我们提升区分虚假相关与真实因果关系的能力。② 机制所具有的必然因果性与其
所属于事物真实本质（real essence）这一特质密不可分。所谓"真实本质"，指的是
事物的内部结构以及原子组成等构成事物自然倾向和因果效力的真实基础，它让
该事物名副其实（成其为所是），并且使得该事物从属于所规定的概念类别之
中。③ 相比之下，实证主义对于因果关系必然性理解，则将这种必然性归因于人
类的心理习惯、人类的逻辑推理以及人类的理论模型之中。④ 诚如休谟所言：
"当有许多一致的实例出现，而且同样的对象经常有同样的事件随之而来时，我
们就开始接受原因和联系的概念了。于是我们就感到了一种新的感觉或印象。就
是说，感到在思想或想象中，对于一个对象与它的经常伴随者之间有了一种习惯
上的联系，这种感觉就是我们所追求的那种观念的起源。由于这个观念产生了许
多相似的实例，而不是从任何单一的实例得来，它就一定是产生了许多实例所以
不同于每一个别实例的那种情节。但是，它们之所以不同的唯一情节就是习惯上
的联系或想象的转移。"⑤

　　根据马里奥·邦格（Mario Bunge）的定义，机制是某个特定系统中的一个过
程，对于整个系统及其子系统而言，机制的存在既能够阻止也能够引发相应的变
化出现。⑥ 但是需要指出的是，尽管机制所具有的因果效力——阻止或引发后起
事件——是毋庸置疑的，但是与休谟所谈到的因果覆盖法则相比，机制的启动与
否以及是否体现，都是高度不确定和充满偶然性的。正如赵鼎新所言，牛顿第二

---

　　① 任晓明、赵华：《批判实在论的因果机制思想探析》，载《自然辩证法研究》2009 年第 9 期，
第 40 页。

　　② Peter Hedström and Petri Ylikoski, "Causal Mechanisms in the Social Sciences," *Annual Review of
Sociology*, Vol. 36, 2010, pp. 53-54.

　　③ Roy Bhaskar, *A Realist Theory of Science*, Abingdon and New York: Routledge, 2008, p. 165.

　　④ 任晓明、赵华：《批判实在论的因果机制思想探析》，载《自然辩证法研究》2009 年第 9 期，
第 41 页。

　　⑤ 休谟：《人类理智研究》，吕大吉译，商务印书馆 1999 年版，第 69 页。

　　⑥ Mario Bunge, "Mechanism and Explanation," *Philosophy of the Social Sciences*, Vol. 27, No. 4,
1997, p. 414.

定律就是一个因果覆盖法则，因为它刻画的因果关系($F=ma$)在宏观和低速条件下总是成立。宏观低速指的是物体大于基本粒子，速度低于光速。这就是说，牛顿第二定律在人能直接感知的世界中总能得到很好的体现。但价格规律只是一个机制，因为只有在以下条件都满足的情况下，价格才会完全由供需关系决定：人必须完全理性，信息必须充分通畅，交易必须完全没有成本等。但是这里面任何一个条件在现实世界中都很难得到完全满足，或者说在现实条件下价格规律很难得到完全体现。①

　　与此同时，系统这一概念对于我们准确界定机制及其运作空间是至关重要的。系统是由构成要素(个人或群体)、物质环境(时间和空间)、结构以及机制结合在一起而形成的复杂整体，同时还囊括系统内所有可能的进程和结果(观念、行为、互动、关系、社会化以及内化等)。② 在这里，我们还要进一步厘清结构和机制的区分，因为许多社会科学家们往往将两者混为一谈。所谓结构指的是系统内各种构成要素(包括物质、人员、社会行动或者信息)在时空环境中的某种可被观察、描述和分析的异质性分布，这意味着结构同样也是该系统成员彼此间的关系加上它们和环境项之间的关系的集合。③ 例如，核心家庭是我们最为熟知的一种社会系统，其构成要素是父母和孩子；物质环境是该家庭所生活的年代、邻里街区以及学习生活场所等时空位置；结构则是诸如爱情、分享以及与他者关系所构成的生物和心理纽带；而机制表现为各种类型的家务活、婚姻境遇以及子女养育方式。④

　　除了分层化的本体论立场以外，科学实在论还坚持一种相对主义的认识论立

---

① 赵鼎新：《论机制解释在社会学中的地位及其局限》，载《社会学研究》，2020年第2期，第4页。

② Mario Bunge, "Clarifying Some Misunderstandings about Social Systems and their Mechanisms," *Philosophy of the Social Sciences*, Vol. 34 No. 3, 2004, pp. 371-373; Tang Shiping, "International System, not International Structure: Against the Agent-Structure Problematique in IR," *The Chinese Journal of International Politics*, Vol. 7, No. 4, 2014, pp. 488-492; 唐世平：《国际系统的影响：六大渠道》，载《世界经济与政治》2016年第8期，第8页。

③ Mario Bunge, Finding Philosophy in Social Science. London: Yale University Press, 1996, p. 274; 赵鼎新：《什么是社会学》，生活·读书·新知三联书店2021年版，第9页。

④ Mario Bunge, "How Does It Work? The Search for Explanatory Mechanisms," *Philosophy of the Social Sciences*, Vol. 34 No. 2, 2004, p. 189.

场，即所有信仰以及知识主张都是由社会所生产出来的，是一种情景化的产物。①
与多层次的本体论相类似，科学实在论对于知识的界定也是结构化和层次化的：
既存在具有高度普遍性的哲学主张(本体实在论以及认识论相对主义)，也有较
为稳定的科学理论，还有对各种社会意义与情节的反思性理解。但即便是最具普
适性的哲学立场也必须在原则上接受各种批评以及存在变革的可能性。事实上，
人们对于社会活动的研究经常面临这样一个棘手的问题，即我们缺乏一个有关社
会活动的普遍性机制来帮助我们预测个人或社会系统在遭遇特定刺激会做出怎样
的反应，或是解释从刺激到所观察到的反应之间的内部过程，为此我们不得不在
解决每一个新的问题时都被迫尝试寻找各种新的机制。② 但是，对于许多具体的
社会科学研究而言，其目的并不在于要识别出在社会生活中具有普遍重要性的机
制，而是分析特定认识论情境下(由待解释项所确定)所存在的各种机制。③ 之所
以出现这一现象，是因为社会事件不仅仅依赖于特定社会结构所具有的因果效
力，还取决于不断变化着的环境条件以及结构组成部分所具有的演化属性。④ 不
仅如此，正如上文所界定的那样，位于真实层次的各种社会机制大多数并不能直
接通过经验观察的方式加以把握，因此我们对其分析和讨论往往需要建立在猜
测、类比乃至隐喻的基础之上。⑤

　　在社会科学中，通过预测来检验一个理论通常是一项艰巨的任务：数据并不
总是容易获得的；对照实验通常是不可能的；即使有数据，也很少有"关键实
验"可以在假设之间做出明确的决定。⑥ 更为关键的是，社会科学建立在一个与

　　① Heikki Patomäki, *After International Relations: Critical Realism and the (Re)construction of World Politics*, London and New York: Routledge, 2002, p. 8.

　　② Mario Bunge, "How Does It Work? The Search for Explanatory Mechanisms," *Philosophy of the Social Sciences*, Vol. 34 No. 2, 2004, pp. 201-202.

　　③ Chares Demetriou, "The Realist Approach to Explanatory Mechanisms in Social Science More than a Heuristic?" *Philosophy of the Social Sciences*, Vol. 39, No. 3, 2009, p. 449.

　　④ Donald Wynn, Jr. and Clay K. Williams, "Principles for Conducting Critical Realist Case Study Research in Information Systems," *MIS Quarterly*, Vol. 36, No. 3, 2012, p. 793.

　　⑤ Mario Bunge, "How Does It Work? The Search for Explanatory Mechanisms," *Philosophy of the Social Sciences*, Vol. 34, No. 2, 2004, p. 186.

　　⑥ Bruce Caldwell, *Beyond Positivism*, rev ed. London and New York: Routledge, 1994, p. 174.

众不同的认识论特征之上，即社会现象只会发生于开放系统之中。开放系统认为，社会科学研究中很难找到像自然科学研究那样封闭的实验条件，直接通过实验控制获得与某种恒常事件相关联的可能性是相当有限的。① 这是因为，社会世界是由大量的人类活动所构成，而人类从其出生伊始就带有能动性这一基本特质（无论其程度的高低）。能动性由意识、自由意志以及反思性构成，这些要素的存在使得人们能够有意识地对自己所要做的事情进行反思，与其他替代方案进行比较并且对可能出现的结果进行提前预判；不仅如此，人类是高度灵活并且拥有极强的适应性，这就赋予了其以巨大的自由活动空间以及自行决定权。② 更进一步，存在主义将这一立场演绎到了一个更加彻底的立场：没有一个上帝来替人类做决定或者把一些价值意义强加于人。作为自由的存在，人类行动者既可以做这些也可以做那些，前提是他们必须做好准备迎接任何后果。③ 据此，萨特提出"我们是被审判为自由的"：首先，我们不能放弃自由，即使我们想要这么做。因此，自由既不是可以失去的，也不是可以获得的，而是人类存在的必要组成部分。自由是其所是但同时又不是其所是。其次，萨特同时并没有忽视我们是生于情境之中的，拥有特定的物理环境和社会处境（包括我们的过去、我们的身体、我们的财产、我们所处的社会），而这恰恰构成了人类存在的真实性；最后，我们不可能在没有情境的条件下拥有自由，但我们又总是可以反抗来自情境的压迫，并且努力用不同的方式来解读这些情境。因此，对于萨特来说，情境并没有限制我们的自由，而是提供了我们实现自由的环境。④

当然，除了人类行动者本身所具有的能动性以及在其背后起到支撑作用的自由属性以外，整个人类社会还经常呈现出被罗伯特·杰维斯称之为"复杂系统效应"的特质，而这意味着实现实证主义所追求的建立在预测基础上的控制与管理是非常困难的。相互联系的复杂性意味着我们不能确定所提出的管理将会按照人们的意图发挥作用（实际上，即使在事后人们也极难说清这一点），也不能确信

---

① 王志：《批判实在论：作为一种元理论的国际关系理论》，载《国际论坛》2014 年第 6 期，第 49 页。

② Stephan Fuchs, "Beyond Agency," *Sociological Theory*, Vol. 19, No. 1, 2001, p. 26.

③ 威廉·巴雷特：《非理性的人》，段德智译，上海译文出版社 2012 年版，第 10 章。

④ Jack Reynolds, *Understanding Existentialism*, Chesham: Acumen, 2006, pp. 56-57.

这些迫切的预测是正确的。宣称我们能把握每个行为体将如何反应、不同的行为将如何互动、人们将如何根据环境的改变进行调整，这不是我们可以掌握的知识所能胜任的。① 不仅如此，杰维斯指出："尽管改变任何已形成的安排可能有益，但管理将改变许多行为体的动机和机遇，而且会经由相互联系和互动造成多样的结果。由于只有某些活动是受限制的，因此行为很可能会朝意料之外的方向发展，虽然管理的目的是封锁行为体的路径，但行为体会另觅他路"。② 此外，社会结果并不都是单一甚或一系列观念和行动的直接产物。相反，大多数的社会结果都是在社会系统内部经过各种意想不到的互动和交往而产生的。③

相比之下，自然世界则经常是由部分封闭（物理和化学）或准封闭（生物学）的系统所构成。对于科学实在论来说，实证主义所依靠的休谟式因果关系充其量只是一个因果关系的规则性联结，而不缺乏对因果关系的生成机制加以阐释。考虑到开放体系中各种生成性机制的不断抵消，规则性联结对因果关系的阐释既不是必要的，也不是充分的。④ 在很多情况下，理论所提供的预测只是让我们对于可能发生事物所面临的强大约束和限制有了更加深入的了解和掌握，但归根结底，任何在未来将要发生的事情始终具有无限的可能性。⑤ 尽管我们在日常生活里大量使用类似于"如果 X，那么 Y 将会发生"这样的条件性预测，但日常生活中预测和控制并不等同于我们使用科学理论所进行的预测和控制。这是因为，在一个开放系统中，要么前置性的条件是非常难以满足的，要么就是无法构成一组有效的充分条件。社会科学所具有的这种特性就注定使得任何决定性的验证在原则上都是不可能的，因此理论选择和理论发展的终极目标应该是对既有社会现象

① Robert Jervis, *System Effects: Complexity in Political and Social Life*, Princeton and Chichester: Princeton University Press, 1997, p. 72.

② Robert Jervis, *System Effects: Complexity in Political and Social Life*, Princeton and Chichester: Princeton University Press, 1997, p. 73.

③ 唐世平等：《观念、行动、结果：社会科学方法新论》，天津人民出版社 2021 年版，第 22~23 页。

④ 帕特里克·贝尔特：《二十世纪的社会理论》，瞿铁鹏译，上海译文出版社 2005 年版，第 217~218 页。

⑤ Peter T. Manicas, *A Realist Philosophy of Social Science: Explanation and Understanding*, Cambridge: Cambridge University Press, 2006, p. 37.

的合理解释而非对未来的预测和控制，而在理论解释的过程中，因果机制所扮演的角色是至关重要的——当且仅当特定位于经验层面的社会现象被深层次的因果机制所解释时，社会科学的最终目标才终于实现。①

根据上面对科学实在论的本体论和认识论立场的分析，我们可以进一步得出其对于科学研究的方法论贡献：第一，由于社会实在所具有的复杂性，任何只限于单一层次的研究和分析肯定都是站不住脚的；第二，不同的研究者可能会对同一个社会事件提出不同的解释模式；第三，科学研究必须重视情景的重要性；第四，科学研究必须将连通性考虑在内，即我们对社会世界的理解只有建立在彼此相连而非彼此隔绝的个人的基础之上。②

小结

社会科学哲学具有如下两个作用：（1）描述性角色：通过分析科学家的所作所为，展示科学研究实际是如何进行的，从而提炼出科学实践的本质。（2）规范性角色：规定了成功的科学实践的规范基础，阐述科学研究应该怎样进行。③ 然而，对于社会科学家们来说，尤其是许多国际关系领域的学者们，其援引社会科学哲学的目的，并非要基于对既有科学实践的仔细研究来为自己提供相关的灵感启发，而是从规范的角度出发，先验地确定自己理论建构的科学性与可靠性，并排斥其他持不同社会科学哲学立场的理论所具有的有效性和可信度。④ 换句话说，社会科学哲学提供了对于科学是什么的一个逻辑解释，能够帮助我们建立起良好的研究设计、牢靠的理论体系以及可行的经验证据收集，因而优先于具体的

---

① Julian Reiss, "Do We Need Mechanisms in the Social Sciences?" *Philosophy of the Social Sciences*, Vol. 37, No. 2, 2007, p. 166; Roy Bhaskar, *Reclaiming Reality*: *A Critical Introduction to Contemporary Philosophy*, Abingdon and New York: Routledge, 2011, p. 144.

② Hu Xiaoti. "Methodological Implications of Critical Realism for Entrepreneurship Research," *Journal of Critical Realism*, Vol. 17, No. 2, 2018, p. 121.

③ Nuno P. Monteiro and Keven G. Ruby, "IR and the False Promise of Philosophical Foundations," *International Theory*, Vol. 1, No. 1, 2009, p. 24.

④ John G. Gunnell, "Social Scientific Inquiry and Meta-Theoretical Fantasy: The Case of International Relations," *Review of International Studies*, Vol. 37, No. 4, 2011, pp. 1449-1450; Leigh Price and Lee Martin, "Introduction to the Special Issue: Applied Critical Realism in the Social Sciences," *Journal of Critical Realism*, Vol. 17, No. 2, 2018, p. 90.

科学实践是如何发生的。在这个意义上，如果具体的科学实践与社会科学哲学立场的规定存在不一致之处，那么需要进行调整的是科学实践而非社会科学哲学本身。①

　　通过上文对于各种社会科学哲学立场的分析不难看出，人们对于何为知识的态度是模糊不清的，会出现各种彼此不同甚至是彼此相矛盾的知识追求方向（哈贝马斯将其称为"认知兴趣"）。但是，正如哈贝马斯所言，认知兴趣不是科学家的个人动机，也不是先验自我的先验结构，而是指人类集体发展的先验条件。换句话说，认知兴趣是由社会劳动和交往这两个人类进行生物性和通过社会学习过程进行繁衍的维度预设的基本取向。② 对于实证主义者来说，特别是工具主义来说，预测和控制是人类知识追求的最高目标；对于科学实在论者来说，作为一个开放系统的人类社会具有高度的复杂性，这意味着解释（特别是基于因果机制的解释）而非预测和控制才是人类知识所应努力实现的理想。尽管实证主义与科学实在论在很多方面都秉持不同的理论立场和预设，但两者都不约而同地试图实现某种对自然的成功干预，从而服务于社会劳动的生物性需要。两者都同时秉承一种被称为"客观主义"或者"知识旁观者理论"的态度，③ 掩盖了在事实形成的真实过程中，人类的主体属性及其认知交互过程所具有的重要含义。

　　① Fred Chernoff, "Defending Foundations for International Relations Theory," *International Theory*, Vol. 1, No. 3, 2009, pp. 474-475.

　　② William Rehg, "Cognitive Interests," in Hauke Brunkhorst, Regina Kreide and Cristina Lafont, eds., *The Habermas Handbook*, New York: Columbia University Press, 2017, pp. 491-493.

　　③ David Held, *Introduction to Critical Theory*: *Horkheimer to Habermas*, Cambridge: Polity Press, 2004, p. 297.

第二章

中西国际关系学科与理论体系的演进与比较

第一节　科学与西方国际关系理论的演进

在 1991 年出版的《国际关系中的解释与理解》一书中，马丁·霍利斯(Martin Hollis)和史蒂夫·史密斯(Steve Smith)将国际关系的既有研究概括为两种彼此对立的研究传统：一种是基于自然科学的"局外人"视角，它是以解释客观的因果关系为己任的科学取向；另外一种则源于 19 世纪历史学研究的"局内人"视角，即帮助人们理解事件与行动背后特殊意义的人文取向。① 自 1919 年现代意义上的国际关系学诞生以来，科学与人文便成为支撑这门学科发展最为重要的哲学基础，尽管两者之间的关系也许并非紧张对立，而是越来越呈现出彼此交织融合的态势。

自启蒙运动特别是康德以来，科学实践被认为是获取可靠知识的杰出典范，而这些实践包括：对一组共同科学方法论原则的坚持，赋予科学以独特的精神气质，科学知识的文本化和客观化，对科学家共同身份的确立以及将科学与非科学的边界不断明确和凸显。② 一般而言，"科学"这一概念与真理、进步、理性等概

---

① Martin Hollis and Steve Smith, *Explaining and Understanding International Relations*, Oxford: Clarendon Press, 1991, p. 1.

② Richard Rorty, *Philosophy and the Mirror of Nature*, Oxford: Blackwell, 1980, pp. 322-323; Peter Harrison, *The Territories of Science and Religion*, Chicago: University of Chicago Press, 2015, pp. 159-160.

念息息相关，并且主要依靠经验上的成功案例加以佐证。不仅如此，在各种对社会世界的研究争论中，如果学者们能将自己作品贴上"科学"的标签，那无疑将赋予其以一种不可撼动的权威地位。自这门学科诞生伊始起，国际关系学是一门科学吗？如果是，那是怎样的一门科学？就始终是萦绕在国际关系研究者周围的核心问题，因为这涉及国际关系这门学科究竟是否构成人类知识体系中具有系统性、完备性和成熟性的学科门类。①

一、"第一次大辩论"中的科学问题

在理想主义与现实主义这场"大辩论"当中，国际关系这门学科的科学性问题却已经隐约成为当时研究者们所关心的一个核心议题。对于理想主义者来说，只有借助于人类的理性——其巅峰就是人类所掌握的科学知识——才能将人类身上所具有的各种非理性弱点根除殆尽，而它们恰好就是导致国家间冲突无休无止的关键因素。② 与此同时，现实主义学者们对理想主义的指责恰恰也是立足于对后者科学性不足的批评，即理想主义关心世界"应该是怎样的"，而忽视了客观世界"实际是怎样的"——爱德华·卡尔甚至声称，现实主义与理想主义之间的区别就类似于炼金术与现代科学之间的差异。③

但在批评理想主义之余，由于社会科学哲学乃至整个科学哲学在两次世界大战期间尚未发展成熟，现实主义的学者们事实上并不十分清楚"科学"一词究竟有何深刻的内涵。对此，汉斯·摩根索自身就表现出了一种非常明显的矛盾状态：一方面，在《科学人对抗权力政治》一书中，摩根索认为政治是一门艺术而非科学，但当时的政治学研究却表现出了对科学理性的过度依赖；但在《国家间政治》一书中，摩根索又宣称自己依赖科学方法建立起来的知识生产是更加可取

① 许亮：《国际关系理论研究中的"科学主义陷阱"》，载《国际论坛》2008年第5期，第49页。

② Milja Kurki and Colin Wight, "International Relations and Social Science," in Tim Dunne, Milja Kurki and Steve Smith, eds., *International Relations Theories: Discipline and Diversity*, 3rd edition, Oxford: Oxford University Press, 2013, p.17.

③ Edward Hallett Carr, *The Twenty Years' Crisis 1919-1939: An Introduction to the Study of International Relations*, 2nd edition, London: Macmillan & Co. Ltd, 1946, pp.1-11.

的。① 其结果就是在涉及国际事务的知识(精确的)和实践(模糊的)方面存在不匹配之处。爱德华·卡尔承认，对国际事务的科学研究并不是对自然科学程序的简单移植。但他与摩根索一样，也没有说明 IR 研究中的"科学性"究竟意味着什么，只是标榜自己的研究是"科学的"，以此来证明自己的正当性——主要与具有党派政治偏见的研究相区分(去意识形态化)。②

二、"第二次大辩论"中的科学与人文之争

在第二次世界大战结束后发生的"第二次大辩论"中，传统主义与科学行为主义分别以各自的方法论特质为基础，将有关学科科学性问题的争论第一次赋予了较为充分的实质意涵。得益于社会科学领域的行为主义革命，大卫·辛格(David Singer)和莫顿·卡普兰(Morton Kaplan)等人主张在理论研究中将事实与价值相分离，注重研究经验事实，强调价值中立，为此就需要将经验性的行为模式与价值性的行为规范相分离。③ 他们还尝试以自然科学中的系统论和控制论为支撑，从而为国际关系研究奠定系统性的科学研究方法——基于严谨的科学假设提出分析命题，并且在统计分析和数据处理的过程中对有关假设进行证实或者证伪。在卡普兰眼中，传统主义学者是一群非常聪明但却犯下了严重错误的人，因为他们被哲学的传统主义观念所束缚并且崇尚看似优雅，但实则缺乏严谨性的哲学思辨，以致让他们失去了对实质性方法论的重点关注。④

在当时，为包括国际关系在内的整个社会科学领域中的科学行为主义提供坚实基础的是被称为实证主义以及作为其后继改进版本的逻辑实证主义。这种强调科学方法统一性的哲学立场，被政治科学以及国际关系这种对自身学科的科学属

---

① Hans Morgenthau, *Scientific Man vs. Power Politics*, London: Latimer House, 1947; Hans Morgenthau, Politics Among Nations: *The Struggle for Power and Peace*, New York: Alfred A. Knopf, 1948.

② Edward Hallett Carr, *The Twenty Years' Crisis 1919-1939*: *An Introduction to the Study of International Relations*, 2nd edition, London: Macmillan & Co. Ltd, 1946.

③ 周兴泰:《论科学行为主义对国家利益研究方法的革新》，载《国际论坛》，2012 年第 4 期，第 56 页。

④ Morton A. Kaplan, "The New Great Debate: Traditionalism vs. Science in International Relations," *World Politics*, Vol. 19, No. 1, 1966, p. 20.

性及其合法性基础始终感到不安的学科奉为圭臬。① 实证主义最初发轫于启蒙运动时期，并逐步发展成为一个对于本体论、认识论和方法论有着特殊承诺的哲学立场。在本体论方面，实证主义认为存在一个独立于人类的外部客观世界，但其所涵盖的范围仅限于可被人类经验观察到的事物，并且坚持"事实"与"价值"的绝对二分。② 在认识论方面，实证主义采用休谟式的普遍因果立场，认为知识就是利用各种概念/范畴对外部世界中各种可观察现象之间稳定的共变关系进行准确描述，从而建立起稳固且普遍的法则和规律。③ 最后，实证主义还秉承自然主义的方法论，即社会科学必须与自然科学一样，都采用经验的方式对假说和理论进行验证。④

相比之下，传统主义则认为，政治学研究需要讨论物理科学研究所未曾涉猎的目的领域，并且与对事实进行解释的科学知识不同的是，当我们对人类行为的目的进行分析时，采用理解和诠释的立场是不可或缺的，甚至有时还需要极为主观的个人智慧与直觉。⑤ 不仅如此，传统主义者还会嘲笑秉持科学行为主义立场的学者们似乎是将自己孜孜不倦追求的理论模型误认为真实的客观现实，并且其所依靠的高精度测量也许并不适用于国际政治事务中那些最为关键的因素。换句话说，在赫德利·布尔（Hedley Bull）等传统主义学者眼中，进行系统性地分析与研究并不等同于对数据收集和实证主义原则的极端痴迷。

①　John G. Gunnell, "Social Scientific Inquiry and Meta-theoretical Fantasy: The Case of International Relations," p. 1449.

②　Colin Wight, *Agents, Structures and International Relations: Politics as Ontology*, Cambridge: Cambridge University Press, 2006, p. 21; Patrick Thaddeus Jackson, *The Conduct of Inquiry in International Relations: Philosophy of Science and Its Implications for the Study of World Politics*, 2nd ed, Abingdon: Routledge, 2016, p. 59.

③　Milja Kurki, *Causation in International Relations: Reclaiming Causal Analysis*, Cambridge: Cambridge University Press, 2008, p. 6; James Mahoney, *The Logic of Social Science*, Princeton: Princeton University Press, 2021. 在此基础上，我们对事件进行解释就是说明它是如何作为某个既有一般模式的例子而存在的，即所谓的"演绎—法则模式"（deductive-nomological model，或简称"D-N 模式"）。

④　Harold Kincaid, *Philosophical Foundations of the Social Sciences: Analyzing Controversies in Social Research*, Cambridge: Cambridge University Press, 1996, p. 3; Fred Chernoff, "Scientific Realism as a Meta-Theory of International Politics," *International Studies Quarterly*, Vol. 46, No. 2, 2002, p. 194.

⑤　Morton A. Kaplan, "The New Great Debate: Traditionalism vs. Science in International Relations," *World Politics*, Vol. 19, No. 1, 1966, p. 1.

正是在这个意义上，科学行为主义与传统主义之间的核心分歧就在于前者致力于建立起一般性的命题和假设模型，而后者则希望通过对历史进行充分的再现，从而实现对国际事务的理解。双方都认为只有自己才是"科学的"，并且力图创造出连贯且规整的知识体系，其分歧无非就是对于何为科学方法的认定。但是，这次辩论的一个意想不到的结果就是将国际关系的"科学性"与定量研究、形式模型、可验证的假设以及具有普遍性的命题等同起来，这完全不同于当年卡尔和摩根索对于"何为科学"这一问题还是模糊不清的立场。据此，"科学的霸权"在国际关系的研究当中得以建立起来。

三、20世纪70年代以后的社会科学哲学辩论

相较于前两次"大辩论"，由于对实证主义立场的共同承诺，新现实主义与新自由主义之间的"第三次大辩论"并没有对各自理论背后的哲学立场提出迥异的主张。然而进入20世纪80年代，国际关系与政治学、经济学和社会学等其他学科门类一道，共同发起了一项有关社会科学研究"元理论"的争论，旨在评估"后实证主义"时代下的理论选择。[1] 其中，最有可能成为实证主义替代选项的元理论是科学实在论（scientific realism）以及社会建构主义（Social Constructivism）两大基本立场。这两种哲学立场之间的分野体现了科学与人文之争在国际关系这门学科的最新进展。

相比于坚持解释路径的实证主义与科学实在论，社会建构主义进一步发展了理解传统的独特含义。社会建构主义强调语言和社会语境是所有人类经验的中介：语言赋予世界以意义而非语言以世界为基础。在这个意义上，我们所生活的世界完全是一个社会世界，而不存在任何独立于人之外的客观实在，科学研究的"对象"无法独立于那些定义它们的社会背景和话语。[2] 换句话说，社会建构主义认为本体论和认识论之间的区分是毫无意义的，因为两者之间是彼此互构与彼此

---

① Yosef Lapid, "The Third Debate: On the Prospects of International Theory in a Post-positivist Era," *International Studies Quarterly*, Vol. 33, No. 3, 1989, p. 237.

② Nuno P. Monteiro and Keven G. Ruby, "IR and the False Promise of Philosophical Foundations," *International Theory*, Vol. 1, No. 1, 2009, p. 28.

融合。

　　受到托马斯·库恩的影响，社会建构主义同样反对普遍主义的真理观和进步主义的科学观。在此之前，实证主义是国际关系的研究者们界定自己研究科学与否的基石。根据这一社会科学立场，只要严格地遵循正确的研究方法和有关程式，有关社会世界的真理就能够被我们以客观的方式逐步建立起来。① 在它看来，科学界长期存在的知识共识会在特定的历史节点被激烈且彻底地颠覆，而这一过程是社会对知识内容的接受方式而不是世界本身发生了变化。② 因此对于社会建构主义来说，它的任务并不在于寻找某种普遍真理的存在，而是在于揭露科学作为一种社会共识所逐步形成的过程，即那些被认为是正确且理所当然的观念怎样被社会大众所接受为稳固牢靠的真理。在语言、社会背景以及库恩所说的"主导范式"的影响下，社会科学家们会重新定义自己的研究目标、研究方法以及数据的评估标准。据此，社会建构主义否认了我们试图客观地认识世界的可能性，挑战了科学长期以来在人类理性中所占据的至高地位，将之还原为与体力劳动一样的社会性工程。诚如后来的罗伯特·考克斯所言，科学理论的目标不是对真理的探求，而是由特定社会共同体的特定目标所驱动，承载着参与者的利益和他们之间的权利关系。③

　　在社会科学的语境下，人文传统的研究路径重视理解而非解释的重要性，而前者指的是了解行为、关系、心理过程、言语以及诸如仪式或艺术品的文化产品所具有的意义。这一传统可以被追溯到狄尔泰。为了回应孔德、密尔等人的实证主义，狄尔泰认为自然科学和社会科学之间存在一个明显的区别：前者寻找普遍法则和因果解释，而后者关注的是特定孤立历史事件的意义。狄尔泰认为，社会科学的独特性在于其对"生活经验"的再次确认，从而使其无法被归于因果规律。随后，诸如韦伯、舒茨、海德格尔、伽达默尔、温奇以及哈贝马斯等人进一步阐

① Inanna Hamati-Ataya, "IR Theory and the Question of Science," in Ken Booth and Toni Erskine, eds., *International Relations Theory Today*, 2nd edition, Cambridge: Polity Press, 2016.

② Thomas S. Kuhn, *The Structure of Scientific Revolutions*, 4th edition, Chicago: The University of Chicago Press, 2012.

③ Robert W. Cox, "Social Forces, States and World Orders: Beyond International Relations Theory," *Millennium: Journal of International Studies*, Vol. 10, No. 2, 1981, pp. 126-155.

述了"理解"的内涵。①

在支持理解路径的学者们看来，与无生命力的物体不同，人类生活总是围绕（社会）意义展开，总是在各领域内生成、交流、理解、分享和辩论特定和相关的意义。在特定动机、意图和目标的驱使下，人们在社会空间内不断互动，在自我行动的同时理解他人的行为，生成特定表象，也形成特定的意义结构。意义一直是所有社会科学研究分析的中心，而国际关系的研究因为其跨国性、跨文化性，更易导致理解的差异性，国际关系研究更应该重视对意义的研究。② 为了判断人们究竟是在干什么以及为什么这样，需要对这些可观察的活动进行相应理解与诠释，并且后者并不依赖于理性或者逻辑，也不是为了发现一个独立存在的客观事实，而是强调所有的符号与文本意义都无法最终确定，因此寻求一种优于其他所有方案的"最佳解释"是毫无意义的。③ 因此，只要人们在使用符号——其行为表现了其意图并且显示了其所处的文化背景——那么采取理解的方法就势在必行。

尽管如此，人文传统在发展诠释方法的时候产生了个体主义和整体主义两种不同取向。前者较为关注单个意义行为体及其之间的互动，而整体主义则以社会规则、规范乃至文化的方式来理解意义。对于前者来说，理解需要考虑有意向能动者行为和关系的心理过程——精神内容是如何通过诸如语言、手势以及话语这样的经验表达加以体现的。对于后者来说，理解意味着需要解密整个社会所共享的价值原则。

对于重视语言效用的个体主义者来说，客观事物、主观事物、自然事物、社会事物等正是通过语言的建构才被赋予了特定的意义和身份。他们并不否认物质因素的存在，而是认为它们需要通过语言实践嵌入到话语中来才会产生意义，否则即使它们存在，对这个世界也不起作用，也就谈不上意义。④ 在所有的语言类

---

① Brian Fay, "Verstehen and the Reaction against Positivism," in Lee McIntyre and Alex Rosenberg, eds., The Routledge Companion to Philosophy of Social Science, New York: Routledge, 2017, pp. 29-40.

② 孙吉胜、何伟：《国际政治话语的理解、意义生成与接受》，载《国际政治研究》2018 年第 3 期，第 40 页。

③ Pauline Rosenau, "Once Again Into the Fray: International Relations Confronts the Humanities," *Millennium*, Vol. 19, No. 1, 1990, p. 86.

④ 孙吉胜：《话语、身份与对外政策——语言与国际关系的后结构主义》，载《国际政治研究》2008 年第 3 期，第 43 页。

型当中，具有表演性的话语显得特别重要。话语指的是一系列特定的表征和实践，通过这些表征和实践，意义得以产生，身份得以构成，社会关系得以建立，政治和伦理结构或多或少得以实现。①

整体主义则认为，个体主义对语言和话语的重视使得他们把那些本质上是社会和公共的东西错误地理解为了个体和私人的。单个孤立的主体是无法建构一种有意义的语言来描述其自身内心意识的状态。这是因为语言是建立在规则之上的，而规则意味着需要他人的确认以确保得到遵守。因此，意义就不在于个体自我的头脑之中，而在于人类行动和相互联系所依靠的共享活动领域之中。个体意识要想变得有意义，必须首先建立在特定的社会规范与制度、文化、意识形态等及其历史之上。因此，个人行动、关系和产品所处的更加广阔的社会历史背景是赋予个体意义的宏观支撑。事实上，芬尼莫尔（Martha Finnemore）等人就指出，规则和规范问题一直是政治研究的中心内容，这至少有两千年的历史了。政治学学者不仅努力探索正义的意义和良好的社会形式，而且认真分析正义和良好社会的观念对人们行为会产生什么影响。② 这种集体性的规则与规范又被分为构成性与限制性两种类型，前者定义什么样的实践行为才能构成某种有意识组织起来的社会活动，规定了什么才能被认定为有意义的行动，而后者的目的则是在构成性规则的范畴之下产生相关的因果效应。③

第二节 恐惧与自由：西方国际关系理论体系的
情感与价值体系

恐惧在西方国际关系理论乃至整个西方文明当中占有举足轻重的地位。科

---

① David Campebll, "Poststructuralism," in Tim Dunne, Milja Kurki and Steve Smith, eds., *International Relations Theories: Discipline and Diversity*, 3rd edition, Oxford: Oxford University Press, 2013, pp. 234-235.

② Martha Finnemore and Kathryn Sikkink, "International Norm Dynamics and Political Change," *International Organization*, Vol. 52, No. 4, 1998, pp. 889-890.

③ John Gerard Ruggie, "What Makes the World Hang Together? Neo-Utilitarianism and the Social Constructivist Challenge," *International Organization*, Vol. 52, No. 4, 1998, p. 871.

里·罗宾(Corey Robin)就曾提醒人们注意在《圣经》当中，亚当所体验的第一种情绪不是羞耻，而正是恐惧——当亚当偷吃了树上的禁果并因此发现自己赤身裸体时，他在逃避上帝的同时暗自忏悔理："我很害怕，因为我赤身裸体。"①进化心理学的研究表明，正是因为心怀恐惧人类才不会去做那些会给自己造成危险或是带来威胁的事情，例如靠近凶猛的猎食动物或者行走于陡峭的悬崖附近，从而有助于整个人类物种的稳定地存续和繁衍。② 在国际关系领域，理查德·勒博(Richard Lebow)认为恐惧是一种由于想象到自己的福祉可能在未来会遭到破坏而产生的痛苦或忧虑。③ 不仅如此，恐惧还是一种极易陷入但却难以摆脱的状态，因为它具有一种自我维持的特性，能够在即使有明确证据显示威胁已经不复存在的条件下继续存在，也能够超越最初导致国家间相互惧怕的物质性或结构性原因，从而导致现实主义的循环史观成为世界政治与国际关系中的常态惯例。④ 正如罗伯特·吉尔平(Robert Gilpin)所言："修昔底德的历史为今天提供的见解同公元前5世纪是一样的。人们一定觉得，如果修昔底德被置于我们中间，(经过一定的地理、经济学和现代技术的短训之后)他将毫不费力地了解我们时代的权力斗争。"⑤

正如内塔·克劳福德(Neta C. Crawford)所言，恐惧不仅仅是单元层次行动者的某种心理状态或内心情绪，它还被制度化于世界政治的结构与进程之中，从而成为人们对现实世界的一种理所当然的反应。例如，当美国政府在"9·11"事件后改组其情报体系、提出预防战争原则、拟定需定点清除人员名单并采取单边主义措施时，过去本属单个美国人心中的恐惧就被制度化为一种国家集体的对外情绪。⑥

① Corey Robin, *Fear: The History of a Political Idea*, Oxford: Oxford University Press, 2004, p. 1.

② Arne Öhman and Susan Mineka, "Fears, Phobias, and Preparedness: Toward an Evolved Module of Fear and Fear Learning," *Psychological Review*, Vol. 108, No. 3, 2001, p. 483.

③ Richard Ned Lebow, *A Cultural Theory of International Relations*, Cambridge: Cambridge University Press, 2008, pp. 88-89.

④ Neta C. Crawford, "Human Nature and World Politics: Rethinking 'Man'," *International Relations*, Vol. 23, No. 2, 2009, p. 282.

⑤ Robert Gilpin, *War and Change in World Politics*, Cambridge: Cambridge University Press, 1981, p. 211.

⑥ Michelle Pace and Ali Bilgic, "Studying Emotions in Security and Diplomacy: Where We Are Now and Challenges Ahead," *Political Psychology*, Vol. 40, No. 6, 2019, pp. 1408-1409.

恐惧的蔓延会导致国家惧怕他国的存在，甚至会使得一国无视他国原本试图释放的友善信号，进而引发不可避免的安全困境和国家间冲突。①唐世平总结道："国际关系领域中有且只有两种处理恐惧的方式——一种是将他人的意图做最坏的打算，从而彻底消除意图不确定的问题；另外一种则是认为国家不应该以最坏的恶意揣测他人，并采取措施降低不确定性以便消除恐惧。"②换句话说，发起防御性质的侵略(旨在自我保护而非自我扩张的竞争、冲突与战争)和保持克制(避免竞争、冲突与战争)是应对恐惧的两种基本方式。恐惧不仅会在各种公开辩论和政策制定的过程中留下非常明显的印记，还会在有意地操纵之下成为替人类政治的道德基础与合法性进行辩护的工具，而"9·11"事件之后美国以打击恐怖主义为名建立"美国治下的和平"便是最好的例证。③ 不仅如此，很多学者强调恐惧在人群中的扩散蔓延使得原本各行其是、意见林立的普罗大众迅速就一些基本的原则与行动达成普遍的一致，从而带来道德上的确定性。④

　　事实上，几乎所有的国际关系理论都或多或少，或明或暗地涉及有关恐惧问题的分析。诸如女性主义、后殖民主义、后结构主义、建构主义、自由主义以及现实主义等国际关系的理论流派为相关的讨论提供了风格迥异但却各有洞见的路径。例如，女性主义以恐惧为基础对性别关系进行分析，从而构成了女性主义国际关系研究的核心之一。⑤ 从这个角度出发，辛西娅·恩洛(Cynthia Enloe)和约书亚·戈尔茨坦(Joshua Goldstein)认为强奸是人们在战争期间所使用的一种工

　　① 何玮鹏：《恐惧：国家安全的心理分析》，载《世界经济与政治》2001 年第 2 期，第 25-27 页；Brian C. Rathbun, "Uncertain about Uncertainty: Understanding the Multiple Meanings of a Crucial Concept in International Relations Theory," *International Studies Quarterly*, Vol. 51, No. 3, 2007, pp. 538-541; Richard Ned Lebow, "Classical Realism," in Tim Dunne, Milja Kurki and Steve Smith, eds., *International Relations Theories: Discipline and Diversity*, 3rd ed, Oxford: Oxford University Press, 2013, p. 60.

　　② Tang Shiping, "Fear in International Politics: Two Positions," *International Studies Review*, Vol. 10, No. 3, 2008, p. 453.

　　③ Corey Robin, *Fear: The History of a Political Idea*, Oxford: Oxford University Press, 2004, pp. 33-34.

　　④ Roland Bleiker and Emma Hutchison, "Fear No More: Emotions and World Politics," *Review of International Studies*, Vol. 34, S1, 2008, p. 119.

　　⑤ Rachel Pain and Susan J. Smith, "Fear: Critical Geopolitics and Everyday Life," in Fear: Critical Geopolitics and Everyday Life, Hampshire: Ashgate Publishing Ltd, 2008, p. 3.

具，用来使与之交战的敌方感到恐惧。① 后殖民研究往往强调西方和其他国家之间的不对称关系，特别提及 21 世纪的殖民模式使得全球南方国家及其人民遭受暴力、恐吓和羞辱，从而在这些受害者之间造成持续的恐惧状态。② 恐惧也在后结构主义的研究中得到关注。在这方面，大卫·坎贝尔（David Campebll）认为，基督教世界倾向于将自己所处的环境描述为一个充满威胁的世界，并利用它手中掌握的权力和话语来制造和定义"我们"应该害怕什么。③ 以亚历山大·温特为代表的建构主义者则认为恐惧是导致敌对国家之间出现竞争、冲突乃至战争的重要因素，而如果恐惧得以有效缓解，那么国家之间的互动和交往则会呈现出较为和平和稳定的状态。④ 与此同时，勒博认为当一个国家或者国家联盟为了自己的某种狭隘目标而滥用权力以便建立起相对于他者的不受欢迎的权威时，恐惧就会在国际政治中体现得淋漓尽致，从而导致暴力或者战争极有可能爆发。⑤

尽管各种国际关系的理论流派都对恐惧给出了自己的独到解释，但在所有这些理论分支当中，人们习惯于将现实主义视为是与恐惧的同义词。在修昔底德的《伯罗奔尼撒战争史》、马基雅维利的《君主论》以及霍布斯的《利维坦》等现实主义的经典文献当中，恐惧一词反复地被这些经典思想家们所提及。例如，修昔底德认为雅典的崛起所引起的斯巴达的恐惧是伯罗奔尼撒战争爆发的根本原因。⑥马基雅维里劝谏君主由于人们总是忘恩负义、容易变心、逃避危难并且追逐利益，所以君主就应当在两者难以两全时选择使人感到恐惧而不是受人爱戴。⑦ 霍

① Cynthia Enloe, *Maneuvers: The International Politics of Militarizing Women's Lives*, Berkely: University of California Press; Joshua Goldstein, *War and Gender: How Gender Shapes the War System and Vice Versa*, Cambridge: Cambridge University Press, 2001.

② Vivienne Jabri, *The Postcolonial Subject: Claiming Politics/Governing Others in Late Modernity*, New York: Routledge, 2012, p. 54.

③ David Campebll, *Writing Security: United States Foreign Policy and the Politics of Identity*, Minneapolis: University of Minnesota Press, p. 48.

④ Alexander Wendt, *Social Theory of International Politics*, Cambridge: Cambridge University Press, 1999, pp. 359-363.

⑤ Richard Ned Lebow, "Fear, Interest and Honour: Outlines of a Theory of International Relations," *International Affairs*, Vol. 82, No. 3, 2006, p. 447.

⑥ 修昔底德：《伯罗奔尼撒战争史》（上册），谢德风译，商务印书馆 1985 年版，第 19 页。

⑦ 尼科洛·马基雅维里：《君主论》，潘汉典译，商务印书馆 2015 年版，第 80 页。

布斯则认为，假使没有一个共同的权力使大家慑服，那么人们最为糟糕的境况就是不断处于暴力、死亡的恐惧和危险中，人的生活孤独、贫困、卑污、残忍而短寿。①

对于恐惧的来源，古典现实主义和结构现实主义给出了明显不同的解释。在霍布斯的启发下，古典现实主义将恐惧归因于人性中对于权力的固有渴望，即摩根索笔下的权力欲(*animus dominandi*)和为巩固、增加和展示权力而进行的斗争是行为体产生恐惧的基础。② 在摩根索看来，所有的国家要么是旨在维持现有权力的现状国，要么就是力图增加自身权力的帝国主义国家。③ 如果一个现状国 A 错误地将另外一个现状国 B 视为是帝国主义国家，那么就会促使 A 国对 B 国心生恐惧，其结果就是 A 国将不得不制造武器、修筑工事并且组建同盟，而这反过来将会刺激 B 国对 A 国的恐惧，使之采取相类似的对抗措施。④ 在这个意义上，恐惧在摩根索的理论中扮演的是一种理应被克服的非理性状态，进而导致了国家之间原本可以避免的不必要战争最终爆发。

在沃尔兹的结构现实主义框架中，恐惧的影响十分有限，因为它只适用于外部制衡或是联盟形成的情形，但这只会发生于多极而非单极或两极之下——后两者在沃尔兹看来才是国际政治的常态。⑤ 事实上，沃尔兹认为正是相互依赖才孕育了国家之间的敌意和恐惧，从而导致 A 国与 B 国都去寻求 C 国的支持且如果 A 国与 B 国都向其示好，那么两者之间的敌意和恐惧将会进一步增加。⑥ 但如果处于两极状态之下，双方都只能与对方直接交往，而无法诉诸第三方，但也就不会诱使恐惧产生。对于米尔斯海默的进攻性现实主义而言，由于无政府状态和国家意图的无法辨别性，因此恐惧是大国生存的常态，但由于各国的相对实力有所不

---

① 霍布斯：《利维坦》，黎思复、黎廷弼译，商务印书馆 2016 年版，第 94-95 页。

② Neta C. Crawford, "Human Nature and World Politics: Rethinking 'Man'," *International Relations*, Vol. 23, No. 2, 2009, p. 272.

③ Hans Morgenthau, *Politics Among Nations: The Struggle for Power and Peace*. New York: Alfred A. Knopf, 1948, pp. 21-22.

④ Arash Heydarian Pashakhanlou, *Realism and Fear in International Relations: Morgenthau, Waltz and Mearsheimer Reconsidered*, Cham: Palgrave Macmillan, 2017, pp. 56-57.

⑤ Kenneth Waltz, *Theory of International Politics*, Long Grove: Waveland Press, 1979.

⑥ Kenneth Waltz, *Theory of International Politics*, Long Grove: Waveland Press, 1979, p. 174.

同，因此每个国家的恐惧程度和应对方式各不相同。① 与摩根索的"权力竞争导致恐惧"命题不同的是，米尔斯海默认为恐惧的根源在于对国家生存（领土完整与国家自治）的担忧，而权力竞争与权力最大化反而是这种恐惧所造成的结果，哪怕这促使大国走上一条自我毁灭的不归路。② 正是因为如此，相比于米尔斯海默，摩根索和沃尔兹缺乏对于恐惧的足够重视，且摩根索对于在国际事务中克服来自恐惧的影响显得更加乐观，因为前者强调国家永远也无法摆脱来自恐惧的支配，而后者却认为在特定的条件下，国家之间也许事实上并不总是彼此惧怕。③ 毕竟，米尔斯海默的世界里恐惧是司空见惯且显而易见的，但是摩根索的世界里恐惧往往只跟现状国之间因为错误认知而诱发的战争有关。至于沃尔兹，恐惧在其理论建构中的地位就显得更加边缘化，因为它只适用于外部制衡这一并不经常出现于国际政治中的情形。

如果说恐惧是贯穿西方国际关系理论的一条重要历史脉络，那么克服恐惧以求得自由便是这些理论的一个基本的价值目标。经历了自启蒙运动以来的漫长发展，自由以及自由主义哲学成为西方政治学研究乃至整个西方文明的基本追求和原则遵循。在国际关系领域，这种价值追求体现为一种"自由国际主义"的立场，并包含如下两个基本方面：首先是国家采取与他国进行接触而非自我隔绝的外交政策，其次是国家追求诸如开放市场、国际制度、合作安全、民主共同体、进步性变革、集体解决问题、主权共享以及法治等目标。④

然而在 21 世纪，人类对自由的渴求被部分群体认为是一个虚无缥缈的神话且由对自由现代性的信仰所构成；而在最糟糕的情况下，这种神话与信仰甚至充

---

① Gerald Geunwook Lee, "To Be Long or Not to Be Long—That Is the Question: The Contradiction of Time-Horizon in Offensive Realism," *Security Studies*, Vol. 12, No. 2, 2002, p. 200; Tang Shiping, "Fear in International Politics: Two Positions," *International Studies Review*, Vol. 10, No. 3, 2008, pp. 455-456.

② John J. Mearsheimer, *The Tragedy of Great Power Politics*, New York: W. W. Norton & Company, 2001, pp. 32-34; Jonathan Kirshner, "The Tragedy of Offensive Realism: Classical Realism and the Rise of China," *European Journal of International Relations*, Vol. 18, No. 1, 2012, p. 61.

③ Arash Heydarian Pashakhanlou, *Realism and Fear in International Relations: Morgenthau, Waltz and Mearsheimer Reconsidered*, Cham: Palgrave Macmillan, 2017, p. 118.

④ Stephen Chaudoin, Helen V. Milner and Dustin H. Tingley, "The Center Still Holds: Liberal Internationalism Survives," *International Security*, Vol. 35, No. 1, 2010, p. 76.

满着人类傲慢与自大，是我们这个地球上最为危险的对象之一。① 我们对人类自由的批判是基于对自由主义的批判得以构建起来的，这种哲学立场主张人类是理性和自主的存在，能够按照自己和社会的最大利益来统治自己。然而无论我们放眼何处，世界上所发生的林林总总似乎都证实了这种自由主义哲学中的傲慢与自负，看到人类自由地选择所造成的恶果：人类文明的发展正在加剧全球变暖，从而对我们所处的地球造成极其严重的破坏；银行家和自由市场的运作过程体现了人类的贪婪，他们不仅引发了全球金融危机，还将此造成的破坏转嫁于他人之上并加剧了全球的贫富两极分化。在国际关系领域中，米尔斯海默的《大幻想》一书提醒人们由于民族主义和无政府状态的强大约束力，奉行自由主义霸权政策的美国，最终成为一个高度军事化的国家，不断进行破坏和平、损害人权、威胁国内自由价值观的对外战争，给世界和平带来了诸多麻烦。② "冷战"结束之后的美国新保守主义者认为自由民主为人们所普遍追求，摆脱专制向其过渡是必然且一帆风顺的，并且相信美国的权力（特别是军事权力）曾经而且能被用于道德目标，因而采取军事行动在世界范围内进行所谓的"民主推广"。③ 其结果就是造成伊拉克、阿富汗以及撒哈拉以南的部分非洲国家至今还处于实现和平和国家建设的动荡之中。对此，斯坦利·霍夫曼甚至坦言："从来没有一个自由国家在国际事务当中能够像其在国内那般民主地行事，因为前者是一个充斥着野心、傲慢、贪婪、野蛮、种族歧视以及固执己见。"④受此影响，今天的许多人与其说继续相信人类会不断地实现进步，不如说将我们生活世界中的各种问题都理解为这种盲目乐观的进步论信仰的产物。换句话说，我们生活在一个似乎并不受到人类意识控制的世界。相信人类终究能找到问题解决办法的想法被证明是天真的幻想。因此

---

① David Chandler, *Freedom versus Necessity in International Relations*: *Human-Centred Approaches to Security and Development*, London: Zed Books, 2013.

② John J. Mearsheimer, *The Great Delusion*: *Liberal Dreams and International Realities*, New Haven: Yale University Press, 2018.

③ 弗朗西斯·福山：《美国处在十字路口：民主、权力与新保守主义的遗产》，周琪译，中国社会科学出版社 2008 年版。

④ Stanley Hoffmann, *Janus and Minerva*: *Essays in the Theory and Practice of International Politics*, Boulder: Westview, 1987, p. 397.

我们也不再相信新兴技术或科学进步将造福世界，而不仅仅是重现或加剧现有的麻烦与问题。

尽管如此，自第二次世界大战结束以来，世界政治中所发生的最重要的转变均来自与自由主义有关的三个方面，并且这三个方面都强调国内和跨国制度对于促进和平的潜在意义。首先是世界上的大多数国家基本上都建立起民主合法的政治体制，民众的权利得到了基本的尊重与保障。其次是通信、贸易和金融的多重网络在全球扩展，推动了全球化进程的加速。最后是政府间国际组织的增加，为各国开展国际合作提供了至关重要的平台与机制。这些转变在很大程度上解释了战后资本主义民主工业国家间前所未有的经济增长和相对和平。它支持自由贸易和国际资本流动，传播民主，促进人权，使国家间的合作成为可能。同时，这套制度解决了其成员间集体行动的问题，而这一问题阻碍了过去共同遏制安全威胁的努力。① 不仅如此，这三者是一个相互支持、相互渗透的复杂整体，其中任何一方都对另外两方的存续与发展起到了关键的支撑作用。此外值得一提还有经济领域的新自由主义议程被许多国家迅速接受，在加速各项管制措施得以放松的同时也推动了市场经济和私有制的快速发展，使得过去很多封闭的经济体被卷入到世界市场的浪潮之中。受此影响，一些特定的国际共识和国际规范（诸如保护人权和自由贸易）出现于世界政治之中，塑造国家在全球化时代的新身份的同时也调整了它们的利益结构认知，大大降低了这些彼此间相互依赖国家之间发生暴力冲突的风险。在这方面，欧盟的形成与发展似乎是一个较为成功的典型案例，尽管近年来其所面临的危机与挑战也正在与日俱增。

国际关系中的自由主义传统与现代自由主义国家的产生密切相关。自17世纪起以洛克为代表的自由主义哲学家就在反复强调现代市民社会和资本主义经济对于推动人类进步的巨大潜力。这种现代性为人类勾画了一种新的美好生活——个体的自由得到保障，物质生活水平显著提高。与此同时，现代社会经历了科学革命所引发的技术进步，从而为人们提供了生产劳作以及掌握大自然的有效方法。凡此种种都使得人类对自己的理智和理性抱有极大的信心，相信人与人之间

---

① David A. Lake, Lisa L. Martin and Thomas Risse "Challenges to the Liberal Order: Reflections on International Organization," *International Organization*, Vol. 75, No. 2, 2021, p. 226.

的争端可以而且应该诉诸理性的论证来解决，因为理性方才是最终的仲裁者，从而为自由进步的信念奠定基础。这些自由主义者还坚持认为，一个社会或是一个国家只有充分包容不同意见，尊重每个人界定"何为善"的权利与能力，方才能实现最大的和谐与源源不断的进步完善。①

大体来说，自由主义者们对人性抱持积极的看法使得他们相信可以在国内实现稳定与繁荣的理性原则同样也可以适用于国际事务中的和平与发展。② 自由主义者承认个人或者国家虽然在某种程度上确实是利己且好斗的，但如果民主制度得以确立，并且都支持自由、责任、宽容、社会正义和机会平等价值观，那么他们将发现彼此之间往往拥有许多共同利益，从而为在国际上展开协调与合作，以便为各自带来更大收益奠定基础。③ 换言之，敌意、恐惧与冲突并非如现实主义所描述的那般不可避免，只要人们愿意运用自己的理性并克服非理性的冲动，他们就不仅可以在一国内部，而且也能够通过商业往来跨越国家之间的边界阻隔以实现互惠互利和普遍合作。为此就有必要建立基于国际法的各项国际制度与国际组织。自由主义的理论家们因此相信，人类的理性可以战胜人类的恐惧和对权力的欲望，尽管这期间可能会存在各种各样的阻挠与挑战。但是不同的理论家对这些挑战严重程度的认知并不一致：对他们当中的一些人（例如康德）来说，这是一个充满痛苦、挫折乃至反复的长期过程；而对于其他人（例如边沁）来说，自由与理性的最终胜利就在眼前。④

棘手的是，自由主义本身就包含难以调和的内在矛盾。首先，自由主义纲领存在约翰·格雷（John Gray）所说的"普遍真理"与"权宜之计"的对立：前者是对自由主义原则普遍性的主张，因为它声称最好的生活方式、最好的价值观念已经被自由主义找到；而后者意味着人们必须接受多元主义的立场，认可一个包含多

---

①　Michael Joseph Smith, "Liberalism and International Reform," Terry Nardin and David R. Mapel, eds., *Traditions of International Ethics*, Cambridge: Cambridge University Press, 1992, p. 210.

②　Robert Jackson and Georg Sørensen, *Introduction to International Relations: Theories and Approaches*, 5th edition, Oxford: Oxford University Press, 2013, pp. 100-101.

③　Beate Jahn, *Liberal Internationalism: Theory, History, Practice*, Basingstoke: Palgrave Macmillan, 2013.

④　Michael Joseph Smith, "Liberalism and International Reform," Terry Nardin and David R. Mapel, eds., *Traditions of International Ethics*, Cambridge: Cambridge University Press, 1992, p. 204.

种生活方式和政权的世界。① 这种普遍与多元之争随即引发了自由主义内部的第二个分野，即消极自由和积极自由的区别：前者正是建立在多元主义的基础上强调自决和不受外来干涉与侵犯的自由，后者则强调要为人们实现自由主动创造有利的条件，从而支持干涉主义乃是政权更迭的方案。② 除此以外，普遍与多元之间的矛盾还会在西方国家内部以及世界政治的边缘国家之中诱发因无法获取承认的抵制。在很多非西方国家眼中，自诩没有等级制存在，并认为所有国家都是理性且平等享有各种权利的自由国际秩序反而是一种伪善的表现，因为它未能意识到这套秩序如何受益于过去的殖民传统以及由此带来的不平等关系。③ 但对于西方国家内部的普通民众而言，对宽容和多元化的认可意味着由于移民的增多、公民权的延伸以及社会边缘群体权利的提升，自己的经济权力走向相对衰落并认为未来西方的国际地位将走向衰落而倍感威胁，从而促使其对自由国际秩序产生了极为强烈的不满和怨恨。④

事实上，自由主义在构建自己的过程中会采取某些非自由主义的手段，这反过来又使其对公民的反应变得不那么积极。⑤ 为了构建自由贸易，政府必须极力压制保护主义团体的利益。随着自由贸易的制度化，反对自由贸易的团体自然就会被排除在外，从而引发不满与反馈。⑥ 为了实现自由国际主义的目标，超国家与公众之间的关系愈发疏离，变得更加技术官僚化的同时也对国家的主权造成更多限制，从而造成了怨恨和民族主义情绪的反弹。不仅如此，一些学者还认为自由主义的实质性维度——政治、经济以及规范之间可能存在彼此相矛盾的张力：

---

① John Gray, *Two Faces of Liberalism*, London: Polity Press, 2000.

② Georg Sørensen, *A Liberal World Order in Crisis: Choosing Between Imposition and Restraint*, Ithaca: Cornell University Press, 2011, ch. 2.

③ Rebecca Adler-Nissen and Ayşe Zarakol, "Struggles for Recognition: The Liberal International Order and the Merger of Its Discontents," *International Organization*, Vol. 75, No. 2, 2021.

④ Rebecca Adler-Nissen and Ayşe Zarakol, "Struggles for Recognition: The Liberal International Order and the Merger of Its Discontents," *International Organization*, Vol. 75, No. 2, 2021.

⑤ David A. Lake, Lisa L. Martin and Thomas Risse "Challenges to the Liberal Order: Reflections on International Organization," *International Organization*, Vol. 75, No. 2, 2021, p. 237.

⑥ Judith Goldstein and Robert Gulotty, "America and the Trade Regime: What Went Wrong?" *International Organization*, Vol. 75, No. 2, 2021.

新自由主义的经济政策就因其可能产生的巨大社会代价而被认为可能会对民主制度构成破坏，而民主制度本身反过来又可能破坏自由规范本身。

第三节　改革开放后中国国际关系的学科与理论的协同演进

中华民族对国际关系的兴趣由来已久。自春秋战国时期，便有众多谋士对如何良好处理"国家"间关系出谋划策、展开辩论，这类有关古代史的先秦思想也被记载并流传至今。中华人民共和国成立以来，在中国学者努力之下，国际关系学的学科建设始终伴随着对国际关系理论的重视。改革开放后，中国国际关系学在引介西方国际关系理论的过程中，推动了学科的蓬勃发展。21 世纪后，随着一批中国特色或中国学者独立完成的理论著作相继出版，并开始产生国际影响，不仅标志着中国国际关系学理论创新进入新阶段，也意味着国际关系学科趋向成熟。

一、理论引介与学科制度化（1978—2000 年）

中华人民共和国成立到改革开放前是中国国际关系学科的起步阶段，该阶段学科的研究特点明显。梁守德教授曾强调，一方面，中国的国际政治学专业仅开设部分专业课程，学科和理论研究集中在包括帝国主义、民族殖民地、战争与和平和世界革命在内的具有突出时代特征的主题，其他主题并不多见，对西方的研究也基本不存在，综合、系统的学科研究尚未正式形成。另一方面，这一时段的国际关系和国际政治学研究集中在马克思主义国际政治领域，较少涉及其他国家的国际政治理论；研究方法大多采用包括历史分析法、矛盾分析法、阶级分析法等马克思主义经典研究方法。尽管也翻译了一些介绍西方相关理论与方法的著作，但多属于批判之列，西方的理论和研究方法较少运用到实际的研究工作中去。倪世雄教授曾评价道："80 年代以前，我国国关理论研究几乎是一片空白。"[1]

改革开放后，陈乐民、陈汉文、倪世雄和金应忠等老一代学者陆续将西方国

---

[1] 倪世雄：《中国国际关系理论研究——历史回顾与思考》，载《欧洲》1997 年第 6 期，第 11-15 页。

际关系理论引入中国，拓展了中国学界的理论视野。1981 年，陈乐民在《国际问题研究》上发表的《当代西方国际关系理论简介》，是我国较早系统介绍和评析西方国际关系理论的文章。随后，陈乐民分别于 1982 年和 1985 年在《理论研究》和《西欧研究》(现《欧洲研究》)上发表了《国际关系基本方法》《西方现代国际关系的基本理论》两篇文章，继续介绍国际关系学科的研究方法，详细阐释了"权力论""博弈论"和"控制论"。① 1985 年，陈汉文编著的《在国际舞台上—西方现代国际关系学概说》出版。该书介绍了西方国际关系学的发展历史、现状、问题等，对汉斯·摩根索、卡尔·多伊奇、莫顿·卡普兰和约瑟夫·奈等人的学说进行了详细讨论。同年，倪世雄、金应忠主编《当代美国国际关系理论流派文选》，选收了美国现代国际关系理论及流派 (理想主义、现实主义、科学行为主义、传统主义和新现实主义) 的 14 位代表人物的 16 篇文章，更为全面地介绍了当代美国各种国际关系学术流派的经典著作。

1987 年 8 月，上海召开了首次全国国关理论讨论会。与会者提出了创建具有中国特色的国关理论的初步构想，标志着我国国关理论研究进入新阶段。该研讨会是在中国全面深化改革开放和致力于与国际社会互动的背景下召开的，理论建构的重点是国际关系理论内生和共生建设，探索指导中国和国际社会的互动规律和趋势。研讨会集中了全国主要从事国际政治与国际关系研究与教学的学者，系统研讨了国际关系学理论研究的对象、框架体系，特别强调在马克思主义指导下建设具有"中国特色"的国际关系理论。20 世纪 90 年代以后，中国国际关系理论研讨愈发活跃，多次召开讨论创建具有"中国特色"的国际关系理论学术会议。例如，1991 年 6 月，北京大学国关研究所主办"跨世纪的挑战：中国国际关系学科的发展"国际学术讨论会。1993 年 8 月，上海和平与发展研究所等单位主办了"国际问题研究务虚会"。1994 年北京大学国际政治系和国际关系研究所主办了"21 世纪的中国与世界"国际学术研讨会。1996 年中国国际关系史学会在烟台召开"国际关系理论研讨会"。1998 年，中国国际关系史学会和复旦大学国际政治系联合举办的"全国国际关系理论研讨会"等。

---

① 陈乐民：《西方现代国际关系学的基本理论》，载《西欧研究》1985 年第 5 期，第 15-21 页。

　　同时，国际关系理论类著作出版蔚然成风，以丛书形式出版的就有中国人民公安大学出版社出版的"国际政治学汉译名著丛书"、上海世纪出版集团出版的"东方编译所译丛"、浙江人民出版社出版的"国际关系当代名著译丛"、世界知识出版社出版的"国际关系学名著系列"、北京大学出版社出版的"国际关系理论前沿译丛"等。据倪世雄教授统计，国外个别学派在中国经单独翻译和出版的著作以及涉及世界政治学、全球政治学等方面的著述也有数十种。例如，北京大学出版社出版了若干原版的西方国际关系理论著作丛书。薄智跃翻译的莫顿·卡普兰的《国际政治的系统和过程》、1990 年林伟成等翻译、倪世雄等校对的斯坦利·霍夫曼的《当代国际关系理论》、1991 年由倪世雄等翻译的肯尼思·华尔兹的《人、国家和战争》、1992 年翻译出版的卡尔·多伊奇的《国际政治分析》、1993 年由杨歧鸣等译汉斯·摩根索的《国家间的政治》等成为这个阶段国际关系教学和研究的重要参考书。

　　这一时期的学者大多认识到，创建中国自己的国际关系理论已成为实践中提出的刻不容缓的任务。李石生于 1988 年提出，要批判吸收东西方国际关系理论包括体系框架、基本概念和研究方法在内的研究成果，将国际关系理论研究与外交史、国际问题现状研究区分开来，加强在这一学科基础理论、历史和实际应用三个方面的研究。并再次强调，不能简单搬用阶级斗争法，要尊重主权国家的平等与独立地位①。梁守德则认为，作为社会科学理论，一套国际关系理论不可能适用于所有国家，关注国家、民族和学派的特色才能更加接近真理。国际社会是多样性的统一，照搬"单一理论"行不通。理论要更新和发展，在理论中突出中国特色是一种开拓的表现。随后，梁守德提出建立具有中国特色的理论体系时需要注意三点：其一，研究要以国家权力为核心，超越社会制度和意识形态，突出主权利益和强权利益的关系；其二，注重国际政治和经济的相互渗透；其三，以改革促发展，建立公平合理的国际政治经济新秩序。②

---

　　①　李石生：《关于创建国际关系理论体系的几点看法》，载《政治研究》1988 年第 7 期，第 30-32 页。

　　②　梁守德：《国际政治学在中国——再谈国际政治学理论的"中国特色"》，载《国际政治研究》1997 年第 1 期，第 1-8 页。

简言之，改革开放以后，由于国家认识到对世界政治研究的重要性以及我国此前研究基础的相对匮乏，国际关系学科在这一时期得到重视，高校、研究所和期刊建设方面获得了显著的制度化发展。西方国际关系理论大量引入国内后，在老一辈学者的努力之下，对国关理论系统评析和对具体国际问题深入研究的著作大量出版。在学术功底进一步扎实后，学者利用研讨会、刊物等渠道多次发声提议探索建立中国自己的国际关系理论体系。国际关系领域的发展表现出若干特征。第一，高校内部的学科建设以及期刊的设立发展迅速；第二，在老一辈学者的带领下，中生代学者涌现，为厘清西方国际关系理论的发展脉络和主要流派之间的观点差异做出了重要贡献；第三，大多数学者提倡建立具有中国特色的国际关系理论体系；第四，探索建立中国自己的国际关系理论体系的过程中，在坚持马克思主义指导框架前提下，一些学者提出在理论研究过程中要超越意识形态和社会制度。

二、理论创新与学科成熟：国际关系学科的话语自觉(2000年至今)

21世纪初，中国国际关系学进入了研究方法自觉和理论创新阶段，产生了以秦亚青"世界政治的关系理论"、唐世平"国际政治的社会演化"、以赵汀阳为代表提出的"新天下主义"、阎学通"道义现实主义"和上海学派的"共生理论"等代表中国国际关系理论的创新性成果。

(一)世界政治的关系理论

正如西方文化中的理性一样，秦亚青认为"关系性"是中华文化的重要哲学概念，可以作为一种新的国际关系理论硬核中的形而上要素，这就是关系理论。这种理论及"关系"的非冲突性，被学术界视为理解国际政治的一种新的世界观。

秦亚青于2012年出版《关系与过程·中国国际关系理论的文化建构》，完善了此前用"过程"思想解释中国和平崛起中的理论基础，① 将"关系"和"过程"这两个中国社会文化中的重要理念植入国际关系理论，提出一个"过程建构主义"

---

① 秦亚青：《作为关系过程的国际社会——制度、身份与中国和平崛起》，载《国际政治科学》2010年第4期，第1-24，132页。

的理论模式。该书首次将中国的"关系性"概念系统纳入国际关系理论。2016 年，秦亚青于 2016 年在《国际研究评论》(International Studies Review)上发表论文《世界政治的关系理论》("A Relational Theory of World Politics")，围绕着"关系性"(relationality)概念勾勒了世纪政治的关系理论。在行为体总体关系圈的背景下，根据行为体于特定关系主体的亲密程度和重要性来做出相应决定。而在儒家的关系秩序中，中庸辩证法则是这种关系的本质。在上述理论基础上，秦亚青进一步推导出关系型权力、关系治理以及关系性国际体系这三个研究方向。① 2018 年，秦亚青的英文专著《世界政治的关系理论》(A Relational Theory of World Politics)由英国剑桥大学出版社出版，完整诠释了关系理论，引发了国内外学术界的热烈讨论。

1. 关系性：中国本体论的特殊性

西方社会科学理论硬核的形上元是理性，而中华儒家文化实践中产生的世界政治关系理论硬核的形上元则是关系性(relationality)②。关系理论就关系本体的三个基本假设是：(1)世界是由关系构成的。由于并不相信世界拥有一个万能全知和绝对理性的上帝的"超然"存在，中华文化并不信奉与自我毫无关联的超然理性，而是崇拜"关系"，这种儒家视阈被郝大伟(David Hall)和安乐哲(Roger Ames)解读为"互涵性"(immanent)和互系性(correlativity)③。(2)行为体本质是"关系者"，或处于关系中的行为体。这一论断挑战了主流西方国际关系理论的原子本体论立场。(3)关系的总和则构成社会，关系总和呈纵横交错态势，形成动态网络。一般性社会关系的总和构成社会网络，而一个社会人的关系总和则构成这个人的关系圈网(relational circles)。④

关系理论诞生于中华传统文化土壤。从"个人"的视角看，儒家的人生哲学

---

①　秦亚青：《世界政治的关系理论》，载《世界政治研究》2018 年第 2 辑，第 30-46 页。

②　秦亚青：《关系本位与过程建构：将中国理念植入国际关系理论》，载《中国社会科学》2009 年第 3 期，第 69-86 页。

③　David L. Hall and Roger T. Ames, *Thinking from the Han: Self Truth and Transcendence in Chinese and Western Culture*, New York: State University of New York Press, 1998, p. 190; David L. Hall and Roger T. Ames, *Thinking through Confucius*, New York: State University of New York Press, 1987, p. 12-17.

④　秦亚青：《世界政治的关系理论》，上海人民出版社 2021 年版，第 154-197 页。

认定个人不能单独存在，一切行为都是人与人相互关系的行为。① 儒家文化中的自我是"关系性自我"，即"强烈意识到他人的社会存在的自我"。② 从"社会"视角看，中国社会结构与西方社会结构不同。费孝通提出"西洋的社会有些像我们在田里捆柴，几把稻草束成一扎，几扎束成一捆，几捆束成一挑。每一根柴在整个挑里都属于一定的捆、扎、把"，而中国传统社会结构"好像把一块石头丢在水面上所发生的一圈圈推出去的波纹，每个人都是他社会影响所推出去的圈子的中心，被圈子的波纹所推及的就发生联系"③。在此背景下，中华传统文化社会并非"个人本位"或"社会本位"，而是"关系本位"（relation-based），即人社会性地处于关系环境中。④

中华文化趋于将世界视为一个复杂的关系体，包括天地人的关系、人与人的关系、天下万物之间的关系等。中华文化对于世界构成和运行的看法集中在"关系"上，而并非关注个体行为。秦亚青就关系本体进一步提出三个关联性概念：（1）关系性共在（relational coexistence），任何存在都是关系性存在，主要包括 a. 自我存在（自在）、b. 他者存在和 c. 共同存在（共在），且这三种存在是共同存在的。（2）关系性身份/互涵性身份（co-identities），自我身份的建构路径是关系性建构，即社会行为体的身份是由社会关系塑造的。（3）关系性利益/互在性利益，即自我利益与他者利益、与集体利益是密不可分的。自我利益一方面是合理的、重要的，另一方面，自我利益又难以孤立地加以界定，更无法在自我孤立的条件下实现。由于自我与他者同时共在，他们的利益也是相互关联的，是通过相互关系实现的。在儒家思想的语境下，无论认为自我利益、他者利益或集体利益中的哪一种利益相较于其他处于更加优先的位置，都不是关系性逻辑的思维方式，这三种利益是相互依存、相互实现和相互进化的。⑤

关系性逻辑（the logic of relationality）是关系理论的行动依据，认为社会行为

---

① 胡适：《胡适学术文集：中国哲学史》（上），中华书局 1991 年版，第 83 页。

② David Y. F. Ho, "Selfhood and identity in confucianism, taoism, buddhism, and hinduism: Contrasts with the west," *Journal for the Theory of Social Behaviour*, Vol. 25, No. 2, 1995, pp. 115-139.

③ 费孝通：《乡土中国》，外语与教学出版社 2012 年版，第 42-43 页。

④ 梁漱溟：《中国文化要义》，上海人民出版社 2011 年版，第 90-91 页。

⑤ 秦亚青：《世界政治的关系理论》，上海人民出版社 2021 年版，第 175-197 页。

体在行动之前会认真权衡各种有意义的关系，是相对于结果性逻辑和适当性逻辑更为基础的逻辑。对于结果性逻辑强调的是工具理性，关系性逻辑认为行为体只有在界定清晰关系之后，工具理性才能发挥作用。就温特曾提出"美国对英国和朝鲜拥核分别具有不同立场"的观点，秦亚青认为同样可以用关系理性解释。与此同时，关系性逻辑并不否定适当性逻辑所强调的规范理性是行为的一个重要动因，但是设置"规范"的目的正是管理关系，而非其他。例如儒家界定的五种主要社会关系，每一种都有相应的规范加以管理，"孝"是父子关系的规范，"诚"是朋友关系的规范，并不存在没有关系场景的规范。不过，关系性逻辑产生于实践共同体长期的实践活动，因此，实践性逻辑在本体意义上优先于关系性逻辑。[①]

在关系本体论的基础上，秦亚青从关系性逻辑出发对权力、合作以及治理进行了再概念化。(1)"关系即权力，权力即关系"。秦亚青提出一种超越个体层面和结构层面的权力，即源于主体间关系的关系性权力，它以权力资源为基础，在关系场景中实施影响。关系性权力概念无意贬低物质性硬权力或软权力的重要性，而是补充提出在包括国际社会的任何社会中，都存在"关系"这个重要的权力源。与此同时，权力是一种交换关系。就交换机制而言，除去经济意义上的价格机制和法律意义上的制度机制之外，秦亚青在关系视角下提出"人情"机制。"人情"要素是关系性的重要组成部分，包含物质和非物质、责任和情感等混合因素。(2)关系越亲密，合作的可能性越大。从关系理论的视角来看，合作的关键是关系亲密度，合作的可能性与行为体之间的关系呈正相关，例如家庭成员在交往过程中是利己权衡最少的行为体。在关系世界里，阻碍合作的机制是亲缘困境(kinsperson's dilemma, KD)，也可以称为"关系者困境"(relator's dilemma)，即在一个行为体希望与两个相关他者都合作的情况下，囿于条件或能力只能与其中一个相关他者合作时，必然背叛另外一个同等相关的行为体。(3)治理是一个管理关系的过程。关系治理突破了传统意义上从规则和机制出发的全球治理。关系治理主张以"信任"为重要规范，且是一种完全基于"人"的信任，而非契约条件

---

① 秦亚青：《世界政治的关系理论》，上海人民出版社 2021 年版，第 15-16+21 页。

下纯粹工具性的信任。治理的对象是关系，准确而言，是从行为体转向行为体之间的关系。由此，治理本身便成为一个关系管理过程。①

2. 中庸辩证法：中华传统叙事的方法论

在世界政治关系理论的认识论中，"阴阳关系"作为世界社会关系中的元关系（meta-relationship）是对自然和人的关系的"符号性表述"，是关系的关系，② 这在某种程度上体现了秦亚青使用的方法论原理——中庸辩证法。③ 中庸辩证法认为包括自然界和人类社会在内的世间任何事物都拥有两个极项（poles），其原型正是"阴阳"，宇宙万物都是这两个极项的互动所产生的，万物的发展也都是这两个极项互动推进的。阴阳关系是所有关系的原型，能够代表所有其他关系的基本特征。

中庸辩证法结合了道学辩证法的两极思维方式和儒学以"尚中"为代表的基本认识论立场④，与西方传统的黑格尔辩证法存在异同。相同之处在于，两者都将两极结构视为事物的典型形态，并将两极之间的运动和互动视为生成、变化和演进的原因。不过，黑格尔辩证法中的"being"和"nothingness"以及中庸辩证法中的"阴"和"阳"之间存在根本差异。⑤ 黑格尔辩证法中的两个极项虽然相互关联，但指两个独立、分离的事物。"being"和"nothing"相互关联，但同时又保持各自的绝对独立属性。例如，在奴隶主和奴隶的两极关系中，两者会相互承认对方的身份从而促进一个奴隶社会的建构，但黑格尔从未提及奴隶"内在于"奴隶主的存在。而中庸辩证法对两极进行整体性解读，没有二元对立的思维，两极的内在相互包含。正如太极图的一黑一白，庞朴将道家辩证法解读为"自我即他者，他者即自我"。⑥ 此外，不同于西方哲学形式逻辑矛盾律（law of non-contradiction）中

① 秦亚青：《世界政治的关系理论》，上海人民出版社2021年版，第304-432页。
② 秦亚青：《世界政治的关系理论》，上海人民出版社2021年版，第228页。
③ Qin Yaqing, "International Society as a Process: Institutions, Identities, and China's Peaceful Rise," *Chinese Journal of International Politics*, Vol. 3, No. 2, 2010, pp.129-153; Qin Yaqing, "Continuity through Change: Background Knowledge and China's International Strategy," *The Chinese Journal of International Politics*, Vol. 7, No. 3, 2014, pp.285-314.
④ 秦亚青：《世界政治的关系理论》，上海人民出版社2021年版，第209页。
⑤ 田辰山，萧延中译：《中国辩证法》，人民大学出版社2008年版。
⑥ 庞朴：《道家辩证法论纲（上）》，载《学术月刊》1986年第12期，第9~10页。

"非此即彼"（either-or）的逻辑，中庸辩证法遵循"彼此相即"（both-and）的逻辑，正如祸福相依、强弱相随。①

具体而言，中庸辩证法所讨论的阴阳关系涉及三个基本假设。一是阴阳和谐，阴阳关系的本原状态是一种和谐状态。换言之，所有关系在根本意义上都是和谐的，而一旦关系走向混乱，也可以通过能动性管理而达成和谐。阴阳和谐体现了中庸辩证法与黑格尔辩证法的差异，后者认为万物两个极项之间的本原关系是冲突；二是阴阳互涵，相互不可分离。这也造成两个极项的最初状态是和谐而非冲突；三是阴阳互补，即两个阴阳极项在互动过程中相互弥补。例如，"冷热"、"强弱"、"有无"等阴阳两极看似相互矛盾，实则相互弥补。"一个极项之强同时也意味着这个极项之弱，须由另外一个极项之强予以补足，反之亦然。"在黑格尔辩证法正题（thesis）和反题（anti-thesis）的基础之上，秦亚青提出"共题（co-theses）"用于指代两个极项之间的互涵互补关系，上述关系的内在引力构成了"共同进化式的和谐"（co-evolutionary harmony）。② 在权力关系的概念中，权力关系行为体即通过互涵互补关系最终实现互强。

（二）国际政治的社会演化理论

在科学实在主义革新社会科学元理论的背景下，唐世平超越休谟传统的哲学实证方式，将进化论用于解释国际政治系统以揭示国际政治演化的因果机制，作为国际政治学者给予了达尔文"应有的地位"。唐世平于 2009 年提出社会进化论范式（Social Evolution Paradigm，SEP），即一个社会系统依赖于微观力量内生驱使宏观层的变革，为国际政治学提供了一个社会进化论的研究方法/范式。唐世平将进化论方法（"变异——选择——遗传"机制）视为"万能酸"（universal acid），将生存竞争、战略行为、社会化等微观或中观机制容纳于该框架下。社会进化论范式对国际政治的系统性转变提出了一个内生的解释，并初步提出通过这一研究方

---

① 秦亚青：《世界政治的关系理论》，上海人民出版社 2021 年版，第 208～234 页；L. M. H. Ling, "Worlds beyond Westphalia: Daoist Dialectics and The 'China Treat'," Review of International Studies, Vol. 39, No. 3, 2013, p.559.

② 秦亚青：《世界政治的关系理论》，上海人民出版社 2021 年版，第 14-15 页。

法解决进攻性现实主义和防御性现实主义之间的辩论。唐世平将"征服与被征服"视为进攻性现实主义向防御性现实主义转变的根本内生机制。与此同时,三个辅助机制发挥重要作用:一是对进攻性现实主义国家不利的环境正在出现;二是征服正变得困难的观念得以有效传播;三是主权观念与民族主义的兴起与传播。

为突破国际政治理论的"时代性",唐世平将国际政治视为一个进化的系统。进攻性现实主义和防御性现实主义是适用于两个不同历史时代的国际政治大理论。不同的国际政治"大理论"是针对国际政治的不同时代的,而不同时代的国际政治实际上需要不同的国际政治理论。由于国际政治一直是一个进化的系统,因此非进化的方法将在本质上无法揭示系统的进化。唐世平特别强调,他选择从这一阶段开始构建其理论并非认为国际政治的演变仅局限于这一阶段,而是因为国际政治学者对进攻性现实主义和防御性现实主义的历史证据较为熟悉,因而这一阶段适合被用于理论构建的起点。①

为进一步证明社会进化范式是社会科学中一个拥有强大解释力的范式,唐世平于 2011 年将社会进化论范式用于诠释美国的军事干预主义。② 在解释国家行为的过程中,社会进化范式在继承"'人工'变异-选择-遗传"这一核心机制的基础之上进而提出,需要将物质和观念这两种力量结合起来提供一个完整的解释。社会进化论认为,新现实主义所主张的消极学习(物质力量迫使国家学习)和建构主义提出的积极学习(观念的扩散)共同塑造了国家行为,前者对应"选择",后者对应观念的"遗传"。在具体解释美国军事干预主义的案例时,唐世平等提出一项具有针对性的因果机制,地理位置和国家实力决定了战争记忆,战争记忆进一步塑造了公众对军事干预的态度。

随着《国际政治的社会演化》于 2013 年出版(随后在 2017 年于国内出版),

---

① 唐世平:《国际政治的社会进化:从米尔斯海默到杰维斯》,载《当代亚太》2009 年第 5 期,第 4-31 页;Shiping Tang, "Social evolution of international politics: From Mearsheimer to Jervis," *European Journal of International Relations*, Vol. 16, No. 1, 2010, pp. 31-55.

② 唐世平:《美国军事干预主义:一个社会进化的诠释》,载《世界经济与政治》2011 年第 9 期, 第 84-111 + 159 页;Shiping Tang and Long, S. R. Joey, "American's Military Interventionism: A Social Evolutionary Interpretation," *European Journal of International Relations*, Vol. 18, No. 3, 2012, pp. 509-538.

唐世平完善运用社会进化范式这一"社会科学的终极范式"解释国际政治系统的演化过程。① 该理论将人类社会中国际政治的社会演化划分为三个阶段。一是，伊甸园模式到进攻性现实主义世界，即回答了进攻性现实主义世界是如何诞生的。唐世平提出，这一阶段人类社会转变的根本机制是人口日益增加而资源逐渐短缺。伴随着某个国家成为进攻性现实主义国家或某场战争的"突变"，对战争的认知和恐惧在国家间"横向遗传"，与此同时战争记忆通过国家的宣传强化发生"纵向遗传"。在国家"选择"性认识到，只有进攻性现实主义国家方能生存下来后，进攻性现实主义思维开始支配当时的国际政治系统。二是，从进攻性现实主义世界到防御性现实主义世界，唐世平早前已对这一系统转变的内生机制进行了解释。三是，从1945年至今世界呈现出一个更为规则化的国际系统。唐世平对于规则和制度的解释运用了其在《制度变迁的广义理论》中的重要假设，即问题的核心是争夺制定规则的权力。② 当前国际政治社会的演化范式可理解为：变异–制定规则观念的产生，选择–争夺制定规则的权力；遗传–规则的合法化和稳定化。

　　最后，唐世平在书中着重论述，包括国际政治在内的社会科学研究需要逃脱"帕森斯式的噩梦"。在国际社会系统之中，结构只是系统的一个部分，而系统至少包括三个部分（行为体、社会结构和物质环境）。在系统中，不仅是单元层面的行为体在相互互动，系统中的三个组成部分也在互动。一个系统中拥有许多无法归属为结构的要素和特征，例如系统中大多数单元的性质、单元和物质环境的互动情况等。尽管沃尔兹所提出的结构在"选择"/塑造国家行为方面发挥作用毫无疑问是正确的，但是唐世平认为发挥作用的是系统整体而非只有结构。唐世平进一步提出系统通过五个渠道发挥对单元行为和性质的影响：（1）约束/帮助，（2）学习，（3）选择，（4）建构，（5）反社会化。其中，前四项机制属于"社会化"行为，正是社会系统中存在社会化机制，因此行为体才会发出反社会化行为以对

---

① Tang Shiping：*The Social Evolution of World Politics*，Oxford：Oxford University Press，2013；唐世平：《国际政治的社会演化：从公元前8000年到未来》，中信出版社2017年版。

② Tang Shiping：*A General Theory of Institutional Change*，London：Routledge，2011；唐世平：《制度变迁的广义理论》，北京大学出版社2016年版。

抗来自系统中的压力。

需要强调的是，唐世平在完善国际政治的社会演化范式过程中，始终将物质力量和精神力量结合。在社会进化范式的本体论上，物质力量在前，而精神力量在后，且精神力量不能独立于物质力量单独发挥作用。① 例如，在伊甸园模式向进攻性现实主义世界转变时，唐世平提出有两个辅助机制在发挥作用。其中，物质力量主导的辅助机制是猎杀工具和技能的进步，精神力量主导的价值是群体内的团结与认同。

(三)道义现实主义

道义现实主义是西方现实主义国际关系理论与中国古代道义观相结合的理论思想，主要由阎学通阐释、论证，并通过其与国内外学者的研讨、辩论被逐步丰富。道义现实主义是强调政治领导力决定大国实力对比转变及国际体系类变的国际关系理论。该理论研究的核心问题是，崛起国是如何取代现行世界主导国地位的，即世界中心转移的原理。

道义现实主义理论的提出与发展主要经历以下三个阶段：

2005 年至 2012 年是理论积累和概念提出阶段。阎学通于 2007 年曾于《国际政治科学》上刊载多篇文章讨论中国古代思想家以及《战国策》等经典作品的政治思想，其中"先秦国家间政治思想的异同及其启示"一文中提出先秦思想家普遍认为道义与国家间秩序具有直接的相关性，特别是政治领导人的个人道德水平对国家间秩序的稳定性具有决定性的作用，并且对韩非子、老子、墨子等七位先秦思想家关于"'道义'与'国家间秩序'关系"的观点进行了梳理、分类②。在此基础上，澳洲国立大学副教授张峰提出"道义现实主义"的概念，将中国古代先秦思想与西方现实主义理论结合起来思考中国崛起对于国际秩序的影响。张峰认为，在先秦思想的框架下，中国崛起有两种不同的战略目标，即建立具有人道主

---

① 唐世平：《国际政治的社会进化：从米尔斯海默到杰维斯》，载《当代亚太》2009 年第 5 期，第 9-10 页；唐世平：《美国军事干预主义：一个社会进化的诠释》，载《世界经济与政治》2011 年第 9 期，第 88 页。

② 阎学通：《先秦国家间政治思想的异同及其启示》，载《中国社会科学》2009 年第 3 期，第 87-108 页。

义的权威(humane authority)或霸权(hegemony)；在中国崛起的过程中，世界同样面临建立一种新型国际秩序和重复美式霸权秩序这两种选择。[①]

第二，2013—2014年是概念明晰和理论丰富阶段。首先，阎学通通过与进攻性现实主义代表学者米尔斯海默展开辩论，对"道义"给出了更详细的阐释。米尔斯海默在2013年底受邀至清华大学国际关系研究院就"中国能否和平崛起"一问题进行辩论时，认为阎学通提出的"道义"并不具有实际操作性。阎学通回应表示中美对"道义"的定义不同，中国对其他国家不会指手画脚，而是追求在寻找到共同经济利益的基础上和平相处。就此，阎学通于2014年在《国际政治科学》上发表"道义现实主义的国际关系理论"系统地进行反驳：在现实主义的语境中，古典现实主义提出者摩根索从未否认道义在国际政治中起到的作用，而是论证了用民族道义取代国际道义是错误的；在具体论点上，米尔斯海默是误认为阎学通所提的"道义"是"中国自己的道义"，但实际上阎指的道义原则是普适性的而非民族性的[②]。其次，阎学通就道义现实主义提出了四个推论。其一，结合荀子的性恶论解释，逐利是国家行为和国际规范演化的根本动力。其二，在道义现实主义将主导国分为"王权"、"霸权"、"强权"三类的情况下，无序体系中不同类别国家的安全自保战略不同。其三，权力的零和性导致大国崛起的结构性矛盾和体系压力。其四，由于道义现实主义是一种政治决定论的理论，它推论国家领导力的差别决定一国综合实力可否持续增长以及增长速度，而政治实力变化可改变实力对比。

第三，2014年以来是道义现实主义的理论应用阶段。阎学通于2014年以道义现实主义为分析框架论证了"道义"对崛起国国际政治权力和政治合法性的正面影响。[③]。相比之下，后者比前者更加关注"道义"。阎学通通过更为稳定的中国–其他国家双边关系证明"道义"既有助于增强崛起大国的国际政治实力，也能

[①]　Zhang Feng, "The Tsinghua Approach and the Inception of Chinese Theories of International Relations," *The Chinese Journal of International Politics*, Vol. 5, No. 1, 2012, pp. 95-96.

[②]　阎学通：《道义现实主义的国际关系理论》，载《国际问题研究》2014年第5期，第102-128页。

[③]　阎学通：《从韬光养晦到奋发有为》，载《国际政治科学》2014年第4期，第1-35页。

促进政治合法性的提高。① 随后，收集了阎学通教授于 2014 年至 2017 年间文章
与采访记录的《道义现实主义与中国的崛起战略》于 2018 年出版。而《大国领导
力》的出版则标志着道义现实主义理论的成熟，且书中将该理论用于解释崛起国
成功取代霸权国的潜在因果机制。

不过，道义现实主义中有关"道义"的阐释也受到了以秦亚青为代表的国内学
者的批评。秦亚青一方面反驳了阎学通有关中国对外战略已发生转变的观点，另一
方面批评阎学通对"道义"的定义并不清晰。对于阎学通将"道义"解读为战略信誉
或是"不问对错地支持盟友"的行为，秦亚青认为上述对道义/道德的解读似乎直接
与国家利益相关联，既不符合汉斯·摩根索对道德的定义，也不贴切普世标准。②

1. 道义现实主义中的实力、权力、权威、战略、信誉与道义

道义现实主义理论着重分析国家的道义行为如何影响政策的制定，即道义行
为对国家实力的影响，不同类型的国家领导遵守道义标准的程度，以及国际领导
的类型对国际规范的影响。③

阎学通提出，一个国家行为是否道义取决于国家行为是否符合普适性道义标
准。在评估一国行为是否道义时，评估结果取决于人们回答的结果。阎学通采用
层次分析法将道义分为个人、政府和国际三个层次。④ 其中，政府道义指政府行
为遵循的普世道义准则(区别于民族道义，指一个国际体系内所有成员包括敌对
国家的共同道义准则)，主要包括保护国家利益的责任、履行国际规范的义务、
对盟国的战略可信性等。就普世道义而言，社会心理学认为人类在进化过程中已
经形成五个具有共性的心理基础：关心/伤害、公平/欺骗、忠诚/背叛、权威/破
坏、神圣/堕落,⑤ 即全球范围内的普世道义是存在共同基础的。

---

① Yan Xuetong, "From Keeping a Low Profile to Striving for Achievement," *The Chinese Journal of International Politics*, Vol. 7, No. 2, 2014, pp. 153-184.

② Qin Yaqing, "Continuity through Change: Background Knowledge and China's International Strategy," pp. 300.

③ 阎学通：《大国领导力》，中信出版集团 2020 年版，第 8 页。

④ 阎学通：《现实主义理论靠实事求是得以发展》，载《国际政治科学》2016 年第 4 期，第 3 页。

⑤ Jesse Graham, Jonathan Haidt, Sena Koleva, Matt Motyl, Ravi Iyer, Sean P. Wojcik, Peter H. Ditto, "Moral Foundations Theory: The Pragmatic Validity of Moral Pluralism," *Advances in Experimental Social Psychology*, Vol. 47, 2013, pp. 55-130.

在讨论道义对国家领导力的影响过程中，阎学通继承古典现实主义对道义的关注，借用道义工具对实力、权力、权威以及战略信誉等进行再概念。就"权力"和"实力"而言，为避免逻辑循环论证，道义现实主义把权力定义为国家利益中最重要的影响力。国家利益分为政治利益、安全利益、经济利益和文化利益，权力通常被视为政治利益的一种，例如联合国安全理事会常任理事国的否决权。实力则指向力量，它是界定包括权力在内的国家利益的基础，一个国家的综合实力同样包括政治实力、军事实力、经济实力、文化实力。① 道义现实主义根据国家的综合实力大小将世界各国划分为4个等级：（1）主导国，其主要利益是维持其在世界上的主导地位。（2）崛起国，其利益在于扩大其国际权力。（3）地区或次地区大国，主要战略利益是维护其所在地区的主导权。（4）小国，主要战略利益则是生存。

就"权力"和"权威"而言，前者意味着合法的强制权或强制责任，后者则意味着威望或大众的"信任"。② 从信任出发，国际权威的一项重要内容是战略信誉。战略信誉通过道义行为获得，其最低标准是国际道义。要判断一个国家的战略信誉，则需考量一个国家对他国尤其是对盟国的承诺履行情况。由于道义带来的战略信誉影响，坚持国际道义准能增强一国动员国内外支持的合法性，这就提高了国家的国际权力，从而可转化为其物质实力。③

2. 王道与霸道：中国古代哲学的应用

道义现实主义借用中国古代哲学的观点将世界权力的转移归因于崛起国比主导国更有能力进行改革。在国内方面，一国的领导类型可分为无为型、守成型、进取型和争斗型，而在国际领导类型方面则可分为王道型、霸权型、昏庸型和强权型。国际领导类型划分是建立在中国传统国际关系概念基础之上的。在荀子将统治者划分为"王权""霸权"和"强权"的基础之上④，道义现实主义将国际领导

---

① 阎学通：《中国国家利益分析》，天津人民出版社1996年版，第47-50页；阎学通：《大国领导力》，第17页。

② 阎学通：《大国领导力》，中信出版社2020年版，第20页。

③ 阎学通：《大国领导力》，中信出版社2020年版，第7-25页。

④ 荀子曾对统治者展开以下描述，"故用国者，义立而王，信立而霸，权谋立而亡。""王夺之人，霸夺之与，强夺之地。"

分为四种类型：一是守信誉并政策标准一致的是王道，符合国际领导的高道义标准，王道型领导按照国际规范行事，有助于以道义规范取代强权政治规范。正如荀子所说："故用国者，义立而王。"推行道义规范是成为王道型国际领导的必要条件，遵循道义原则有利于国家实力的上升和国家的繁荣。在中国古代国际体系中，西周被公认为一种王道的典型。二是守信誉但采取双重标准原则的属于霸权型国际领导，对盟友信守承诺，但对竞争对手执行另一种标准，因此霸权国的竞争者从不期盼霸权国遵守国际规范。一方面，正如鲁国大臣子服惠伯所说："夫盟，信之要也。"霸权型国际领导为了保持霸权，通常采取道义政策在盟国间建立起战略信誉。另一方面，以强权政治原则对付敌国。两者结合构成西方国际关系理论所说的"胡萝卜加大棒"。三是既不守信誉又采取双重标准的属于昏庸型国际领导，在盟国中没有信誉，周幽王是典型。正如《左传》所言："信不由中，质无益也。"由于昏庸型国家缺乏战略信誉，其他国家（包括所谓盟友）都不信任它。这种恃强凌弱的行为通常导致阴谋和欺骗成为规范的行为。四是不守信誉但行为标准一致的是强权型国际领导，按照强权政治的原则制定对外政策，因此既不受盟友信任，也不受敌人信任，秦王朝是典型案例。这样的行为给坚持道义原则的国家带来严重伤害，在客观上弱化其他国家对道义规范的信仰，促使它们增强采取强权原则的倾向。①

（四）位置现实主义

位置现实主义（positional realism）是宋伟教授在新现实主义国际关系理论的基础上构建的外交政策理论。大国的整体国家利益是谋求或维护在国际体系中的一种合理位置，而一个合理的位置可以带给大国包括国家安全、经济利益和国际地位在内的相应国际资源。

1. 整体国家利益与位置性利益

虽然国家利益是国际关系理论研究中最常见的概念之一，但位置现实主义认为从理论建构的角度来看，具有"整体性"和"稳定性"的概念更具分析意义，因

---

① 阎学通：《大国领导力》，中信出版社 2020 年版，第 39-41，96-98 页。

此"整体国家利益"成为该理论的核心概念。整体国家利益是"一定时期内国家客观存在的最高利益",这一利益"为社会各阶层所共享"。① 不过需要注意的是,国内社会的共同利益并不一定是整体国家利益。一方面,部分利益处于国内框架之下,与国际体系没有直接的关系。另一方面,即便是统治者和被统治者共同享有的国家利益,也不能简单等同于本章所说的整体国家利益。例如,虽然国家安全、经济发展和社会福利都是本国人民的共同利益,但由于资源的有限性,过分追求某一种共同利益很有可能损害其他的共同利益,从而损害国家在国际体系中的整体利益。② 宋伟提出,整体国家利益的研究路径的优点如下:首先,整体国家利益概念切中了"国家利益"的本质,即它是作为一个主权国家的实体所具有的一种最高利益,这种利益能够全面而不是片面地支持主权国家的生存和发展。其次,整体国家利益的概念十分简约,有利于针对单一国家展开战略研究。最后,整体国家利益的概念有利于建立可操作性强的外交政策理论。

对某国整体国家利益的界定需要考量该国位于国际体系中结构和制度层面的"位置"。③ 从国家在国家体系中的"位置"出发考量国家利益是现实主义学者的共识。法里德·扎卡利亚认为,在分析一个国家的国际行为或外交政策时,需要考虑该国在国际体系或系统结构中的相对位置。④ 整体而言,由于大国拥有更多资源拓展对外影响力而小国的自主行动能力有限,因此大国相较于中小国家"更有可能清楚界定、努力追求自己的整体国家利益"。⑤

为了对霸权国的整体国家利益进行位置性界定,宋伟在秦亚青的霸权互持理论基础上提出霸权利益理论。秦亚青将霸权互持视作霸权国整体国家利益的关键

---

① 宋伟:《位置现实主义:一种外交政策理论》,上海人民出版社 2021 年版,第 89 页。

② 宋伟:《大国的整体国家利益:一种理论分析》,载《现代国际关系》2017 年第 3 期,第 38 页。

③ 宋伟:《国家利益的界定与外交政策理论的建构》,载《太平洋学报》2015 年第 8 期,第 22 页。

④ Fareed Zakaria, "Realism and Domestic Politics: A Review Essay," *International Security*, Vol. 17, No. 1, 1992, pp. 197;秦亚青:《霸权体系与国际冲突——美国在国际武装冲突中的支持行为(1945-1988)》,上海人民出版社 1999 年版。

⑤ 宋伟:《大国的整体国家利益:一种理论分析》,载《现代国际关系》2017 年第 3 期,第 39 页。

要素，他认为只要霸权国能够"保持"霸权地位，其国家安全、经济财富等国家利益也就得到了保障。所以，霸权护持代表了霸权国的整体社会利益，这就是国家利益概念的整体性。与此同时，"在整个霸权时期内，护持霸权地位会自始至终地被霸权国当作根本利益。只要霸权系统没有崩溃，霸权国地位没有发生根本改变，护持霸权地位就是霸权国的最高国家利益。这就是整体国家利益的相对稳定性。"①在此基础上，宋伟提出霸权国在国际体系中结构和秩序上的特殊位置构成了其整体国家利益，且这两个层面的整体国家利益相互促进。在结构层面，其他国家与霸权国存在较大实力差距；在秩序层面，霸权国在大多数关键性的国际制度中"渗透了有利于自己的原则和规范"，在决策程序中也通常具有更多的发言权和投票权。②

同样，位置现实主义运用其他大国在国际体系中的位置来考量它们的整体国家利益，其他大国通常希望在巩固现有的有利位置基础上谋求更好的国际体系位置。在实力转变理论对大国的划分基础上③，宋伟提出全球性大国（包括争霸国和潜在争霸国）的终极整体国家利益是建立霸权地位、获得霸权利益，而非争霸国的位置性利益通常限定在地区层次而非全球层次，且对主导秩序地位的追求优先于主导实力地位。④

2. 因果机制与理论推论

位置现实主义认为不合理的位置目标只会带来损害，因此主张国家，尤其是大国，应当基于整体国家利益界定外交政策目标，从而制定切合本国在国际体系中位置目标的大战略。

在位置现实主义的理论逻辑中，整体国家利益是制定外交政策的逻辑出发点。整体国家利益是国家衡量与他国战略利益关系、制定相应外交战略的基本依

---

① 秦亚青：《霸权体系与国际冲突——美国在国际武装冲突中的支持行为（1945-1988）》，第131-132 页。

② 宋伟：《捍卫霸权利益：美国地区一体化战略的演变（1945—2005）》，北京大学出版社 2014年版；宋伟：《大国的整体国家利益：一种理论分析》，载《现代国际关系》2017 年第 3 期，第 93 页。

③ 阎学通：《世界权力的转移：政治领导与战略竞争》，北京大学出版社 2015 年版，第 25 页。

④ 宋伟：《大国的整体国家利益：一种理论分析》，载《现代国际关系》2017 年第 3 期，第 98-105 页。

据，也是衡量不同具体国家利益的重要性和紧迫性、制定相应外交政策的基本依据。以双边关系为例，国家间的战略关系取决于两国如何界定自己的整体国家利益以及这两种整体国家利益之间的关系。

如何确定不同国家整体利益之间的关系（盟友或竞争对手）？宋伟提出，国家在国际体系中的结构实力地位和秩序地位影响与其他国家的实力关系和秩序关系，由此影响与相关国家整体利益的关系。实力地位指一个国家综合实力在国际体系实力结构中的地位。秩序地位指国家在现有国际秩序中的位置，尤其在"关键性国际政治经济秩序"内的位置，主要涉及秩序的制度规则对本国是否有利，以及在秩序运作框架下本国的权力大小。实力关系和秩序关系则作为中间变量影响国家整体利益关系，前者指国家间的综合国力差距，后者则受到国际秩序规则、该国实际情况以及领导人认知的综合影响。[1] 在上述位置现实主义因果机制下，国家可根据其在国际体系中结构层面和秩序层面的位置界定国家间整体利益关系，进一步推断确立相应外交政策以及联盟政策。

（五）新天下主义

新天下主义是赵汀阳教授在中国古代"天下"政治思想基础上提出的当代国际秩序的一个包容性构想。赵汀阳提出，如果中国要思考"世界问题"，那么必须向世界提出中国的世界观。[2] 出于这种考虑，赵汀阳于 2008 年对天下体系这一中国政治思想的重要基础进行了简要表述。天下体系意味着一种中国式的普遍主义，其存在基础是"共存先于存在"。天下体系的普遍主义建立在对"和谐原则"的现代理解之上。其一，事物的多样性是每个事物能够生存的必要条件；其二，一种强化的帕累托改善（孔子改善的雏形），即各种事物只有互相配合才能使其中每个事物达到其最优状态。同理，人与人之间的互惠关系将使每个人的利益都获得改善。不同于霍布斯文化、康德文化以及温特文化所不可避免的"排斥他者"思想，天下世界观倡导"化敌为友"，赵汀阳认为这种兼容普遍主义思想是

---

① 宋伟：《位置现实主义：一种外交政策理论》，上海人民出版社 2021 年版，第 106-121 页。
② 赵汀阳：《天下体系：世界制度哲学导论》，江苏教育出版社 2015 年版。

比亚历山大·温特所谓的西方政治"三种文化"更有潜力解决冲突问题的"第四种文化"。① 与此相关，以关系为分析单位的中国存在论为兼容普遍主义提供了哲学基础。赵汀阳补充说明"天下"意味着一个使世界成为政治主体的世界体系，一个以世界为整体政治单位的共在秩序（order of coexistence）。从天下去理解世界，继承了老子所提出的方法论"以天下观天下"，即以超越民族国家和地区的"世界"整体性视野为思考单位去看待、分析问题。以世界尺度去理解作为整体政治存在的世界就是"天下无外"原则。天下作为在理论上无所不包的政治世界，一切政治实体都属于天下。②

　　自 2016 年起，赵汀阳等学者与国际学界展开交流对话，并回应国内外学者对天下主义的评论和质疑，在此过程中对"天下"概念形成了补充阐释。赵汀阳在 2016 年出版的《天下的当代性：世界秩序的实践与想象》以及 2018 年于《文史哲》杂志上发表的"'新天下主义'纵论"中针对三点质疑提出了反驳：第一，对于天下体系过于理想化、难以实现的质疑，赵汀阳提出天下体系首先在于提出一个问题，而实现的条件属于不可知的未来，天下体系表面上是一个政治问题，实质上却是一个世界的精神品质问题，并且理想不是缺点，反而是人类思想之必需；第二，以柯岚安为代表的一派学者担心天下体系会导致"中国治下之和平秩序"或"中国中心主义"，赵汀阳提出这种观点实际上折射出西方理论框架的局限性，并且进一步提出天下体系具有兼容性、共享性和友善性以及反帝国主义特性；第三，塞尔瓦托·巴博纳斯的《美式天下》一书提出了新挑战：尽管"天下"来自中国的思想概念，但在实践上，"美式天下"将胜过"中式天下"。赵汀阳指出，天下体系的意义就在于它正是一种消除敌对游戏的方法论，而不是一种如何在敌对游戏中取胜的策略。柯岚安和巴博纳斯都同样误读了天下体系的意义，都把天下体系理解为在敌对国际游戏中的一种新型霸权体系。③

　　2019 年，赵汀阳于柏林自由大学哲学系举办德文版《天下的当代性》的讨论

---

　　① 赵汀阳：《天下体系的一个简要表述》，载《世界经济与政治》2008 年第 10 期，第 57-65 页。

　　② 赵汀阳：《以天下重新定义政治概念：问题、条件和方法》，载《世界经济与政治》2015 年第 6 期，第 4-22 页。

　　③ 赵汀阳：《"新天下主义"纵论（笔谈）》，载《文史哲》2018 年第 1 期，第 5-22 页。

会，进一步解释了其重构天下体系的动机：第一，康德的"和平"理论仅适用于政治体制、价值观念与宗教信仰相似的国家，而无法经受住亨廷顿式"文明冲突"的冲击；第二，质疑传统国际政治提出的博弈战略在解决世界政治矛盾过程中的有效性，威慑、平衡、"冷战"等策略组成的博弈战略无法从根本上解决冲突。在概念补充上，赵汀阳将天下主义与"西方普遍主义"以及"世界主义"进行比较，从而突出天下主义的特征：西方普遍主义与天下观念（"东方普遍主义"）之间的差异在于其基本单位的构成不同——天下体系中，基本单位是"身"，即生命单位，而非传统西方普遍主义提及的"个人"这一政治观念。天下体系与世界主义也存在重要差异——就基本单位而言，天下并不致力于将公民培养为仅属于世界而失去地方认同的"世界公民"；就整体结构而言，天下并不是要消灭原本的国家并创立一个世界国家，而是添加一个新的覆盖体系。此外，赵汀阳在这一阶段还将天下理论应用于实际问题的讨论，即欧洲是否可以发展出一个具有欧洲特色的"天下"——在运用理论分析后，赵汀阳提出当代欧盟不仅集合力不足而且存在威斯特伐利亚体系思维等问题，目前状态与周朝天下体系之前的松散联邦国更为相似。①

　　同年，赵汀阳于国内发表论文对天下主义概念进行"修补"。首先，天下体系是一个"共托邦"（contopia）而非"乌托邦"，即一个"可实现的共享世界"。天下主义强调可建构性，并不追求完美，而非完美性恰恰继承了"中庸"思想，优先追求规避风险而非当前利益的最大化。其次，天下政治希望突破"权力斗争"的思维模式，通过"共生"达到"生生"。天下体系认为政治的最有可能是将敌对的政治（politics of hostility）转化为友善的政治（politics of hospitality）前者的本质是权力竞争，即利益最大化。而天下体系认为并不存在真正意义上的"双赢"，那么利益最大化的不可实现必然造成斗争。因此，天下体系试图让"共存"的吸引力大于"斗争"，使得秩序本身保持吸引力，不必退而选择使用武力维持秩序。再者，天下需要三个宪法性的概念。一是世界内部化，天下体系需要建立大于排他利益的共同利益，同时具有自卫能力；二是关系理性，互相敌对的最小化优于自

---

① 赵汀阳：《柏林论辩：天下制度的存在论论证及疑问》，载《世界哲学》2020 年第 3 期，第 89-111 页。

私利益最大化，符合上述所提的避免敌对的政治；三是孔子改善，超越"帕累托改善"，要求一种制度安排能够达成每个人的利益增长与任何人的利益增长之间存在必然联系。①

近年来，除赵汀阳之外，许纪霖等国内学界知名学者也就"新天下主义"展开研讨。例如，许纪霖强调"新天下主义"应当做好一个继承和两个突破：其一，一方面，继承传统天下主义的普适性，即尊重人类社会的普遍价值；另一方面，一是要突破传统天下主义强调"以华夏为中心"的等级化弊端；② 其二，是要突破民族主义，例如东亚地区国家要关注命运共同体背后的普遍价值。③

（六）共生理论

国际关系领域的共生理论主要由"上海学派"提出，是一种关于现代国家（包括）国际组织如何生存的选择的理论。④ 国际共生理论的发展与中国外交理论及实践经验的积累紧密结合。

国际共生理论建立在跨学科基础上，最初是由生物学引介的概念，又经过多个社会科学的探讨得以不断丰富。"共生"原是现代生态学把整个地球看作一个大的生态系统，生物圈内各类生物间及其与外界环境间，通过能量转换和物质循环密切联系起来。后于 20 世纪 50 年代被社会科学领域学者借来研究人类社会。美国芝加哥大学经验社会学派借用生物共生理论来研究人文社会问题，创立了人文区位学。2002 年复旦大学胡守钧教授率先将共生理论引入中国研究社会问题，后于 2006 年发表《社会共生论》一书，其中提出"共生"是在无法排除任何共生对象的客观前提下，主观地实现人类社会交往中照顾各方利益和理想的最佳机制和

---

① 赵汀阳：《天下：在理想主义和现实主义之间》，载《探索与争鸣》2019 年第 9 期，第 100-108+198 页；赵汀阳：《天下观与新天下体系》，载《中央社会主义学院学报》2019 年第 2 期，第 70-76 页。

② 许纪霖：《天下主义/华夷之辩及其在近代的变异》，载《华东师范大学学报（哲学社会科学版）》，2012 年第 6 期，第 66 页。

③ 许纪霖：《新天下主义：对民族主义与传统天下主义的双重超越》，载《探索与争鸣》2016 年第 5 期，第 62 页。

④ 上海国际问题研究院课题组：《海纳百川、包容共生的"上海学派"》，载《国际展望》2014 年第 6 期，第 1-17 页。

架构。人们应当告别"消极共生",走向"积极共生",争取不同利益者的"共赢",从而实现"美人之美、美美与共"的天下大同。

自 2011 年开始,以胡守钧和金应忠为代表的"上海学派"学者逐步丰富国际共生理论内涵。金应忠于 2011 年将共生理论引入国际关系领域,其中提出共生性是国际社会的基本存在方式,并指出实现国际社会共生性依赖于四大基本要素:一是共生关系的主体性,例如主权国家追求平等,人民具有自我保护、自我发展和"自我实现"的人权;二是共生关系的纽带是资源,即国际社会中的主体"自我实现"需要依赖资源;三是由于资源的稀缺性,因此共生关系具有"底线";四是共生关系的拘束性,即在共生的底线下,各国应当自我克制,并使用约束性工具强化共生关系。[1] 胡守钧提出由于国际问题均处于国际共生关系之中,因此解决国际问题必须从国际共生关系入手。在上述条件下,胡守钧围绕"资源"这一国际共生的纽带提出了六种国际共生关系模型,分别是"两主体之间资源交换型"、"多主体之间资源交换型"、"两主体之间资源共享型"、"多主体之间资源共享型"、"两主体之间同一资源竞争型"以及"多主体之间同一资源竞争型"国际共生关系模式。在上述模型下,胡守钧认为国际问题的出现大多源于资源交换不合理、分享不合理以及竞争不合理,需要优化共生关系逐个解决。[2]。

2013 年以来,国际共生理论进入理论应用和拓展阶段。"上海学派"学者逐步国际共生理论框架应用于解读大国间关系和地区秩序,并且进一步探讨应当如何优化当前的国际共生关系。在理论应用方面,任晓论证了东亚秩序可被视作一种资源交换型共生关系。任晓在质疑欧洲中心观的基础上,提出东亚秩序存在自主性,运用共生理论说明传统东亚秩序是一个内生而非外生的"共生体系"。东亚共生体系包括大国之间的共生、大国与小国的共生、强国与弱国的共生等。在"朝贡体系"的解释框架下,东亚秩序看似是"单一中心"且秩序中关系似乎不平等。但实际上,东亚秩序中的主体间交往都建立在资源的基础之上。[3] 在此背景

[1]　金应忠:《国际社会的共生论——和平发展时代的国际关系理论》,载《社会科学》2011 年第 10 期,第 12-20 页。

[2]　胡守钧:《国际共生论》,载《国际政治》2012 年第 4 期,第 35-41 页。

[3]　斯塔夫里阿诺斯著,吴象婴等译:《全球通史——1500 年以后的历史》,上海社会科学院出版社 1999 年版,第 75-76 页。

下，东亚秩序中主体间交往关系自然形成了资源交换型共生关系。① 苏长和在对西方世界内部周期性出现的从多极体系向对抗性两极体系演变的现象及其根源进行了批判性反思之后，提出共生型国际体系的发展以及新型大国关系的机会和可能，并对作为共生的结伴体系与作为对抗的结盟体系做出了区分，最后判断国际体系在未来很长时间都是共生与对抗并存的，中国在对外交往过程中需要耐心去构建和平发展的共生型国际体系。②

在理论拓展方面，杨洁勉等提出国际共生理论中的"共生"状态从消极到积极可划分为多个阶段，且开始讨论应如何通过中国外交实践实现国际共生体系的优化。杨洁勉于 2013 年提出中国的外交发展可划分为"和平共处""和平共生"以及"和谐共生"三个阶段，在中国迈向全球强国的过程中亟需创新国际共生论的外交理论准备。③ 在这一划分的基础上，蔡亮进一步提出中国自 1949 年以来正通过外交实践实现国际共生关系的优化。其一，和平共处五项原则的提出及相关外交实践将二战后"恐怖性和平"共生体系改进至"和平共处"阶段；其二，"人类命运共同体"有望将国际共生关系从"和平共生"优化至"和谐共生"阶段。鉴于杨洁勉对于中国外交理论需要将"和平共生"优化至"和谐共生"的判断④，蔡亮认为中共十八大报告中提出的"人类命运共同体"具象化了国际共生关系论中最高阶段"和谐共生"的愿景，是中国向人类文明提出的一个永久性道德价值，体现了"和谐万邦""天下大同"的整体和谐精神⑤。此外，任晓等提出"人类命运共同体"外交思想愿景的制度化构建可以考虑突破个体理性范式，而构建在强调"公共利益"的"共生理性"基础上。"共生理性"并非无私的利他主义，而是通过推崇

---

① 任晓：《论东亚"共生体系"原理——对外关系思想和制度研究之一》，载《国际关系理论》2013 年第 7 期，第 4-21 页。

② 苏长和：《共生型国际体系的可能——在一个多极世界中如何构建新型大国关系》，载《世界经济与政治》2013 年第 9 期，第 4-22 页。

③ 杨洁勉，《中国走向全球强国的外交理论准备——阶段性使命和建构性重点》，载《世界经济与政治》2013 年第 5 期，第 4-14 页。

④ 杨洁勉：《中国走向全球强国的外交理论准备——阶段性使命和建构性重点》，载《世界经济与政治》2013 年第 5 期，第 9 页。

⑤ 蔡亮：《共生国际体系的优化：从和平共处到命运共同体》，载《社会科学》2014 年第 9 期，第 23-30 页。

"美人之美，美美与共"的多元价值观在"公私"之间形成平衡共生关系。①

小结

通过自改革开放到 21 世纪初对西方国际关系理论的学习和回应，中国国际关系学科从 21 世纪第一个十年至今在理论创新方面获得了不俗的成果，涌现出了上述具有代表性的国际关系理论。在梳理这一系列理论的过程中，我们能够归纳出创新理论发展的若干特征。第一，对西方主流国际关系理论做出了或继承或批判的回应。例如，由秦亚青提出的世界政治的关系理论是受到了亚历山大·温特结构建构主义影响，即观念结构（系统文化）影响国家行为模式；而以阎学通为代表的学者提出的道义现实主义则批判继承了汉斯·摩根索提出的传统现实主义；第二，中国国际关系学科的创新理论大多结合了中国古代传统思想文化。关系理论受到了中庸辩证法的启发；新天下主义是在中国古代"天下"政治思想基础上提出的构想；在道义现实主义正式提出之前，阎学通梳理了先秦时期思想家对"'道义'与'国家间秩序'之间关系"的观点；国际共生理论则与我国古代对"和"以及"天下大同"的追求存在契合之处；第三，中国国际关系理论创新是在与西方学界的交流、辩论中不断明晰、丰富的过程。

---

① 任晓，金天栋：《刍议人类命运共同体的构建方式：一种制度化的视角》，载《国际观察》，2021 年第 3 期，第 33-41 页。

第三章

中国国际关系理论构建路径的若干思考

第一节　国际关系理论的普遍性与特殊性①

党的十八大以来，以习近平同志为核心的党中央高度重视学科体系、学术体系和话语体系协同推动中国特色哲学社会科学自主知识体系构建。以应用性为导向的国际关系学强调要把理论知识应用于解决现实世界的实际问题，并在充满复杂性和不确定性的国际环境中为日益多元化的中国外交实践提供理论知识支撑。就此而言，侧重于概念、思想、理论、方法和原理探索的国际关系学术体系建构就显得尤为重要。其中，厘清国际关系理论普遍性和特殊性的关系则是构建中国国际关系学术体系的关键。基于本书第一章的铺垫性讨论，从广义上理解"理论体系"，认为中国国际关系理论构建应在元理论和研究范式层次上遵循国际学界的共识性规则，在实质理论创新方面以中国视角、中国智慧为解决人类现代社会的共通性问题提供中国方案，实现普遍性与特殊性的平衡。

一、国际关系的理论体系：元理论、研究范式与实质理论

正如第一章分析的那样，广义上的理论体系由元理论、研究范式和实质理论

---

① 本节主要观点已在课题阶段性成果正式发表。参见，邢瑞磊：《如何平衡国际关系理论的普遍性与特殊性》，《中国社会科学报》2024 年 8 月 15 日。内容有删改。

三个层次共同构成。元理论是理论最基础的部分，位于最高抽象层次，主要从哲学的本体论、认识论和方法论角度出发，关注现实世界和理论的本质与联系、理论知识的构成与结构、理论化方法、理论知识的有效性等基础性问题，目的是为学科发展提供基础性框架和方法论指导，帮助研究者构建更有效和符合学术规范的理论。元理论常以"哲学预设"或"理论假定"形式存在于具体理论或实质理论之中，是理论构建者对理论类型、理论化方法和理论功能的理解和选择，体系化的理论专著都需要对元理论进行充分说明。

研究范式是在元理论基础上形成的一套特定的研究模式，规定研究的视角、程序和规范。不同的研究范式为探索和理解社会现象提供不同的方法和框架。当前，国际关系理论研究主要有实证主义、后实证主义和科学（或批判）实在论三种研究范式。三种研究范式的并存和争论，体现了国际关系的复杂性。卡尔·波普尔曾用"钟与云"隐喻自然世界的复杂性。所谓"钟"意味着世界具备精确机制，类似精准的钟摆，各组成部分的功能、变化以及对整体的影响均能清晰了解与预测，意味着规律、秩序和可预测性。所谓"云"意味着世界由众多随机且不可预测的行为构成，如同变幻无常、变动不居的浮云。当系统改变时，研究者仅能对系统整体进行一般性预测，难以辨析构成其单位的具体行为，象征着混沌、无规律、无秩序和不可测。对于"社会世界"而言，理论研究者除了要面对"钟与云"的复杂性之外，还需要充分考虑到人类意识和规则对于社会系统的潜在影响。例如，现代社会的体系、结构和构成要素，包括国际关系研究关注的民族国家实体、主权概念、政治原则和国际秩序，可能是抽象理性规则通过语言、制度等媒介建构的结果。在此理解下，国家的行为逻辑、互动模式、话语实践以及国际体系呈现的整体性规律，亦可能是由于理性规则建构的"客观"结果。因而，马克斯·韦伯强调社会科学理论研究在发现和说明规律性现象的基础上，还需要对这些规律的社会意义展开阐释。

实质理论是基于特定的元理论假定和研究范式，融合概念、政治思想和事实，对具体的社会现象或问题形成的原理或分析框架。现实主义、自由主义、建构主义及其内部多元发展的中层和微观理论皆属于实质理论范畴。就理论的普遍性和特殊性问题而言，实质理论的普遍性在于都基于某种或多种融合后的元理论假定和研究范式，遵循着学术界普遍承认和适用的理论化原则。实质性理论的特殊性则在于其内容通常是经验性(或理念性)概念、政治思想和事实融合的结果，体现了文化、历史背景的潜在影响及其应用的动态性。其中，国际关系学的概念是构建实质性理论的关键，通常是特定国家和地区的政治、经济、社会发展模式及外交原则与实践、地理空间的想象、世界历史叙事和道德价值观高度凝练的结果。此外，在国际关系理论发展史中，有关"国际关系是一门美国学科?"，①突破"政治学的囚笼"以及全球国际关系学知识运动(Global IR)的学术讨论，都从不同侧面对西方国际关系的核心概念及实质理论中隐藏的文化特殊性展开的批判。

简言之，从体系化的理论研究角度看，国际关系理论是普遍性和特殊性的平衡，普遍性意味着国际关系理论研究需要遵循元理论和研究范式的一般性规则，是理论研究的"输入端"，为国际学界进行理论对话提供基本平台；特殊性则主要体现在理论化的"输出端"，即，包括概念、思想和事实的实质性理论，是不同国家和地区结合自身需求、历史文化、政治制度和道德价值观对国际关系核心问题的独特思考。两者的平衡与结合有助于国际关系理论研究在批判砥砺中创新发展。

二、中国国际关系理论普遍性与特殊性的平衡

通过上述对国际关系理论体系的元理论、研究范式和实质理论的简要分析，中国国际关系理论创新是普遍性和特殊性的平衡。在体系化的理论构建过程中，尤其需要注意以下三点。

首先，加强"输入端"基础性哲理研究的理论化水平。于最高抽象层级而言，国际关系理论皆牵涉到针对世界构成、宇宙秩序等本源性问题的哲理性思考。这些问题或许无法直接转化为具备现实指导价值的实质理论。然而，它们却是以构建结构化、体系化的中国国际关系自主知识体系为目标的学理基础。中国传统文

---

① Stanley Hoffmann, "An American Social Science: International Relations", *Daedalus*, Vol. 106, No. 3, 1977, pp. 41-60; Steve Smith, "The Discipline of International Relations: Still an American Social Science?", *The British Journal of Politics and International Relations*, Vol. 2(3), 2002, pp. 374-402.

化源远流长，其中蕴含的深邃智慧为国际关系理论的发展提供了独特的视角和丰富的资源。深入挖掘具备中国文化特质的关系性世界观、动态性宇宙秩序观以及和谐共生的天人关系等蕴含的哲理内涵意义重大。当前，天下体系、关系主义和共生理论已经完成了奠基性工作，为后续研究和体系化创新奠定了良好基础。下一步，中国国际关系理论研究者应依照本体论、认识论和方法论一致性原则，对核心概念、逻辑框架、适用范围进行更精细的梳理和比较，找出相互之间的衔接点和互补之处，形成自洽且一致的研究范式。

其次，复杂性和不确定性条件下的"主体与结构"关系。在推动哲理性研究的同时，中国国际关系理论研究需要紧扣现代社会学科研究的共通性问题，以中国视角为现代社会的共通性问题提供中国智慧和中国方案。对于国际关系理论而言，主体与结构的张力关系及光谱两端之间的主体间关系或群己关系，就属于此类的共通性问题。[1] 西方主流国际关系理论正是沿着主体与结构的关系发展起来的，侧重把主体与结构理解为二元对立关系，预设主体的独立性和优先性，依照方法论个体主义推演国家行动的动机、逻辑、互动模式与策略，进而解释宏观的国际政治现象。尽管结构现实主义和建构主义分别强调了结构的重要性和主体结构的二重性问题。但是，西方国际关系总体上是在确定性的假设条件下，从个体层面出发，为宏观的社会现象提供具体而微观的解释机制，忽视了个体向整体递进中的"跨层次桥接"问题。

当前，随着人类社会逐渐迈入全球风险社会，全球政治经济环境复杂性和不确定性加剧，如何在不确定性条件下处理主体与结构更加复杂的张力关系，为中国国际关系理论创新提供了条件。在主体与结构关系问题上，中国传统文化和马克思主义都以系统思维为特征，把主体理解成一种关系性概念，两者的结合将为解决该问题提供思路。其中，在中国传统文化中的主体对应的是"自我"概念，区别于西方以"自我-他者"对立结构突出个体的主体性地位，中国文化以个体自我（"小我"）和社会自我（"大我"）的二重性结构，强调"小我"是社会网络的组成部分，在跟"大我"相互依存、相互影响过程中呈现其存在意义，从而揭示了个

---

① Colin Wight, *Agents, Structures and International Relations: Politics as Ontology*, Cambridge University Press, 2006.

体、家庭、社会、国家乃至宇宙万物的关系性本质。马克思主义则认为自然人在进入到社会领域时，会被特定经济生产关系和社会规则重新塑造，而在生产与再生产过程中，被结构塑造的个体又会发挥部分主体意识推动结构变迁。简言之，两者都把主体和结构理解成为动态的、过程导向的互构关系，共同秉持方法论整体主义和系统思维，强调介于个体理性判断和抽象结构之间的"关系理性"和"实践理性"是动态条件下把握主体与结构关系的有效认识论。

总之，中国国际关系理论根植于中国传统文化和马克思主义思想，与西方国际关系理论形成了一种独特的齿轮式镶嵌关系。这种关系体现了两种理论体系在思维方式和研究路径上的互补性。中国国际关系理论从整体到个体的视角出发，强调整体性、关系性和互动性；而西方理论则倾向于从个体到整体，突出个体的独立性和优先性。这两种理论都在尝试解答现代社会的共通性问题，但各有侧重，相互补充。通过平等学术交流和理论融合，更全面地理解国际关系的复杂性和多样性，为国际关系和全球治理提供更丰富和多元的理论支持。①

最后，新时代中国外交理念和政策的学理化阐释。

党的十八大以来，伴随中国综合实力增强，中国特色大国外交呈现出全方位、多层次、立体化的布局。以习近平同志为核心的中国共产党领导集体勾画和推动了一系列外交新实践和新理念。从国际关系理论普遍性和特殊性平衡的角度看，从共建"一带一路"到推动构建人类命运共同体，从构建新型国际关系到全球三大倡议，都是中国共产党根据国际形势变化，立足于中国国家利益与公平世界秩序，自身安全与发展和世界共同安全与发展的平衡，是对国际关系理论研究之中国家自主性和秩序稳定性这一共通性问题的新思考和新实践。

这些新理念和新实践是中华优秀传统文化和马克思主义基本原理有效结合的结果，是中国视角、中国智慧和中国方案在理论知识生产"输出端"的集中体现。中国国际关系理论研究者肩负着重要的学术使命，需要展现出深厚的理论和方法论自觉。首先，致力于明确界定这些新理念和新实践所涵盖的主题、概念与现

---

① 参见：邢瑞磊：《全球治理"权威空间"的生成、演化与复杂治理的中国式关系思维》，载刘天阳，谈笑主编：《全球治理观的"中国道路"：概念重构与实践创新》，中国社会科学出版社 2024 年 8 月版。

象，深入揭示其内在的逻辑、机制和规律，并将这些元素有机地整合，构建起一个连贯、系统的理论阐释体系。其次，加强跨学科融合，推动实质理论群的建构，是提升理论深度和广度的关键。在这个过程中，研究者需要平衡规范型理论、经验型理论和批判型理论之间的关系，确保它们各司其职、相互支撑，共同推动基于中国外交原则、理念和实践一致性框架内的理论多元化格局。同时，在学术交流和国际传播实践中，研究者应注重学术语言与政策语言的区分。尽量使用符合学术规范的语言，详细阐释理论的逻辑、机制和适用范围，避免直接套用政策语言，避免出现"自说自话"的现象。这种严谨的学术态度有助于提升理论的学术影响力、国际传播力和说服力。

第二节　新时代中国国际关系的知识生成[①]

进入 21 世纪，随着中国综合国力的快速提升，在"和平崛起"的叙事话语体系中，中国的外交战略和政策出现了重要调整。习近平总书记在党的十九大报告中明确提出，我们要推动构建新型国际关系，推动构建人类命运共同体。"两个构建"指明了中国外交事业努力的方向，也标志着中国的国际战略和外交实践开启了放眼全球、迈向世界舞台中央的新时代。中国迈向世界舞台中央的过程实质上是一种双向的国际社会化进程。从国际关系研究的角度看，这种双向的国际社会化进程要求研究者统筹国内治理和国际治理，实现国家安全与国际可持续发展的动态平衡。为此，一方面需要充分考察世界各国政治思想、政治结构和政治过程的多元性，建构符合和平与发展时代主题的新型国际关系理论；另一方面需要结合中国传统思想和现代价值，在积极探索全球性问题解决方案、推动全球治理体系改革和形成公正合理的全球规范中，夯实具有中国特色哲学思想、理论体系和研究方法的国际关系研究体系的基础，使之真正成为表达思想、传播知识和争取国际话语权的媒介和桥梁。

面对百年未有之大变局带来的权力结构和国际关系格局的双重转型，学术界

---

① 本节主要观点已以课题阶段性成果形式发表。参见：严双伍，吴向荣，邢瑞磊：《新时代中国国际关系学知识体系的重塑》，载《西安交通大学学报（社会科学版）》2021 年第 2 期。内容有删改。

围绕国际关系学的未来前景，中国国际关系学的话语体系建构和新技术革命带来的研究范式革新等重大现实和理论问题展开了广泛的讨论。其中，就中国国际关系学的学科建设和范式革新而言，相关讨论主要涉及三个方面。第一，全球国际关系学科正处在深刻调整之中，中国学界应该紧随其趋势。此类研究着眼于全球国际关系学科的整体发展趋势。当前国际关系学发展迟缓的症结在于西方知识话语霸权限制了学术自由交流的空间。阿查亚认为传统的国际关系研究议程和知识体系主要由西方世界的思想与实践主导，非西方世界的观念与经验始终处于边缘地位。在全球化时代，历史与认同塑造的权力结构和知识偏好阻碍了"西方"和"非西方"学者的对等对话。此外，他还系统地提出了"全球国际关系学"的研究议程，包括：（1）反对一元论的普遍主义，承认和尊重全球国际关系学界的多样性；（2）全球国际关系学应该建立在"西方"和"非西方"的观念、制度、思想和实践相互印证的世界历史基础上；（3）推动新理论、新方法同原有国际关系知识体系的兼容发展；（4）整合地方、地区主义和地区研究；（5）避免文化例外论和偏狭性；（6）承认物质力量之外的多种施动形式，包括抵抗、规范和全球秩序的地方建构。在阿查亚的大力提倡下，"全球国际关系学"正在进行国际关系学自"欧洲重心"和"美国重心"之后的第三次大调整。对中国学者来说，紧随全球国际关系学科大调整的发展趋势，在自主发展的同时把中国的实践、思想和理念内嵌乃至重塑全球国际关系学的知识体系，既是重大使命又是重要机会。

第二，中国国际关系学科的主要成就与不足。中国国际关系学研究严格说来始于改革开放，中国学术界开启了国际关系学的系统学习和创新发展历程。40年来大致经历了"学习—回应—创新"的演进路径。改革开放初期，中国学者主要通过学习和引进国际关系知识和理论，侧重对国际格局和大国战略走势的研判和分析。大国战略与政策分析、大国外交史和国际关系理论引介是这一时期的主要工作。20世纪90年代后，在"学习—回应"的过程中，中国国际关系学界的主体意识和话语自觉开始觉醒，掀起了国际关系研究的"本土化"浪潮。40年来，中国国际关系学在人才培养、学科建设方面取得了不俗的成就，同时，创建国际关系理论的"中国学派"更是涌现了一系列具有较大影响力的代表性成果。在中国国际关系学科取得较大成就的同时，由于知识体系的结构性制约，在理论创新、话语转化及实践支撑中依然存在不少问题。例如，政策研究和战略分析缺少一手资料和充分的信息支撑；理论创新和实证研究的方法论短板较为明显；区域国别和非传统安全研究力量分散；对邻近学科理论和方法创新的追踪和转化不足等。这些问题已经引起国内学界的高度重视。第三，中国国际关系学科面临的挑战。国际关系作为一门"年轻"的学科，其知识体系深受其他学科的影响。哲学、历史学、国际法、政治学、经济学、社会学等人文社会科学的知识、理论和方法共同塑造了早期国际关系学的框架与基础。在全球化时代和百年大变局的背景下，国际关系学和其他学科共同面临着全球化进程的冲击和知识推陈出新的紧迫感。同时，全球问题治理推动着国际关系学研究范围的扩大，不仅强化了国际关系学与其他人文社会科学学科的交叉性和关联性；气候变化、公共卫生、网络信息、人工智能、生物多样性、可持续发展等新议题，更是要求国际问题研究加强同"理工"学科的交流沟通。这一客观态势迫切要求中国国际关系学科引入相关学科的知识、理论与方法，以弥补自身研究的不足，实现跨学科合作。在审视全球国际关系学调整态势、中国国际关系学成就与不足及其面临挑战的基础上，本节遵循跨学科性、理论多元和"分析性折中"立场，从世界历史叙事、比较政治学的国家经验和全球治理规范的维度，探索新时代中国国际关系学知识体系建设新的可能路径。

一、国际关系和世界历史：世界政治历史叙事的重塑

国际关系研究首先基于对世界历史的理解。就世界历史的现实作用而言，历史记录和叙事方式塑造了现实世界的基本"意象"，影响着研究者的态度、信念和分析结果。就世界历史理论和思想而言，历史的叙述、思考和解释构成了研究者的认知图式，决定着研究者对过去、现在和未来的基本判断。然而，长期以来，以美国为主的国际关系研究在效仿自然科学的过程中，刻意追求因果关系和普遍规律解释，强调历史演变的"规律性"、事件重复的可能性和历史进程的可预测性，忽略了人类作为具有能动意识的行为主体所具有的非规律性、突变性以及不可预测性，影响了国际关系研究的可持续发展。就如约翰·加迪斯所强调

的，政治学和国际关系理论学者必须认真对待历史研究对国际关系理论发展的实质性影响，需要以一种开放的心态面对"历史叙事、类比、悖论、直觉和想象"等人文学科研究的基本方法，① 推动国际关系学研究的"再历史化"，夯实国际关系研究的学理基础。②

在国际关系学的历史叙事体系中，国际关系的历史研究通常会追溯至古希腊历史学家修昔底德的《伯罗奔尼撒战争史》，并把修昔底德通过对战争过程的精细描述，提炼出的"雅典力量的增长以及由此引起的斯巴达的恐惧"有关战争根源的理论洞察，构成后世国际关系学理解人类冲突、大国争霸和权力转移的现实主义认知图式。现代意义上的国际关系史研究是伴随着欧洲民族国家的兴起而产生的，研究者通常把1648年的威斯特伐利亚会议作为国际关系史研究的起点，以国家行为体尤其是大国之间的"高端政治"活动为研究对象，形成了"国家中心主义"和"欧洲中心主义"叙事模式。客观而言，这种以民族国家为框架考察和书写历史的方式，描述和刻画了三百多年前欧洲民族国家崛起、资本扩张和权力竞争的时代特征。正如查尔斯·蒂利指出的，强制与资本是影响欧洲国家存在和发展形态的核心要素，而战争是推动欧洲民族国家崛起的最大动力。而欧洲历史的"战争编织起欧洲民族国家之网，准备战争则在国家内部创造国家结构"③，强化了国际关系现实主义认知图示的正当性。

20世纪的国际关系史研究延续了这种传统的叙事方式。从第一次世界大战的起源开始直至"冷战"结束，国际关系史研究基本上根据现实主义的标准，把国家置于国际关系的中心，而解释国家间冲突成为了学者的主要任务。尤其是在第二次世界大战后至20世纪90年代初期，国际、国内的重大事件大都被纳入到"冷战"和美苏对抗的框架中加以考虑，限定着我们用地缘政治的框架看待所有

---

① John Lewis Gaddis, "International Relations Theory and the End of the Cold War", *International Security*, vol. 17, no. 3 (Winter 1992/1993), pp. 5-58。转引自：陈兼、余伟民，《"'冷战'史新研究"：源起、学术特征及其批判》，载《历史研究》2003年第3期。

② 任晓，《国际关系学的"去历史化"和"再历史化"-兼疑"修昔底德陷阱"》，载《世界经济与政治》2018年第7期。

③ 查尔斯·蒂利著，魏洪钟译，《强制、资本和欧洲国家(公元990—1992年)》，上海世纪出版集团2007年版。

政治事件，遮蔽了这个时期其他全球性进程对"冷战"的潜在影响。① 事实上，这段时期不仅经历了两次世界大战，美苏之间的对峙和意识形态对抗，同时也是国际组织成长，各种社会团体为促进和平推动国际间理解与合作积极活动，是跨国联系网络和国际主义意识形成的重要时期。换言之，在大国冲突和对峙的背后是国际社会相互依赖加深和全球意识的成长，而后者通常被隐藏在传统历史叙事之下长期被人所忽视。更重要的是，传统的外交史和国际关系史研究对大国对峙和国际体系冲突性单维度的强调，不仅奠定了主流国际关系理论基本的假设命题，而且由此形成固有的历史认知图示，导致国际体系、大国行为逻辑和决策者的思维惯性，并没有随着"冷战"的结束而终结，仍持续影响着当今与未来世界政治的走向。同时，在面对"冷战"之后迅速出现的国际权力分散化现象，国际组织、跨国公司、非政府组织和社会团体的蓬勃发展，宗教、移民、族群、恐怖主义等非传统安全问题，全球性问题的涌现，乃至当前世界秩序的混乱和"失序"，国际关系研究者缺少必要的实证材料积累和理论工具进行解释和应对。

当然，在现代学科的分工体系下，外交史与国际关系史基本的研究对象是主权国家的政策和行动，关注的是国家之间正式的外交关系，是民族国家史的延伸，更强调对政治精英的关注，对国家中心叙事的执着和对官方档案的依赖，但也因此被看成是兰克史学范式的最后堡垒。② 目前，这种情况正随着国际史学界的研究转向而发生变化。事实上，早在 20 世纪 70 年代，美国史学界就在新社会史和文化史的影响下出现了一股"社会转向"的潮流，受其影响，外交史或国际关系史研究的"再造"方向之一是推动外交史研究的"国际化"。所谓的"国际化"具有两个层面的含义：其一是指研究领域的扩大。外交史从对国家政策的研究扩展到对非国家行为体的研究，包括国际非政府组织、跨国公司、有影响的个人等。因而，在美国外交史和国际关系史更多地被称为"国际史"（international history）。③

---

① 　Akira Iriye, "Historizing the Cold War", in Richard Immerman and Petra Goedde, eds., *The Oxford Handbook of the Cold War*, Oxford University Press, 2013, p.42.

②　陈拯：《全球史视角下的"冷战"国际史研究：兴起、特征与挑战》，载《国际观察》2015 年第 2 期。

③　王立新：《外交史的衰落与国际史的兴起》，载《世界近现代史研究》2012 年第九辑。

当然，国际史研究并不排斥战争与和平问题，而是更为关注长期被忽视的人权、环境、疾病、移民等"低端政治"，强调现代国际关系的形成不仅是政治意义上的正式外交活动的结果，同样还是经济、社会和文化领域多维度互动的过程，具有较强的非政治化倾向。[①] 跨国史研究致力于凸显非国家行为体和民族国家框架之外的不同文明、种族背后的跨国纽带，已经在相关领域取得了众多引人瞩目的成果，[②] 需要国际关系研究者加以关注和借鉴。其二是研究立场和视角的转变。美国的国际史研究反对民族主义立场和美国中心取向，不再把美国的对外关系视为美国力量单方向投射的过程，而是从多国视角和运用多国材料来考察和解释美国对外关系史和国际关系史。[③] 这种"国际化转向"改变了外交史和国际关系史略显沉寂的状况，不但新作迭出，影响与日俱增，也为国际关系理论研究提供了更多理论假设验证和建构新理论的广阔空间。

在国际史的影响下，"冷战"史研究获得了复兴。传统的"冷战"史研究主要依照各国单方面的官方档案，围绕着美苏为首的大国关系或大国影响下的国家间关系，通过描述军事和政治等高政治议题的互动，展示国家或集团间的对抗与冲突的主题。"冷战"结束之后，随着苏联、中东欧国家档案以及大量政府间组织、国际非政府组织、"冷战"亲历者档案的开放以及跨学科研究的盛行，研究者得以在全新的时空框架内综合利用多国、多边档案，把"冷战"还原为完整的历史事件加以考察，推动着"'冷战'国际史"的兴起。在研究方法和议题领域上，"冷战"国际史除了通过利用多方、多边档案的比较研究和互相印证重新解读政府间的高端外交之外，还给予了曾经"被遗忘的维度"应有的重视，把研究触角扩展至经济、文化、社会、人权、教育领域以及各种国际非政府组织的跨国合作现象。[④] 中

---

① Akira Iriye, *Global and Transnational History：The Past，Present and Future*，Palgrave Macmillan，2013，pp. 13-17.

② Akira Iriye, *Global Community：The Role of International Organizations in the Making of the Contemporary World*，University of California Press，2002；Akira Iriye，Petra Goedde and William I. Hitchcock(eds.)，*The Human Rights Revolution：An International History*，Oxford University Press，2012.

③ 参见 Bradford Perkins，Walte LaFeber，Akira Iriye，Warren Cohen 主编的四卷《剑桥美国对外关系史》。

④ 张勇安：《冷战国际史书写"遗忘的维度"》，载《历史研究》2014 年第 6 期；陈拯：《全球史视角下的冷战国际史研究：兴起、特征与挑战》，载《国际观察》2015 年第 2 期。

国的"冷战"史研究在沈志华老师及其团队的带领下，取得了一系列重要的成就。此外，"冷战"国际史也成为链接国际关系理论研究的重要领域。① 在"冷战"国际史的观照下，这段国际关系历史中冲突与合作并存的"特殊历史经历"，不仅成为检测现有国际关系理论假设的时空"实验室"，还是中国学界运用"理论指导"和"历史实证"相结合的方法，论证、延伸乃至更新国际关系理论，夯实中国国际关系理论研究体系的重要领域。

21世纪以降，随着全球化进程加快，跨国联系网络和国家间相互依赖程度不断加深，传统的民族国家史及其叙事方式的局限性日益突出。一方面，民族国家史选择性地重构了国家层次的政治和外交活动，遗漏了人类在个人、地方、国家、跨国和全球多层面的多样互动经历，所提供的历史知识是不完整的。另一方面，在民族国家史的叙事方式下，本国历史与更宏大的世界历史进程之间缺乏联系，容易走向历史、制度和文化的"例外论"，引发狭隘的民族主义立场。② 面对这种情况，"全球史"应运而生，成为国际史学界一股新的发展潮流。全球史的核心关切是流动、交换、各种跨越边界的事件以及大规模结构性转型和整合进程。③ 在全球史看来，世界的现代化是一个全球性的历史过程，西方的兴起和扩张造成的全球发展是现代化的重要原因，但被西方影响和征服的地区所起的作用同样不能低估。全球史和传统世界史最大的不同是打破了现今的国家界限，把世界各个地区都放置在相互联系的网络之中，强调各自发挥的独特作用。全球史基本的叙事单位是具有相互依存关系的跨国、跨洲联系网络，以"社会空间"取代"国家"作为审视历史的基本单元。同时，全球史更关注大范围、长时段的整体趋势，强调人口增长、技术进步与传播以及不同社会之间的交流过程是推动世界历史发展整体化的普遍动力，而社会之间日益增长的交流是其中最为重要的原因。④

这种方兴未艾的全球史观同样正在影响着国际关系学的研究方向。近些年

---

① 张曙光：《冷战国际史与国际关系理论的链接——构建中国国际关系研究体系的路径探索》，载《世界经济与政治》2007年第2期。

② 王立新：《跨国史的兴起与20世纪世界史的重新书写》，载《世界历史》2016年第2期。

③ 塞巴斯蒂安·康拉德：《全球史是什么》，中信出版社2018年版。

④ 李伯重著：《火枪与账簿：早期经济全球化时代的中国与东亚世界》，生活·读书·新知三联书店2017年版，第8-16页。

来，强调历史研究传统的"英国学派"代表人物巴里·布赞，在一系列反思和重构国际关系研究的著作中，不仅反复强调了历史社会学研究方法的重要性，更是把现代国际关系和国际秩序置于更宏大的全球转型视角之下加以重新考察，为国际关系学的未来指出了一条新的发展方向。在《全球转型：历史、现代性和国际关系的形成》一书中，巴里·布赞认为，现代国际关系所关注的众多议题，包括：大国政治与权力动态平衡，国际法和政府间组织的兴起，帝国主义与民族主义的关系，贸易、金融、生产和战争，有关发展问题的讨论，民族主义的概念化与世界政治的实践，大战略和由地缘政治形式化引导的外交政策制定等，都是世界各国面对19世纪转型期世界现代化趋势的实践和思想的延续。换言之，现代国际秩序就是在全球各地区多元、混杂的思想观点和社会力量彼此碰撞与互动中逐渐形成的。巴里·布赞认为，在面对愈发明显的"去中心化的全球主义"发展趋势，国际关系学需要正视这股潮流，以"历史社会科学"的研究方法重构"全球现代性"（global modernity）的历史叙事体系。在全球现代性的框架内，链接宏观的历史发展动力和微观的具体事件与进程，在加强现代国际秩序的起源与演化研究的同时，在"全球现代性"这个世界各国共同经历的历史潮流中，尊重和认真对待各国、各地区多元的理论出发点，改变现有国际关系理论与假设的西方中心论，使国际关系学成为真正的"国际学科"。①

　　总之，鉴于历史叙事的重要性和国际史学界的众多新动向，迈向全球的中国国际关系研究需要加强同世界史学科的内在联系，引入国际史、跨国史和全球史等新的研究视角和方法，通过强调跨国和全球空间的历史性联系，加强"低端政治"领域的合作互动研究，以改善国际关系侧重"高端政治"冲突逻辑的历史叙事，为全球转型与和平发展时代背景下，建构合作共赢的新型国家间关系和"一带一路"倡议提供重要的历史注脚。正如查尔斯·蒂利在《强制、资本和欧洲国家》中文版序言中所发出的设问：中国作为世界经济与政治大国的重新崛起，对基于欧洲历史形成的国家体系和国际体系意味着什么？究竟是不同国家间相对权力的再一次转移？还是一次体系特点的根本性改变？蒂利没有直接给出答案，但

---

　　① Barry Buzan and George Lawson, *The Global Transformation：History, Modernity and the Making of International Relations*, Cambridge University Press, 2015, pp. 326-332.

他认为中国学者通过严肃的比较历史研究，不仅会刷新我们对中国历史的理解，也能帮助我们在全球时空范围内深化对国家及其关系实践的理解。①

二、国际关系与比较政治：世界政治多样性的经验理论整合

在学科专业化发展的今天，一门独立的学科应该拥有共同的研究问题，拥有共同逻辑起点、基本概念和价值规范构成的知识体系。国际关系学成形时间较晚，交叉学科多，而且还带有明显的美国化特点。尽管如此，国际关系学依然有其核心的研究领域和范围。从学科发展史的角度看，国际关系学很大程度上是对国家行为规律的研究。国家的对外政策、国家间的互动模式以及国际政治的组织方式共同构成了国际关系的研究主线。相应的，国家也是国际关系理论基本的分析单元，是建构国际关系理论的基础。主流的国际关系理论正是通过聚焦于国家行为的内在根源及其外在互动方式，建立旨在解释可观察的世界政治运转模式的经验理论。同样，立基于反对现存社会权力形式的批判理论、后现代理论和女权主义理论，同样需要解构主义，进而诠释国家权力和世界政治经济制度安排的不合理性。简言之，在国际关系的现实实践和知识谱系中，国家都是最基础的元素。

正如上文所论，在全球化快速发展的今天，民族国家叙事方式存在众多弊端，并日益受到国际关系研究和世界史研究的批判。然而，不可否认的是，以民族国家为基石的多元世界秩序依然在国际社会的政治、经济、法律和规范性结构中发挥着基础性作用。因而，从经验维度上看，与其说我们面对的是正在消逝的威斯特伐利亚世界，不如说是复杂多样的政治理念、文化价值观和身份认同，围绕以民族国家和威斯特伐利亚体系构成的世界秩序展开多种形式的调适、抗争乃至重构的过程。同过往不同的是，在全球化时代，国内政治和国际政治之间的联系愈发明显和频繁。国际政治问题多源于国家面对国内外环境、制度、观念等多重进程的变化，主动或被动调整本国治理理念与规则，所引发的不可预期后果。例如，英国脱欧公投、特朗普当选美国总统和极右翼政党在欧洲主要国家的强势上升，外在表现为反传统、反移民和反全球化，但在本质上却是欧美社会"后物

① 查尔斯·蒂利著，魏洪钟译：《强制、资本和欧洲国家（公元990—1992年）》，上海世纪出版集团2007年版，《中文版序言》第3-4页。

质主义价值观"的组织化表达和多种形态的"身份政治"复兴，① 是多元的社会力量面对全球化带来的利益结构、人员流动和资源配置方式的变化，要求调整西方民主政治原则和传统治理机制的现实诉求。

同样，发展中国家也经历着国内治理秩序重构的过程，但面临着更为艰巨和复杂的现实。一方面，发展中国家同时面临着现代化和全球化的双重转型任务。现代国家建构和"去中心化"两个不同逻辑的发展任务，导致发展中国家在工业化、制度化、理性化、经济规模化和市场化等因素推动的同质化过程中，又因为国家建构、族群关系、宗教关系、工业化水平和技术创新能力等因素走向差异化的多元发展方向，成为世界政治多样性的来源。另一方面，"冷战"后美国在全球范围推广的"民主输出"策略，无视发展中国家的历史和现实情况，通过简单的制度移植推动全面的社会转型，出现了大量存在缺陷的政治、经济和社会制度。由于民主政治和自由市场都是提倡竞争的制度性安排，在竞争开放之前的政治、经济整合缺失，很可能会造成恶性竞争和失序，导致族群冲突、内战乃至国家崩溃的危机。② 就如弗朗西斯·福山所言，未能建立治理良好的现代国家，是民主转型问题叠发的"阿喀琉斯之踵"。③

更重要的是，在全球化时代，国内治理失序引发的危机不可避免地会通过"外溢"机制成为地区安全失控的诱因，从而激化大国地缘政治的博弈和加剧国际治理规范问题的分歧，带来世界秩序的动荡和混乱。近些年来，中东"颜色革命"、叙利亚危机等重大国际事件的集中爆发，都体现了现代国家转型、国际危机与国际治理规范之间的内在联系。正如戴维·莱克指出的，在国内政治因素和跨国议程增多的全球化时代，国际关系研究必须正视国家内部结构、单元异质性和国际等级制对国际关系理论研究的现实影响。④

---

① Francis Fukuyama, "Against Identity Politics: The New Tribalism and the Crisis of Democracy", *Foreign Affairs*, 2018, September/October. Vol. 97, No. 5.

② 蔡美儿著，刘怀昭译：《起火的世界——输出自由市场民主酿成种族仇恨和全球动荡》，中国政法大学出版社，2014 年版。

③ 弗朗西斯·福山著，周艳辉译：《为什么民主的表现如此糟糕？》，载《国外理论动态》2018年第 5 期。

④ David A. Lake, "The State and International Relations", in Christian Rues-Smit and Duncan Snidal eds. *The Oxford Handbook of International Relations*, Oxford University Press, 2008, pp. 51-56.

　　在国内治理和国际治理密不可分，多元化和同一性并存的今天，侧重国家间政治关系的国际关系研究已经难以涵盖日益复杂化的现实和日益多元化的研究议题。越来越多的研究者更倾向于使用"世界政治"代替"国际关系"或"国际政治"。从概念上讲，世界政治涵盖了国际政治或国际关系，还涉及国家内部的政治，包括政治制度、政治过程、政治思潮以及民族、族群和宗教等问题。同时，还包括超越国家层次的政治变化和潮流。而且，世界政治研究是地理空间维度、历史维度、文化维度和政治学维度的有机结合。[①] 换言之，世界政治研究是国际关系研究和比较政治研究的高度融合，是以学科交叉方式推动知识增量和满足现实战略需求的体现。需要指出的是，国际关系学和比较政治学融合趋势不仅体现在国际关系学者开始意识到"国内政治很重要"，比较政治学者认识到国际政治影响国家内部政治、经济和社会关系的权重正在日益增加，更重要的是，现代社会科学的知识增长规律对现实(历史)证据和逻辑推理能力提出了双重的严格要求，这就需要国际关系学在强化现实分析和逻辑推理能力的基础上，在描述性研究和对策研究的基础上向局部性乃至一般性的经验理论建构过渡，随后通过理论验证、理论精炼和理论创新的过程，推动历史知识、经验知识和研究议题的扩充和发展。

　　相对而言，这个知识增长过程在比较政治学的演化中体现得尤为明显。在国内同属于政治学二级学科的比较政治学，尽管被定义为国内政治制度的研究，但其学科发展经历了数次重要的转向。从政体和制度的描述性比较，到以构建经验理论为旨趣的解释性研究，再到以假设验证为目标的实证分析，清晰地体现了现代社会科学研究从经验材料积累到理论建构和实证检验的演化路径。大体而言，现代意义上的比较政治学主要是在对世界政治和经济结构展开系统性描述的基础上，在"历时性"的体系结构约束和"共时性"的现代化潮流共同影响下，通过比较方法探索世界各国寻找适合本国价值系统的政治、经济和社会发展之路，期望在比较过程中提炼一般性或局部性的理论命题，进而对世界政治的未来发展趋势进行预测。[②] 简言

　　[①]　王缉思，唐士其著：《多元化与同一性并存：三十年世界政治变迁(1979—2009)》，社会科学文献出版社 2011 年版。

　　[②]　霍华德·威亚尔达著，娄亚译，唐士其校：《比较政治学导论：概念与过程》，北京大学出版社 2005 年 1 月版，第 2 页。

之，现代比较政治研究涉及世界各国、地区的政治秩序、社会力量、民主与国家制度、经济发展过程以及国家外部环境等多元主题；描述性研究与因果关系分析并重；主要通过归纳推理方法建构理论；主要通过定量方法进行实证分析。① 现代比较政治学研究强调"历时性"和"共时性"之间的时空联结和逻辑整合，让比较政治学具备了经验知识积累与理论命题创新的强大能力。② 进入 21 世纪以来，受全球民主回潮和世界政治生态剧烈变动的影响，越来越多的比较政治研究者开始接受多元的政治发展理念。在"重新带回国家"思想的推动下，国家建构和国家能力的比较研究再次成为比较政治研究的热点。③ 以"历史终结论"闻名的福山，在目睹了自由民主制在世界各国推广的艰难之后，其问题意识在慢慢发生转向。从《现代国家建构》《在十字路口的美国》《大断裂：人类本性与社会秩序的重建》《政治秩序的起源：从前人类时代到法国大革命》和《政治秩序与政治衰败：从工业革命到民主全球化》等关于国家建构和国家能力建设的著作出版，意味着福山开始从"同一性"走向关注"多样性"，从关注"终结"走向关注"起源"，从关注"人性"走向关心"历史"。④ 福山综合了国家、社会关系以及历史、制度变迁过程，所勾勒的政治秩序多中心起源的复线发展历程，极大释放了长期受困于"西方中心论"和韦伯式国家范式的国家建构研究。这意味着对发展中国家而言，现代国家建构实际上是一种历史和现实发展的多重路径，研究者需要把发展中国家的国家建构（state building）同欧洲民族国家形成（state formation）的历史经验相区别，重新在现代化、全球化和本国语境中探索国家的多元发展之路。

　　总之，从比较政治学的发展经历看，比较政治研究和国际关系研究不仅研究议题的融合趋势越发明显，还清晰地体现了经验性社会科学研究系统化和理论化的发展脉络。对新时代中国国际关系学研究而言，加强区域和国别描述性研究的

---

　　① Gerardo L. Munck and Richard Snyder, "Debating the Direction of Comparative Politics: an Analysis of Leading Journals", *Comparative Political Studies*, January, 2007, 5-31.

　　② 张小劲：《比较政治学的历史演变—学科史的考察》，载《燕山大学学报》，2000 年第 1 期。

　　③ 李路曲、李晓辉：《民主化、政治发展、比较历史分析研究评述》，载《比较政治学研究》，2016 年第 10 辑第 179-223 页。

　　④ 弗朗西斯·福山著，毛俊杰译：《政治秩序的起源：从前人类时代到法国大革命》，广西师范大学出版社 2012 年版。

目的是熟悉世界各国的历史和现实状况，积累足够的历史性和现实性的经验材料。在此基础上，国际关系研究者需要有意识地探索在现代化和全球化趋势下，世界各国在国内治理和国际治理系统联动的条件下，从事现代国家建设、社会多元转型以及国内治理与国际治理互动的现实经验和历史教训。同时，以归纳逻辑和比较方法提炼局部性的地区和国家发展规律和对外交往模式，以符合国际学术规范的方式尝试对这些规律和模式进行系统性解释，为强调多元共生、合作共赢和共同发展的中国特色国际关系经验性理论研究奠定基础。

三、国家利益与全球规范的调合：世界秩序与治理理念重建

进入 21 世纪以来，国际关系由"高端政治"向"低端政治"下沉的趋势日益明显。在这个过程中，一种由政治空间、经济空间和社会空间构成，多种行为体共同参与和多元议题复杂交织的"全球政治"图景正在成形。在全球政治生态中，包括国家在内的多元行为体在全球治理理念的驱动下，围绕着全球公共政策的规则制定、决策过程和具体机制展开协商，共同规划着"全球公共领域"的议事议程，形成了一种多中心化"或"去中心化"的"全球治理复合体"。① 全球治理复合体的出现是世界各国在全球化时代围绕着人类共同利益共享、全球不平等现象的调节和多样性的文化价值观调合三个核心任务，以治理理念探索和建构世界秩序的一种结果。② 这意味着治理不仅是维持现行秩序的各种机制性安排，还是一种塑造新秩序的规范性理念。就如詹姆斯·罗西瑙所言，作为旨在维系全球秩序的意向性机制和规则体系，治理本身也在塑造着全球秩序的特质。③

然而，作为整体性概念出现的"全球秩序"或"世界秩序"，在现实中并非是统摄性的"单一秩序"，而是由国内、区域和国际等多层次的制度安排交错拼接而成的"多重秩序"。其中，既有联合国确认的国家间主权平等的法理秩序，亦

---

① John Baylis, Steve Smith, Patricia Owens, *The Globalization of World Politics: An Introduction to International Relations*, Oxford University Press, 2014, p.26.

② 安德鲁·赫里尔著，林曦译：《全球秩序的崩塌与重建》，中国人民大学出版社 2017 年版，第 8-12 页。

③ 詹姆斯·罗西瑙主编，张胜军，刘小林等译：《没有政府的治理》，江西人民出版社 2001 年版，第 5-8 页。

有二战后美国主导的自由经济秩序和霸权式的军事秩序，还有随全球化伴生的地区化进程推动的多边地区秩序。阿米塔·阿查亚把这种多重秩序结构称为"复合世界"。在阿查亚看来，"复合世界"是由经济上高度依存，但在文化和政治上充满多元性的多种行为体共同组成，其主要特征是：权力不均等现象或等级制依然存在，但不会出现全球霸权国；多元行为体的种类丰富，合作形式多样化；相互依赖方式更为广泛和复杂，不仅涉及贸易，还涵盖投资流动、生产网络、供应链、生态及其他跨国联系；全球、地区、国家和次国家层面形成多层次的治理结构，多层次的正式和非正式制度形成网络状的混合结构，全球治理呈现碎片化状态；世界的文化、价值观和政治呈现多样化，出现多重的现代性进程。① 大体而言，"复合世界"论主要从经验维度上描述了世界多样化的秩序结构和全球治理规则碎片化之间的联系，进而在规范意义上强调了复杂多样的文化理念、价值观之间的竞争与内卷过程对新世界秩序建构的潜在影响。

此外，从全球治理的角度看，当世界秩序由宏观的制度架构转向更为微观、缜密且极具渗透性的运作规则之后，需要设立强大的机制来监督规则的实施，而由机制设置和技术控制的"治理技艺"向稳定的世界秩序转变，则需要被广为接受的全球正义、国际道德和价值观作为全球性机制运转的正当性来源和世界秩序的规范性基础。换言之，在面对共同的全球性挑战和机制性设置叠合的现实条件下，调合彼此竞争的文化价值观，实现价值规范的秩序化，是全球治理和世界秩序建构的关键。就如秦亚青所言，全球治理从本质上应该是一个参与和身份重塑的协商过程，旨在通过参与治理过程的实践活动建构真正的全球身份认同。② 然而，当下国际社会的特点是复杂多元的政治身份和价值观共存竞争，部分政治身份可以在国家架构中实现，并通过共同的道德原则进行利益协调，另外一些政治身份则始终同现有的制度和政治架构处于模糊状态，从而在全球化的影响下出现"地域化"的身份政治现象。而且，现有的国际制度和全球治理机制并没能有效地缓解全球不平等现象，反而通过规则化的方式把不公平、不合理的价值规范内

---

① 阿米塔·阿查亚著，傅强译：《"美国世界秩序的终结"与"复合世界"的来临》，载《世界经济与政治》2017 年第 6 期。

② 秦亚青：《全球治理失灵与秩序理念的重建》，载《世界经济与政治》2013 年第 4 期。

嵌在了治理机制之中，成为导致全球不平等现象扩大的来源之一，严重影响着现有秩序的合法性。因而，当前全球治理的重要任务是建构一种现实制度安排和价值规范能够内在统一，可以合理调适国家利益和全球身份张力关系的世界秩序。

在世界去极化和全球问题涌现的条件下，世界秩序建构和全球身份形成的过程必然是具有差异性的世界观、思维方式和价值追求的碰撞和相互理解过程。在这个过程中，西方知识传统中的世界主义理念构成了现代世界秩序的规范性基础，但民族主义和世界主义的张力关系日益突出，需要对此进行新的探索。事实上，作为一种规范性理念，世界主义本身就是多元的规范研究领域。根据蔡拓教授的整理，世界主义研究大致可以从四个维度展开：基于宇宙理性、普世理性、自然法、人性的世界主义；基于世界城邦、世界公民、万民法、帝国、世界主义法、全球民主的世界主义；基于自然权利、人权、公平、正义的世界主义；基于关系、自我与他性、对话伦理、沟通共同体、天下体系的世界主义。[1] 在这四个世界主义的研究谱系中，代表中国传统世界观的天下体系世界主义成为当代中国世界秩序观的政治哲学基础。[2] 在赵汀阳看来，天下概念在广度和深度上超出了西方视域中最大的政治单元，即，帝国，是一种在全球尺度上整体性思考世界政治制度安排的秩序观，是一种在多文化条件下保证世界和平及万民共享利益的世界制度。相应的，天下体系就是用天下概念调合民族主义和世界主义矛盾的世界秩序设想。天下体系的逻辑基石是区别于西方个体理性的"关系理性"概念，是在关系网络中从"自我"与"他人"的联系交往过程中，阐释"自我"存在的分析性概念。关系理性旨在克服基于体为体属性的主体理性所导致的对"他者"的对象化和控制欲望，[3] 强调相互承认和彼此尊重文化与制度差异性的合作性交往中，优先考虑相互伤害的最小化和兼容相互收益的最大化，以此解决世界性的共同安全和利益合理分配问题。[4]

当然，以天下体系理论为代表的中国世界主义理念主要是在政治哲学层面上

---

① 蔡拓：《世界主义的理路和谱系》，载《南开学报（哲学社会科学版）》2017 年第 6 期。

② 赵汀阳：《天下体系：世界制度哲学导论》，中国人民大学出版社 2011 年版。

③ 贺来：《"关系理性"与真实的"共同体"》，载《中国社会科学》2015 年第 6 期。

④ 赵汀阳：《天下究竟是什么——兼回应塞尔瓦托·巴博纳斯的"美式天下"》，载《西南民族大学学报（人文社会科学版）》2018 年第 1 期。

进行的规范性思考，还需要同时面对历史检验和当代实践转化的工作。事实上，在历史研究方面，围绕着关系理性和天下思想之间的研究已经取得一些成果。例如，张峰从霸权概念的内涵界定出发，建构了大战略的关系理论，以伦理关系主义(ethical relationalism)原则为主线，从批判、规范和实证角度分析了明代朝贡体系中各个国家复杂多变的战略动机和互动过程。① 在当代实践转化方面，自党的十八大以来，中国的全球治理观开始全面涵盖经济、政治、安全、社会和其他新领域的治理内容，并以"全球治理机制"概念表明了在中国的观念中全球治理不只是外交事务和世界现象，还是寻求公正、合理的国际制度和世界秩序的建构过程。② 其中，人类命运共同体思想集中体现了中国的世界秩序观和治理观。人类命运共同体的核心是在共商、共建、共享的过程中，以正确的义利观推动建设持久和平、普遍安全、共同繁荣、开放包容、清洁美丽的世界。人类命运共同体的建构首先承认现实世界的多元性，旨在通过伙伴关系思维寻求主权国家之间的合作共赢，其终极阶段仍是落实在世界主义关照下的全球意识、全球关切和人类的共同性。当然，世界主义思想与人类命运共同体从理念层面走向实践层面还需要多方的努力，也是中国国际关系研究在规范维度上推动理论创新的源泉。

迈向全球的新时代中国国际关系学，应该紧扣建构新型国家关系实践和人类命运共同体理念两大现实主题，以推动和实现国内治理和国际治理两大层面的系统联动为目标而推进。在这个过程中，国际关系研究者需要平衡政策研究和学理研究之间的关系。一方面，现实需求是学术研究的最大推动力，国际关系研究尤其如此。从这个意义上讲，科学有效的政策和对策分析，为国家对外战略实施提供持续性的智力支撑是推动国际关系研究发展的动力源泉。另一方面，随着学术自觉意识的强化，中国国际关系学界理应有意识地推动民族文化传统、外交实践与国际关系理论研究的对接。然而，这个过程要求中国国际关系研究者不断强化在历史、理论和方法方面的国际学术规范训练，这是因为在西方的语境下实现话语对接，需要明了西方知识界的理论预设和可能存在的"陷阱"，只有通过"中国

---

① FENG ZHANG, Chinese Hegemony: Grand Strategy and International Institutions in East Asian History, Stanford University Press, 2015.

② 陈家刚：《全球治理：发展脉络与基本逻辑》，载《国外理论动态》2017年第1期。

立场、国际表达"的方式才能合理地争夺国际关系学术研究的话语权，达到维护中国外交实践和全球治理主张合理性的现实目的。

就中国国际关系的理论研究而言，在意识到和承认国际政治系统动态演化的前提下，中国国际关系学界需要思考时空维度在理论创新中的重要作用。本书从历史维度、经验现实维度和价值规范维度初步讨论了推动国际关系理论创新的可能性。其中，历史维度的研究主要尝试通过加强跨国合作和人类共同发展的历史叙事，改善传统国际关系学的冲突性认知模式，在突出国际关系研究的时代演化特征和中国新型国家关系建构历史注脚的重要性基础上，对整个国际关系研究话语体系进行反思。经验维度研究则以描述和归纳世界政治多元性为出发点，强调在历史转型期和新研究方向探索期，经验理论供给不足，而围绕着多元共生与合作发展的经验性理论建构，对建设中国国际关系学科体系具有关键意义。规范维度的讨论则放眼于未来，旨在通过中国式世界主义理念的学理讨论，推动新的国际规范和全球意识的生成，为阐释中国的世界观、国际秩序观与外交实践之间的内在关联留下进一步讨论的空间。

第三节　实践与秩序：中国国际关系理论体系构建方向①

长期以来，秩序变迁是包括国际关系在内所有社会科学研究的核心问题之一。然而主流国际关系理论并未对变迁的本质、动因及其后果达成明确共识。对于占据学科主导地位的现实主义国际关系理论来说，国际体系的无政府状态从古至今未曾发生根本改变，而单元或跨国层面的变化则被现实主义理论有意忽视。相比而言，自由主义和建构主义强调国家利益的可变性和政策制定者的学习能力，在一定程度上为摆脱现实主义的安全困境提供了可能性。然而，既有理论在面对国际秩序变革期和转型期的复杂性和不确定性时，仍显得解释力有所不足。在新冠肺炎疫情全球蔓延的大背景下，国际体系和国际秩序正经历着自"冷战"结束以来一次极其深刻的变革。复杂性、偶然性、多样性与碎片化、分散化以及

---

① 本节主要观点作为课题阶段性成果已正式发表。参见：周灏堃、邢瑞磊：《从"结构理性"到"实践理性"：重新挖掘国际关系理论的实践意涵》2023 年第 1 辑。内容有删改。

去中心化成为人们描述当今世界政治经济特点时反复使用的词汇。这意味着我们不仅需要对旧秩序所面临的挑战与威胁保持敏感,还要时刻关注各种变革机会和替代方案。

现实和理论的"脱节"为国际关系理论创新提供了现实动力,而强调"动态性"和"复杂性"的理论诉求也带来了知识创新挑战和推动中国国际关系理论构建的动力。本节尝试从理论建构角度回答如下两个问题:第一,西方主流国际关系理论在讨论有关秩序变迁问题时面临着怎样的困境以及其原因?第二,21世纪以来国际关系领域兴起的"实践转向"及其背后的"实践理性"取向如何在吸取学界既有研究的基础上,帮助我们克服"结构理性"困境?

一、结构现实主义的"静态"困境及其超越

自西方社会科学诞生伊始,西方学者就围绕行为体(agent)与结构(structure)之间关系的争论一直以来经久不衰。[①] 在相当长的一段时间里,结构主义与其背后的"结构理性"支配了我们对这一问题的理解。[②] 在认识论和方法论层面,出于简约与实现社会科学研究科学性与普遍有效性的要求,"结构理性"将那些作为少数几种人类共有特征,超越具体人类存在之外的"潜藏"结构作为建立一般性法则的核心支柱:相比于多样、独特且可变的人类实践及其所暗含的意义、目标与信仰,结构无疑具有统一性、普遍性、客观性和确定性。[③] 在本体论层面,

---

① 已经有研究提出应当用更为宽泛的"系统"(system)取代为人们所普遍使用的"结构"一词,本书承认这一区分有助于深化我们对该问题的理解,但这并非本书所要讨论的方面。相关研究可参看 Tang Shiping, "International System, not International Structure: Against the Agent-Structure Problématique in IR," *The Chinese Journal of International Politics*, Vol. 7, No. 4, 2014. 相比之下,无论是结构还是系统,它们都是具备约束力的整体,其与行为体之间的互动关系才是本书所要关注的重点。因此本书将继续使用"结构—行为体"这样的术语。

② 本书所使用的"结构主义"与"结构理性"主要是指那些(过度)强调结构性约束条件的理论,而与受到索绪尔影响的结构主义流派有所不同。事实上,本书认为后者对结构主义的阐发在一定程度上更接近下文所提到的"实践理性"立场。

③ Steve Smith, "Positivism and Beyond," in Steve Smith, Ken Booth and Marysia Zalewski, eds., *International Theory: Positivism and Beyond*, Cambridge: Cambridge University Press, 1996, p. 16; Harold Kincaid, "Introduction: Doing Philosophy of Social Science," in *The Oxford Handbook of Philosophy of Social Science*, Oxford: Oxford University Press, 2012, pp. 3-17; 汉斯·约阿斯、沃尔夫冈·克诺伯:《社会理论二十讲》,郑作彧译,上海人民出版社 2021 年版,第 316 页。

"结构理性"与结构主义类似，强调社会结构制约和决定人类行动与思想，贬低行动和事件的流动性，并将后者视为是前者的简单派生或被动反应。①

"结构理性"于第二次世界大战结束后在国际关系以及整个社会科学领域的蔓延与实证主义的强大影响紧密相连。实证主义最初发轫于启蒙运动时期，并逐步发展成为一个对于本体论、认识论和方法论有着特殊承诺的哲学立场。在本体论方面，实证主义认为存在一个独立于人类的外部客观世界，但其所涵盖的范围仅限于可被人类经验观察到的事物，并且坚持"事实"与"价值"的绝对二分。②在认识论方面，实证主义采用休谟式的普遍因果立场，认为知识就是利用各种概念/范畴对外部世界中各种可观察现象之间稳定的共变关系进行准确描述，从而建立起稳固且普遍的法则和规律。③ 最后，实证主义还秉承自然主义的方法论，即社会科学必须与自然科学一样，都采用经验的方式对假说和理论进行验证。④

在国际关系研究当中，肯尼斯·沃尔兹的结构现实主义被认为是承袭"结构

---

① Patrick Baert and Filipe Carreira da Silva, *Social Theory in the Twentieth Century and Beyond*, Cambridge: Polity Press, 2010, pp. 13-14. Richard K. Ashely, "The Poverty of Neorealism,", in Robert O. Keohane, ed., *Neorealism and Its Critics*, New York: Columbia University Press, 1986, p. 286; Kenneth N. Waltz, "Evaluating Theories," *American Political Science Review*, Vol. 91, No. 4, 1997, p. 915; 秦亚青：《权力政治与结构选择——现实主义与新现实主义评析》，载《权力·制度·文化：国际关系理论与方法研究文集(第二版)》，北京大学出版社 2016 年版，第 39-40 页。不难看出，"结构理性"从认识论和方法论的角度进一步解释了结构主义为何采取结构先于行为体的本体论立场，因此下文的分析将围绕"结构理性"这个涵盖面更广的概念加以展开。至于这种客观结构是否是可被经验到的对象，"结构理性"显得有点语焉不详。在下文提到的科学实在主义看来，即便这些结构超越了人类的经验维度，但它也具有无可争议的真实性；但对于实证主义来说，超出人类经验范围之外的结构就不是其所要考察的对象。

② Colin Wight, *Agents, Structures and International Relations: Politics as Ontology*, Cambridge: Cambridge University Press, 2006, p. 21; Patrick Thaddeus Jackson, *The Conduct of Inquiry in International Relations: Philosophy of Science and Its Implications for the Study of World Politics*, 2nd ed, Abingdon: Routledge, 2016, p. 59.

③ Milja Kurki, *Causation in International Relations: Reclaiming Causal Analysis*, Cambridge: Cambridge University Press, 2008, p. 6; James Mahoney, *The Logic of Social Science*, Princeton: Princeton University Press, 2021. 在此基础上，我们对事件进行解释就是说明它是如何作为某个既有一般模式的例子而存在的，即所谓的"演绎—法则模式"(deductive-nomological model, 或简称"D-N 模式")。

④ Harold Kincaid, *Philosophical Foundations of the Social Sciences: Analyzing Controversies in Social Research*, Cambridge: Cambridge University Press, 1996, p. 3; Fred Chernoff, "Scientific Realism as a Meta-Theory of International Politics," *International Studies Quarterly*, Vol. 46, No. 2, 2002, p. 194.

理性"的典范。① 在沃尔兹笔下,结构是一种由可分离的单元通过"外在方式"相联在一起的"聚合物"(assemblage),并且由系统的排列原则、不同单元的特定功能以及单元间能力的分配这三个要素加以界定。② 随后,这种对结构的界定方式成为国际关系学的经典定义,被新古典现实主义和新自由主义继承,而建构主义对规范和身份的强调往往作为一种例外或是临时方案而没有被充分整合进这一框架之中。③ 与此同时,沃尔兹反复强调对结构的定义必须要从单元行为体的特征及其行为与互动中抽离出来,而关注它们在彼此联系中的所处地位(即如何排列和定位),以便明确区分单元层次和系统层次的变量。④ 在亚历山大·温特看来,这种做法在当时有着时代特殊性,因为沃尔兹之前的国际关系理论,在对国家外交政策进行分析时大多是在国家层面上寻找原因,忽视国际体系结构在将国内要素转换为外交政策行为方面所起到的干预作用。⑤

杰克·唐纳利(Jack Donnelly)批评沃尔兹对结构的强调使得结构成为可与构成要素相分离的物质实体,但事实却是只有各个部分,而非作为整体的结构才能够独立存在。⑥ 受此影响,沃尔兹将国际结构作为自变量,强调结构不能被还原为组成要素或行为体的属性,并将国家的行为视为是对外部物质结构作用的简单

---

① 虽然后来罗伯特·基欧汉的制度主义有所改进,但学界大体上也认为其与结构现实主义在许多核心假定方面并无二致。因此由于篇幅限制,本书主要选取沃尔兹的相关研究进行分析而略去了对制度主义的讨论。

② Kenneth Waltz, *Theory of International Politics*, Long Grove: Waveland Press, 1979, pp. 100-101; Jack Donnelly, "Systems, Levels, and Structural Theory: Waltz's Theory Is not a Systemic Theory (and Why That Matters for International Relations Today)," *European Journal of International Relations*, Vol. 25, No. 3, 2019, pp. 906-907.

③ Jack Donnelly, "The Elements of the Structures of International Systems," *International Organization*, Vol. 66, No. 4, 2012, p. 617.

④ Kenneth Waltz, *Theory of International Politics*, Long Grove: Waveland Press, 1979, p. 80; Adam RC Humphreys, "Another Waltz? Methodological Rhetoric and Practice in Theory of International Politics," *International Relations*, Vol. 26, No. 4, 2012, p. 397.

⑤ Alexander E. Wendt, "The Agent-structure Problem in International Relations Theory," *International Organization*, Vol. 41, No. 3, 1987, p. 341.

⑥ Jack Donnelly, "Systems, Levels, and Structural Theory: Waltz's Theory Is not a Systemic Theory (and Why That Matters for International Relations Today)," *European Journal of International Relations*, Vol. 25, No. 3, 2019, p. 913.

反应，以此来对纷繁复杂的国际事务作出简洁的解释和有效的预测。① 但在工具主义(instrumentalism)的影响下，沃尔兹认为结构并不存在于客观世界之中，而只是在理论模型之中用来"解释"国家行为的一种工具，是大脑对彼此相连的现实事物进行提取与分离而形成的特定图式，目的是帮助我们对特定的现象和事件进行解释、预测和控制。②

受到"结构理性"的影响，沃尔兹的理论陷入了三个方面的困境：

第一，作为整体的结构与单元行为体之间截然对立，并且前者在本体论层次获得了优先于后者的地位。虽然沃尔兹承认结构最早是行为体之间协同活动的意外产物，是自发形成而非人为有意创建的结果，可它一旦形成，任何行为体都无法对其施加控制，推动其改变或是逃避其影响，而结构反倒会奖励那些使其得以延续的行为并惩罚另外那些越轨行径。③ 诚如后来温特所言，从结构作用到国家行为之间的逻辑链条不仅包括排序原则、单元功能以及实力分配这三个要素，还要考虑系统内行为体身份与利益的主体间知识，后者只会通过行为体之间的互动与实践加以形成，否则单凭沃尔兹的三要素无法告诉我们有关无政府结构的实质内容与动态变化。④ 不仅如此，只有当国家之间的生存竞争压力成为迫使各国采取特定制衡行为模式的唯一原因时，结构现实主义方才具备最大解释力，而当这种竞争压力并不显著之时，结构现实主义的缺陷就会暴露无遗。⑤

---

① 朱立群、聂文娟：《社会结构的实践演变模式——理解中国与国际体系互动的另一种思路》，载《世界经济与政治》2012年第1期，第6页；聂文娟：《实践理论》，载陈岳、田野主编：《国际政治学学科地图(第二版)》，北京大学出版社2021年版，第136-137页。

② Kenneth Waltz, "Evaluating Theories," *American Political Science Review*, Vol. 91, No. 4, 1997, p. 913; Nicholas Onuf, "Structure? What Structure?" *International Relations*, Vol. 23, No. 2, 2009, p. 186; Jonathan Joseph, "Is Waltz a Realist?" *International Relations*, Vol. 24, No. 4, 2010, pp. 486-487. 因此沃尔兹才会说理论无所谓真假，而只存在是否有用的理论。

③ Kenneth Waltz, *Theory of International Politics*, Long Grove: Waveland Press, 1979, pp. 90-91; David Dessler, "What's at Stake in the Agent-Structure Debate?" *International Organization*, Vol. 43, No. 3, 1989, p. 450.

④ Alexander Wendt, "Anarchy Is What States Make of It: The Social Construction of Power Politics," *International Organization*, Vol. 46, No. 2, 1992, pp. 396-401.

⑤ Georg Sørensen "'Big and Important Things' in IR: Structural Realism and the Neglect of Changes in Statehood," in Ken Booth ed., *Realism and World Politics*, Abingdon: Routledge, 2011, p. 110.

　　第二，随着结构本质地位的确立，结构现实主义对于秩序如何随时间推移而发生变迁的问题缺乏更加细致的讨论：要么像沃尔兹一样将对变化的分析置于自己理论的讨论范围之外，要么就像罗伯特·吉尔平那样将变化理解为不同均衡状态之间的循环摇摆。对于前者，理查德·勒博（Richard Ned Lebow）坦承"结构理性"主导下的分析框架具有过于严苛的因果决定论取向，因为结构一词本身就蕴含着一种对稳定的隐喻，它只能回答为何在国际事务的不同领域和不同时间节点都存在着始终如一的行动模式。① 在这背后隐藏的是结构现实主义对于当时美苏两极格局现状的偏好，认为这两个国家会像明智的双头垄断者那样行事——缓和彼此激烈的竞争，为了共同利益合作但仍对对方保持高度警惕。② 除此之外，同样奉行"结构理性"立场的吉尔平以国家对推动变革的成本—收益分析为出发点，阐明了结构的变化无非就是通过战争实现"均衡——失衡——再均衡"的循环，即从一开始就没有国家认为改变国际体系是有利可图的均衡状态，到体系内现有统治方式与权力分配之间发生断裂、个别国家希望以增进本国利益的方式推动国际体系变革，最后再到推动扩张和变革的边际成本大于或等于边际收益时实现新的均衡。③

　　第三，结构现实主义对结构三要素的界定明显带有"威斯特伐利亚式偏见"。在对系统的排列原则进行界定时，沃尔兹将等级制与无政府状态看作是非此即彼的互斥关系，并且无论何时何地后者都是世界政治最主要的特征。④ 但是约翰·霍布森（John M. Hobson）等人则发现在 1648 年至 20 世纪中叶，现代世界政治体系的无政府状态总是与多种等级制安排——欧洲大国与世界其余地区的殖民体系——相共存，并且这种等级关系在第二次世界大战之后又以苏联对东欧地区的

---

① Richard Ned Lebow, *A Cultural Theory of International Relations*, Cambridge：Cambridge University Press, 2008, p. 96.

② Kenneth Waltz, *Theory of International Politics*, Long Grove：Waveland Press, 1979, pp. 202-204；William C. Wohlforth, "Gilpinian Realism and International Relations," *International Relations*, Vol. 25, No. 4, 2011, pp. 504-506.

③ Robert Gilpin, *War and Change in World Politics*, Cambridge：Cambridge University Press, 1981, pp. 10-14.

④ Kenneth Waltz, *Theory of International Politics*, Long Grove：Waveland Press, 1979, pp. 114-116.

"非正式帝国"和欧盟的形式得以延续下来。① 除此之外，在1648年以前的非欧洲地区（例如东亚地区），战争、结盟、外交和贸易等行为模式都与历史上的欧洲以及沃尔兹笔下的"威斯特伐利亚世界"完全不同，同时等级制而非无政府状态也普遍存在。② 约翰·鲁杰（John Ruggie）则对沃尔兹的相似单元假定产生了质疑。他认为中世纪国际体系与现代国际体系的区别在于单元的分异而非组织原则（同属无政府状态）和能力分配的不同。③ 巴里·布赞等人以此为基础指出，以单元在内部结构和功能上的差异为标准能够得出四种对应于不同历史时期的无政府状态形式，但沃尔兹却认为有且只有一种占据主导地位的无政府状态（单元在内部结构和功能上都不存在任何差别）。④ 在讨论单元间的能力分配格局时，沃尔兹表现出了对实力强大单元的明显偏好，忽视了东方国家等权力较为弱小行为体的能动性，而这些次要行为体（例如阿富汗和越南）恰恰会对美苏的行为产生重要影响。⑤

进入20世纪90年代，温特的温和建构主义批评"结构理性"对结构的过分强调赋予结构以完全压倒性优势并将其"物化"，从而忽视行为体对结构的反作用。⑥ 为

①　John M. Hobson and J. C. Sharman, "The Enduring Place of Hierarchy in World Politics: Tracing the Social Logics of Hierarchy and Political Change," *European Journal of International Relations*, Vol. 11, No. 1, 2005, pp. 70-80.

②　David C. Kang, "International Order in Historical East Asia: Tribute and Hierarchy beyond Sinocentrism and Eurocentrism," *International Organization*, Vol. 74, No. 1, 2020, p. 70.

③　John Ruggie, "Continuity and Transformation in the World Polity: Towards a Neorealist Synthesis," in Robert O. Keohane, ed., *Neorealism and Its Critics*, New York: Columbia University Press, 1986, pp. 141-145.

④　Barry Buzan and Richard Little, "Reconceptualizing Anarchy: Structural Realism Meets World History," *European Journal of International Relations*, Vol. 2, No. 4, 1996, pp. 428-430.

⑤　John M. Hobson, *The Eurocentric Conception of World Politics: Western International Theory*, 1760-2010, Cambridge: Cambridge University Press, 2012, pp. 208-210.

⑥　Alexander Wendt, *Social Theory of International Politics*, Cambridge: Cambridge University Press, 1999, p. 12. 由于篇幅所限，本书对建构主义的讨论仅限于温特的相关论述。事实上，国际关系领域中的建构主义与社会学以及社会理论领域中的建构主义存在很大的差异，后者可以被认为是一种在本体论、认识论和方法论方面都与实证主义和科学实在主义存在根本差异的社会科学哲学立场：认为没有独立于人类而存在的客观事实，语言和社会背景会建构我们所处的世界，因而也不存在普遍的规律和法则。相关讨论可参看 Nuno P. Monteiro and Keven G. Ruby, "IR and the False Promise of Philosophical Foundations," *International Theory*, Vol. 1, No. 1, 2009. 在国际关系研究当中，相较于温特版的建构主义，尼古拉斯·奥努夫（Nicholas Onuf）、弗雷德里克·克拉托奇维尔（Friedrich Kratochwil）和迈克·巴尼特（Michael Barnett）等人的建构主义理论所表现出来的"结构理性"色彩要淡化得多。

此，温特利用安东尼·吉登斯(Anthony Giddens)的结构二重性来代替结构—行为体的二元性对立，并主张两者基于互构的一体两面性。但是，这种做法与温特所援引的科学实在主义(scientific realism)存在矛盾之处。对于温特来说，引入科学实在主义是为了调和主流国际关系理论与非主流理论(批判理论以及后现代主义等)之间的矛盾和张力。① 与实证主义特别是工具主义所不同的是，温特并不想回避理论的真值性问题(理论是否向我们提供有关外部客观世界的事实真相)，尤其是无法被经验观察到的事物的真实性问题，因为对于他来说，包括理念原则、共有知识以及制度规范在内的各种"社会类别"虽然无法被人类的经验所直接捕捉，但确实会对人类生活产生切实的影响，因此同样具有真实性并且独立于行为体存在，而成熟的科学理论就应该涉及这些实体。② 这事实上就暗示了科学实在主义认为结构与行为体之间的关系是对立而非吉登斯笔下的互构，更何况结构的运作受制于自然法则而非人类的实践与观念认知。③ 不仅如此，温特还明确表示，自己的核心研究问题是国际结构的本质和作用，即关注以共同知识和集体知识的形式所呈现出来的国际观念/文化结构如何对国家的身份和利益产生因果效力和建构作用，而后者在当时的研究中被认为是更多地依赖于国内结构而非国际结构。④

正是因为这个原因，杰弗里·切克尔(Jeffrey T. Checkel)才批评本以行为体与结构互构为核心的温特将规范、文化以及身份本质化，并将其视为是先于(和解释)实践的实体(至多是用多重角色的概念代替单个身份)，导致其在更进一步的经验研究中滑向"结构理性"的立场，从而无法把握行为体身份与宏观社会安

---

① 邢瑞磊、周灏堃：《身份认同与社会性存在：中国国家本体安全的寻求与调适》，《国际安全研究》2022年第4期。

② Silviya Lechner and Mervyn Frost, *Practice Theory and International Relations*, Cambridge：Cambridge University Press, 2018, p. 207.

③ Roxanne Lynn Doty, "Aporia：A Critical Exploration of the Agent-Structure Problematique in International Relations Theory," *European Journal of International Relations*, Vol. 3, No. 3, 1997, pp. 369-370; Roy Bhaskar, *A Realist Theory of Science*, Abingdon：Routledge, 2008, p. 37.

④ Alexander Wendt, *Social Theory of International Politics*, Cambridge：Cambridge University Press, 1999, pp. 27-28.

排之间所具有的建构关系。① 不仅如此，彼得·伯格（Peter L. Berger）等人批评科学实在主义在本质上秉持一种去人性的立场，即把人类社会中所使用的概念当成一种具有某种非人或超人本质的产品——可以是物理事实、自然因果机制乃至是神意的体现，但唯独不是人类自己的产物。②

　　由于对主体间性的忽视和对本质主义的坚持，包括结构现实主义在内的西方主流国际关系理论显得日益难以适应全球化时代下彼此互系的国际现实，由此在国际关系领域引发了以"关系理性"为核心的"关系转向"。③ 帕特里克·杰克逊（Patrick Jackson）与丹尼尔·内克松（Daniel H. Nexon）认为本质主义假定实体先于互动，或者实体在与其他实体建立社会关系之前便已是自为的实体，而实体一般由内层不可变的本质与外层可变的属性构成。④ 我们一旦想要描述实体本身的变化就会迅速面临逻辑矛盾：实体本身的变化只能来源于内层本质，但它却被认为不可改变，从而与对实体的先前定义产生矛盾，导致变化只能被认为是非此即彼的选择（即过去是 A，现在只能是非 A）。⑤ 季玲等人在回顾最近二十年来"关系理性"的发展成果时指出，与秉持本体论本质主义的"结构理性"相对，"关系

　　① Jeffrey T. Checkel, "The Constructive Turn in International Relations Theory," *World Politics*, Vol. 50, No. 2, 1998, p. 342; Bernd Bucher and Ursula Jasper, "Revisiting 'Identity' in International Relations: From Identity as Substance to Identifications in Action," *European Journal of International Relations*, Vol. 23, No. 2, 2017, p. 394. 值得一提的是，近年来以阿米塔·阿查亚（Amitav Acharya）为代表的相关研究开始关注世界政治中的弱小行为体如何在观念和规范的接受过程中发挥自身的能动性和主动性，以突破传统的主流建构主义对结构的侧重和偏好。相关研究可参看：Amitav Acharya, *Constructing Global Order: Agency and Change in World Politics*, Cambridge: Cambridge University Press, 2018.

　　② Peter L. Berger and Thomas Luckmann, *The Social Construction of Reality: A Treatise in the Sociology of Knowledge*, London: Penguin Group, 1966, p. 106; Patrick Baert, *Philosophy of the Social Sciences: Towards Pragmatism*, Cambridge: Polity Press, 2005, p. 23.

　　③ 陈纳慧：《国际关系学的"关系转向"：本体论的演进与方法论意义》，《国际政治研究》2022年第 1 期。

　　④ Patrick Thaddeus Jackson and Daniel H. Nexon, "Relations before States: Substance, Process and the Study of World Politics," *European Journal of International Relations*," Vol. 5, No. 3, 1999, pp. 293-297. 这也解释了为何结构现实主义要么是将变化问题置于一旁不理，要么就是在不同均衡状态之间的摇摆。

　　⑤ Patrick Thaddeus Jackson and Daniel H. Nexon, "Relations before States: Substance, Process and the Study of World Politics," *European Journal of International Relations*," Vol. 5, No. 3, 1999.

理性"坚持本体论过程主义，即行为体和结构都不具有预先给定的本质属性，而是在与他人和环境的互动关联中不断形成和重塑自我，同时也对关系中的他者和总体关系环境产生影响。①

　　然而诚如大卫·麦考特（David M. McCourt）所言，关系中的位置与过程只有通过个体从事具有协调性的实践活动时方才具备因果效力。② 与此同时，实践显然就是过程本身，即行为体的所作所为。可如果将实践作为主要的分析单元，我们不得不将其与行为体相分离，因为实践产生于两个或多个社会位置之间，并且也只有在这些位置中才具备特定的意义。③ 除此之外，"关系理性"对过程的理解缺乏时间维度，因此在解释变迁发生方面仍然存在不足。小威廉·休厄尔（William H. Sewell Jr.）认为，社会生活具有时间性意味着任何行动、事件或者趋势的结果可能都是偶然的，其效应将取决于它所处的特定时机与时间序列。④ 历史上的日常发生是无法通过普遍的法则加以预测的。

　　在进行"关系转向"的同时，国际关系研究还出现了由阿米塔夫·阿查亚推动建立根植于全球历史的"全球国际关系学"。⑤ 相关研究鼓励我们承认世界上不同地区及其人民（包括西方在内）的诉求、经验和价值都具有平等的正当性，以揭示隐藏在"威斯特伐利亚式偏见"背后的虚假普遍主义和被其掩盖的替代性概念与方法。⑥ 秦亚青提出，全球化促使更深层次的多元性状态向我们不断展现开

---

　　① 贺来：《"关系理性"与真实的"共同体"》，《中国社会科学》2015 年第 6 期，第 30 页；季玲：《论"关系转向"的本体论自觉》，《世界经济与政治》2019 年第 1 期，第 86-88 页；Astrid H. M. Nordin et al., "Towards Global Relational Theorizing: A Dialogue between Sinophone and Anglophone Scholarship on Relationalism," *Cambridge Review of International Affairs*, Vol. 32, No. 5, 2019, pp. 572-573；季玲：《关系性安全与东盟的实践》，《世界经济与政治》2020 年第 9 期，第 108 页。

　　② David M. McCourt, *The New Constructivism in International Relations Theory*, Bristol: Bristol University Press, 2022, p. 40.

　　③ Patrick Thaddeus Jackson and Daniel H. Nexon, "Reclaiming the Social: Relationalism in Anglophone International Studies," *Cambridge Review of International Affairs*, Vol. 32, No. 5, 2019.

　　④ 小威廉·休厄尔：《历史的逻辑：社会理论与社会转型》，上海人民出版社 2021 年版，第 6-7 页；周灏堃：《20 世纪日韩国家—社会关系转型比较》，《当代韩国》2021 年第 4 期，第 92-93 页。

　　⑤ Amitav Acharya, "Global International Relations (IR) and Regional Worlds: A New Agenda for International Studies," *International Studies Quarterly*, Vol. 58, No. 4, 2014.

　　⑥ Amitav Acharya and Barry Buzan, *The Making of Global International Relations: Origins and Evolution of IR at its Centenary*, Cambridge: Cambridge University Press, 2019, pp. 302-303.

来，知识生产日益呈现出动态多样性，国际关系理论的发展舞台变得日益广阔，非西方世界尤其是全球南方国家的能动性应该得到承认。① 在这样一个大背景下，阿琳·蒂克纳（Arlene B. Tickner）认为我们应当重新反思特定地域对于科学知识的生产究竟发挥了怎样的作用；本土化的经验如何被转化为共有的普遍性概括，反之亦然；以及本土学者如何受到来自国际力量的影响和塑造。② 在此基础上，麦肯·格拉迪（Maiken Gelardi）提出了走进世界历史，尤其是全球南方国家既往经验的三种路径：转用，即根据当地的情景条件来使用现有概念与理论；修正，即主动调整现有的国际关系理论使其更加适用于所研究地区的特殊性；本土创造，即立足本土实践进行概括以建构全新知识框架。③ 但是，杨恩泳（Yong-Soo Eun）批评全球国际关系学在很大程度上只是希望从地理和历史多元化的角度来突破西方中心主义视角，而作为后者霸权根基的认识论与方法论承诺——实证主义——却并没有受到动摇。④ 不仅如此，与"结构理性"相类似，全球国际关系学对行为体进行了非情景化的处理。但是后者始终都要在各种不同结构层次（全球——地区——特定国家）、不同结构（经济、政治、军事、文化等）以及同一结构的不同位置之间来回穿梭，因为行动的发生不可能自始至终处在同一个情景之中。⑤ 例如，身处国际舞台上的国家同时要受限于全球压力、本土规范诉求以及各种互嵌的国际制度，而这些影响因素之间就存在着非常复杂的关联，由此就对行为体在采取相关行动时提出非常严苛的情景化要求。

总而言之，经过了最近的三十余年的发展，建构主义、关系理性以及全球国际关系学对国际关系领域盛行已久的"结构理性"进行了各式各样的反思与批评。

---

① Qin Yaqing, "Introduction: The Global Turn in IR and Non-Western IR Theory," in *Globalizing IR Theory*, Abingdon: Routledge, 2020, p. 1；高鹏、朱翊民：《全球国际关系学：国际关系研究认识论的发展与创新》，《国际政治研究》2022 年第 1 期，第 70-76 页。

② Arlene B. Tickner, "Core, Periphery and（Neo）Imperialist International Relations," *European Journal of International Relations*, Vol. 19, No. 3, 2013, p. 628.

③ Maiken Gelardi, "Moving Global IR Forward—A Road Map," *International Studies Review*, Vol. 22, No. 4 2020, pp. 839-841.

④ Yong-Soo Eun, *What Is at Stake in Building "Non-Western" International Relations Theory?* Abingdon: Routledge, 2018, pp. 17-18.

⑤ Colin Wight, *Agents, Structures and International Relations: Politics as Ontology*, Cambridge: Cambridge University Press, 2006, p. 213.

但是，这些努力都存在着如下缺陷：它们未能从时间的维度对结构与行为体之间的互构关系选择给予充分关照；没能对推动秩序变迁的动力机制进行充分地阐述。这是因为"结构理性"没有给予作为结构与行为体之间中介的实践以充分地讨论。就此而言，后文将在 21 世纪兴起的实践理论基础上提炼"实践理性"的核心内涵，提供一个与"结构理性"存在明显差异的分析路径，为我们深入理解处于"晚期现代性"和全球化下的秩序变迁提供独特理论视角。

二、国际关系的"实践理性"：一个理论定位

在一般意义上，国际关系乃至整个社会科学的解释应该指向行为体及其实践，关注他们做了什么、说了什么、相信什么以及欲求什么，因为只有在实践活动之中并通过实践活动，世界政治和人类活动才能得以存在。① 但由于我们难以对具体实践过程进行准确的信息收集，社会科学家们长期将他们关注的重心置于超越行为体的结构之上，并赋予结构以优先于行为体及其实践的实体地位。② 进入 21 世纪，国际关系的"实践转向"和实践理论就结构—行为体关系为我们提供了一条有别于"结构理性"的思考方式：它重新挖掘过去被认为是平庸且流于表面的实践(与深层的"结构"相比)在国际关系研究中的独特性，为我们进一步发展国际关系理论提供了新的指引。③ 当然，目前实践理论内部仍然存在模糊、分歧乃至矛盾之处，本部分以既有的实践理论研究为出发点，进一步提炼作为该理论基础的"实践理性"概念，从而尝试对这些模糊与分歧进行一个初步的澄清。

最早让"实践理性"变得家喻户晓无疑要归功于康德的贡献。在 19 世纪，马克思进一步凸显了"实践"概念的重要性。进入 20 世纪，实践理论的完善得益于海德格尔以及维特根斯坦的哲学理论，以及吉登斯、安·斯威德勒(Ann Swidler)

---

① 李晓燕：《东亚地区合作进程：一种"实践理性"的解释》，《世界经济与政治论坛》2017 年第 3 期，第 31 页；Friedrich Kratochwil, *Praxis: On Acting and Knowing*, Cambridge: Cambridge University Press, 2018, p. 1.

② William H. Sewell Jr., "A Theory of Structure: Duality, Agency, and Transformation," *American Journal of Sociology*, Vol. 98, No. 1, 1992, p. 2; Jon Elster, *Explaining Social Behavior: More Nuts and Bolts for the Social Sciences*, Cambridge: Cambridge University Press, 2007, p. 12.

③ Jorg Kustermans, "Parsing the Practice Turn: Practice, Practical Knowledge, Practices," *Millennium*, Vol. 44, No. 2, 2016, p. 177.

和西奥多·沙茨基(Theodor Schatzki)等人有关结构-行为体、文化转向和复杂本
体论的社会理论，而布迪厄和福柯的相关论述则为"实践理性"概念提供了最为
直接的思想启发。① 以此为基础，《千禧年》杂志于 2002 年组织特刊，专门讨论
上述实践理论对国际关系研究的重要借鉴意义。实践理论的代表人物文森特·波
略特(Vincent Pouliot)于 2008 年在《国际组织》(*International Organization*)杂志上
发表《实践的逻辑》一文，正式将实践与实践理论引入国际关系研究当中。

　　波略特在批评西方主流国际关系理论"表征性偏见"(representational bias)的
基础上提出，实践理论要解决的一个重大问题就是传统理论研究中观察者与实际
行动相脱节造成的一系列问题。② 具体来说，表征性偏见来源于西方知识谱系中
强大的理性主义与实证主义传统，即利用形式逻辑的同一律、矛盾律和排他律来
对事物的本质进行研究，并且以语言的方式加以传授和表达，从而让人们无需事
事亲历就可以迅速掌握关于实践和世间万物的一般性知识。③ 与之相反，"实践
理性"坚持实用主义的认识论立场，拒绝将知识与实践二分对立，认为包括知识
本身在内的一切都要在实践中得到理解。④ 不仅如此，虽然知识涵盖了主体的意
义与意向性，并且帮助我们诠释和理解周遭的政治现实，但这一作用的彰显必须
通过实践活动才能得以实现。⑤ 在这个意义上，知识的目的不是单纯发掘世界的
潜在规律或本质，而在于界定人们在社会世界中的所处方位，帮助我们理解复杂

---

　　① Jérémie Cornut, "The Practice Turn in International Relations Theory," *Oxford Research Encyclopedia of International Studies*, November 30, 2017, https://doi. org/10. 1093/acrefore/ 9780190846626.013.113.

　　② Vincent Pouliot, "The Logic of Practicality: A Theory of Practice of Security Communities," *International Organization*, Vol. 62, No. 2, 2008, pp. 260-265.

　　③ 李滨、陈子烨：《实践逻辑视野下的新型国际关系建构》，《世界经济与政治》，2018 年第 11 期，第 41-45 页；R. Jay Wallace, "Practical Reason," in Edward N. Zalta, ed., *The Stanford Encyclopedia of Philosophy*, Stanford: Metaphysics Research Lab, 2020, https://plato. stanford. edu/ archives/spr2020/entries/practical-reason/；唐士其：《理性主义的政治学：流变、困境与超越》，北京： 北京大学出版社，2021 年版，第 13、26 页。

　　④ 秦亚青：《行动的逻辑：西方国际关系理论"知识转向"的意义》，《中国社会科学》，2013 年 第 12 期，第 189-190 页；郑永流、陈鲁夏：《实践哲学与实践理论》，《华东师范大学学报(哲学社会 科学版)》，2021 年第 6 期，第 36 页。

　　⑤ Molly Patterson and Kristen R. Monroe, "Narrative in Political Science," *Annual Review of Political Science*, Vol. 1, 1998, p. 321.

的社会现象和解释所观察到的社会规律，从而为我们在日常生活中解决各种实际问题提供智力支持。①

随后，波略特与伊曼纽尔·阿德勒（Emanuel Adler）合作编撰了《国际实践》一书，为国际关系的实践理论确立了基本路径。在此基础上，实践理论在实证领域的应用取得显著进展，最为典型的案例就是针对联合国、北约以及欧盟这些多边国际组织中各国外交实践的讨论和分析。这些研究大多着眼于这些组织中各国外交官对外交往过程中的具体行为，以此来体现在整体性的结构框架下，个性化、具体化的情景活动如何对世界政治产生影响。② 在理论和实证研究取得快速进展的前提下，2018 年出版的《国际实践理论》一书详细地总结了 21 世纪以来实践理论在国际关系领域中的发展状况。该书指出实践理论内部存在七个不同的分支流派，包括基于布迪厄实践社会学的路径，基于福柯的治理、问题化（problematisation）以及谱系学的路径，重视实践共同体的理解，强调实践是有组织行为和话语的路径，分析话语叙事如何帮助行为体来理解世界并发起行动的路径，基于行动者网络理论（actor-network theory）的路径以及基于实用主义社会学的路径。③ 虽然各种不同的理论流派在一定程度上为实践理论的发展提供了较为丰富的探索空间，但同时也可能导致实践理论因缺乏核心概念与分析框架的支撑而陷入过于零散和碎片化的困境。不仅如此，这七个分支流派之间的关系并非彼此全然对立，而是存在相互融合、借鉴与补充的可能性。因此，下文将根据这些流派中的不同论述提炼出实践理论背后的核心概念——"实践理性"及其分析框架。

---

① Jörg Friedrichs and Friedrich Kratochwil, "On Acting and Knowing: How Pragmatism Can Advance International Relations Research and Methodology," *International Organization*, Vol. 63, No. 4, 2009, p. 706.

② Rebecca Adler‐Nissen and Vincent Pouliot. "Power in Practice: Negotiating the International Intervention in Libya," *European Journal of International Relations*, Vol. 20, No. 4, 2014; Vincent Pouliot and Jérémie Cornut, "Practice Theory and the Study of Diplomacy: A Research Agenda," *Cooperation and Conflict*, Vol. 50, No. 3, 2015; Jérémie Cornut, "Diplomacy, Agency, and the Logic of Improvisation and Virtuosity in Practice," *European Journal of International Relations*, Vol. 24, No. 3, 2018; Olivier Schmitt, "How to Challenge an International Order: Russian Diplomatic Practices in Multilateral Security Organizations," *European Journal of International Relations*, Vol. 26, No. 3, 2020.

③ Christian Bueger and Frank Gadinger, *International Practice Theory*, Cham: Palgrave Macmillan, 2018, pp. 9-12.

　　"实践"是指具有社会意义且组织化的活动模式，是行为体在时间上按照社会认可的方式与他者进行互动交往的过程。① 通过继承来自过去的惯习和在实践中生成的背景知识，行为体在实践中对现实做出务实的判断并对未来进行可能的想象，从而表现出对于解决当前情境中特定问题的胜任（competence）与精通（mastery）。② 据此，社会世界由行为体的实践所生成，而不是一个外在于人类实践之外的客观实体。行为体的目标偏好乃至行为体本身、结构规范以及整个物质环境都因实践而产生与变化，并且只有通过洞悉彼此间的实践过程，我们才能具体地把握社会世界的样貌。在这个意义上，结构既是行为体实践的结果，也是使人类实践成为可能的媒介。③ 因此，与"结构理性"强调结构的约束性并将其视为聚合物的定义所不同的是，"实践理性"框架之下的"结构"是指一套相互交叉且相互支持的规则、符号与资源，它既能赋权并约束社会实践，也往往被同一社会实践再生产出来。④

　　在这个意义上，本书认为"实践理性"赋予实践以中介的角色，作为沟通具有本体地位的结构和行为体之间的媒介而存在。⑤ 正是通过行为体的实践，结构在不断再生产的同时蕴含着可能发生变革的空间。然而，实践所具有的再生产与革新功能则因为时间节点的不同而存在明显的差异。

秩序稳定时期的实践

　　社会秩序的稳定得益于实践对于胜任与精通的体现。一旦社会生活趋于常态

　　① Vincent Pouliot, *International Pecking Orders：The Politics and Practice of Multilateral Diplomacy*, Cambridge：Cambridge University Press, 2016, p. 49；郑永流、陈鲁夏：《实践哲学与实践理论》，《华东师范大学学报（哲学社会科学版）》2021 年第 6 期，第 42-43 页。

　　② Mustafa Emirbayer and Ann Mische, "What Is Agency?" *American Journal of Sociology*, Vol. 103, No. 4, 1998, p. 970；Vincent Pouliot, *International Pecking Orders：The Politics and Practice of Multilateral Diplomacy*, Cambridge：Cambridge University Press, 2016, p. 56-58；Emanuel Adler, *World Ordering：A Social Theory of Cognitive Evolution*, Cambridge：Cambridge University Press, 2019, p. 212.

　　③ 安东尼·吉登斯：《社会学方法的新准则（第二版）》，徐法寅译，郭忠华校，商务印书馆2021 年版，第 145 页。

　　④ William H. Sewell Jr., "A Theory of Structure：Duality, Agency, and Transformation," *American Journal of Sociology*, Vol. 98, No. 1, 1992, p. 19.

　　⑤ "实践理性"不在本体论层次赋予结构和行为体之间的一方具有相较另外一方的优先性。

化，行为体就会通过实践中的学习与模仿机制，强化倾向于维持秩序稳定的背景知识与惯习，从而体现实践具有的"类结构"能力。如图 1 所示，当行为体在特定问题领域的所作所为表现出对问题解决的精通时，相关实践策略就会被转化为得到社会承认的结构规则，从而促使社会生活趋于稳定。不仅如此，任何一个结构都不是单独存在的，而是内嵌在一个更广泛的环境之中——通过共享的纽带将其他结构与这个结构相联结，由此对特定结构下的参与者行动造成限制或提供机会。① 在此状态下，结构(无论是物质结构还是观念结构)为后来人们的实践划定了可能的范围，人们实践策略只需在结构所提供的工具箱中进行选择。② 在这种情景之下，实践的开展无需行为体发挥能动性或是主动性，而只要对结构所提供的选项进行不断学习与模仿以形成不假思索的"惯习"，后者是一种被情景信号自动并重复激活的反应倾向(response disposition)，并且在极少或完全缺少有意控制的条件下触发思考与行动。③ 对于学习这一机制来说，负面学习和正面学习的过程往往是同时存在的：前者意味着行为体从自己或他人违背结构所提供选项而招致惩罚的经历中习得顺从结构的必要性，而后者则挖掘结构所提供的机遇和收益来习得"成功"的行动模式。④ 在阿德勒的认知演化理论看来，学习过程使得行为体能够对现实中的集体意义进行有选择的保留，以帮助其在处理国际问题时习得更加符合特定集体预期的实践方式。⑤

---

① Lei Yawen, "Freeing the Press: How Field Environment Explains Critical News Reporting in China," *American Journal of Sociology*, Vol. 122, No. 1, 2016, p. 7.

② Ann Swidler, "Culture in Action: Symbols and Strategies," *American Sociological Review*, Vol. 51, No. 2, 1986, p. 284.

③ Beth A. Simmons, Frank Dobbin and Geoffrey Garrett, "Introduction: The International Diffusion of Liberalism," *International Organization*, Vol. 60, No. 4, 2006, pp. 795-801；马克斯·韦伯：《经济与社会(第一卷)》，阎克文译，上海人民出版社 2009 年版，第 121-123 页；Mariano E Bertucci, "Habits and Policy: The Social Construction of Foreign Policymaking Processes," *International Studies Review*, Vol. 23, No. 4, 2021, p. 1254.

④ 唐世平：《国际政治的社会演化：从公元前 8000 年到未来》，董杰旻、朱鸣译，中信出版集团 2017 年版，第 274-275 页。

⑤ Emanuel Adler, *World Ordering: A Social Theory of Cognitive Evolution*, Cambridge: Cambridge University Press, 2019, pp. 168-170.

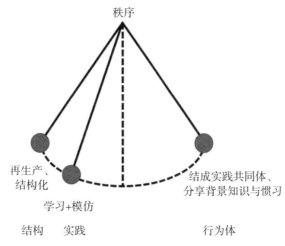

图 3-1　稳定时期下的实践与结构—行为体二重性

　　进行模仿的意义则在于行为体通过实践对结构的全盘接受以及内化，并将其视作是具有合法性的适当规则与规范。① 但无论是学习还是模仿，行为体借此机会逐步形成适应于该结构场景下的"背景知识"，以帮助自己理解该结构场域内的权力关系、运作规则以及共有的集体行动目标。② 在维维恩·施密特（Vivien A. Schmidt）看来，背景知识具体包括以下三个方面的内容：第一，供人们进行辩论和采用的各种行为方式和问题解决策略；第二，在这些具体内容背后为其提供支撑的普遍化纲领，它界定了实践要考虑并解决的问题、要实现的目标和理想以及需要采用的方法和手段；第三，将前两者充分结合起来的"深层核心"或世界观，包括各种观念、价值以及知识与社会的原则。③

---

　　① Chin-Hao Huang and David C. Kang, "State Formation in Korea and Japan, 400-800 CE: Emulation and Learning, Not Bellicist Competition," *International Organization*, Vol. 76, No. 1, 2022, pp. 7-8.

　　② John Levi Martin, "What Is Field Theory?" *American Journal of Sociology*, Vol. 109, No. 1, 2003, p. 23; David M. Mccourt, "Practice Theory and Relationalism as the New Constructivism," *International Studies Quarterly*, Vol. 60, No. 3, 2016, p. 478.

　　③ Vivien A. Schmidt, "The Roots of Neo-Liberal Resilience: Explaining Continuity and Change in Background Ideas in Europe's Political Economy," *The British Journal of Politics and International Relations*, Vol. 18, No. 2, 2016, p. 322.

随着时间的推移与实践的重复，这种背景知识就会逐渐固定下来，而这对于实践共同体——在学习和运用共同实践的过程中被共同利益联系在一起的成员所组成的共同体——的形成至关重要。① 通过学习与模仿所习得的背景知识以及随后形成的惯习，实践共同体中的行为体会为共同事业采取一致的实践方式，分享相似的知识储备并试图将这些行动策略与惯习知识常规化与合法化。② 总而言之，结构再生产需要通过行为体对结构提供的实践策略选项进行持续学习与模仿，并在此基础上形成稳固的背景知识与惯习，使行为体生活于实践共同体之中，在实践中占有结构，从而消除个体的理性、能动性以及可能面临的不确定性。③

非稳定时期的实践

当既有的成功实践策略以及为其提供支持的背景知识与惯习难以继续支撑行为体维持对于绩效的胜任时，结构的再生产就会面临不稳定状态，因为其所能提供的指令和资源显得非常模糊或是不适用于新情况的出现。如图 2 所示，存在外生和内生两条路径导致结构经历不稳定状态。外生路径主要侧重于突发外部决策或事件的启动，如战争、革命、经济危机等一些偶然和不可预测的重大事件动摇了原有结构的合法性或适应性。④ 不仅如此，由于人类社会中结构的多样性，不同结构之间的遭遇、碰撞、交流以及互动是推动各结构背离既定发展路径的重要推手。⑤ 在"实践理性"的框架下，国际社会和政治秩序的生成是"主体"与"主体间性"生成和再现的复合过程。以近代东亚秩序的转型为例，该地区自 19 世纪中

---

① Emanuel Adler, *Communitarian International Relations: The Epistemic Foundations of International Relations*, Abingdon: Routledge, 2005, p. 14.

② Olivier Schmitt, "How to Challenge an International Order: Russian Diplomatic Practices in Multilateral Security Organisations," *European Journal of International Relations*, Vol. 26, No. 3, 2020, p. 927；赵洋：《规范倡导与危机应对：世界卫生组织在全球卫生治理中的效用》，《国际论坛》2022年第 3 期，第 92-93 页。

③ 皮埃尔·布迪厄：《实践感》，蒋梓骅译，译林出版社 2012 年版，第 81 页。

④ 刘宏松、吴桐：《国家间论辩、关键节点与国际制度改革》，《世界经济与政治》2021 年第 9期，第 10 页。

⑤ 彼得·伯克：《历史学与社会理论(第二版)》，李康译，上海人民出版社 2021 年版，第 239页。

叶以后便因与西方国家的遭遇而从朝贡等级结构逐步向威斯特伐利亚式的水平结构方向转型，尽管该地区的旧式规范与价值并未完全消除。①

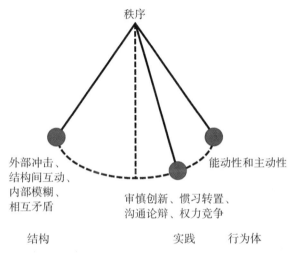

图 3-2　非稳定时期下的实践与结构—行为体二重性

资料来源：作者自制

相比之下，内生路径则着眼于行为体实践所具有的能动性维度加以展开。上文着重强调了惯习所具有的重复性对结构再生产的重要意义，但根据布迪厄对这一概念的界定，惯习还具有"可转置性"的特征：相较无限丰富的具体情境，惯习的数量往往非常有限，并且分散在社会生活的不同领域之中，因此当我们遭遇陌生情境时，我们对于实现目标的手段以及目标本身的认知都是极其模糊的，往往就会通过类比的方式将过去其他某个我们所熟知领域的惯习转置（或创造性运用）于该领域，以实现所谓的"审慎创新"（deliberative innovation）。② 但是，这种转置并非总是奏效，如果转置后的惯习依旧难以为新的情景提供有效的实践策略

①　David C. Kang, "International Order in Historical East Asia: Tribute and Hierarchy beyond Sinocentrism and Eurocentrism,", *International Organization*, Vol. 74, No. 1, 2020, pp. 84-86.

②　William H. Sewell Jr., "A Theory of Structure: Duality, Agency, and Transformation," *American Journal of Sociology*, Vol. 98, No. 1, 1992, p. 17; Sebastian Schmidt, "Foreign Military Presence and the Changing Practice of Sovereignty: A Pragmatist Explanation of Norm Change," *American Political Science Review*, Vol. 108, No. 4, 2014, pp. 820-821.

时，这些本属历史的遗留之物就会让位于行为体的自主选择和主动创造，从而为当下与未来的实践轨迹提供可靠且稳定的务实选择。① 不仅如此，惯习还是能动性得以有效发挥的前提。正是因为许多日常生活的领域受制于惯习的运作而变得循规蹈矩，我们才避免不得不在那些本无必要的领域内进行反思与创造，从而将能动性的发挥留置于那些更加需要的领域当中。②

在历史上，当美国在接替欧洲成为波黑战争的调停方时，它继承了欧洲过去重视种族统治(ethnocracy)而忽视个体政治权利、公民国家身份以及包容性制度的惯习，并将之应用于随后《代顿和平协议》的达成和伊拉克战争后的早期重建过程之中。但是这种继承而来的惯习在面对伊拉克的新形势下难以奏效。在内外交困的局面(尤其是共和党在当时中期选举落败)下，自 2007 年起，小布什政府不得不放弃在伊拉克实行种族统治的惯习，并且借用推广民主这一在其他领域业已被证明有效的惯习：重新在伊拉克建立具有种族——教派包容性和宽容度的选举制度，跨越严苛身份群体的界限实现伊拉克民众公民政治参与权。③

实践的能动性除了体现为惯习的转置或是替代，还表现为日常生活中的"即兴行为"。事实上，吉登斯、阿德勒以及波略特都曾明确地指出，虽然结构能够对行为体施加明确的约束和限制，但结构本身却充满了空隙和模棱两可，而且会经常遭受模糊的"阐释"，因此对它们的运用或使用是充满协商、争议和竞争的过程。④ 这意味着结构会丧失其权威的吸引力和对行为体的支配能力，而身处结

---

① Sherry B. Ortner, "Theory in Anthropology since the Sixties," *Comparative Studies in Society and History*, Vol. 26, No. 1, 1984, pp. 155-156; Sebastian Schindler and Tobias Wille, "Change in and through Practice: Pierre Bourdieu, Vincent Pouliot, and the End of the Cold War," *International Theory*, Vol. 7, No. 2, 2015, pp. 346-350; Felix Berenskötter, "Anxiety, Time, and Agency," *International Theory*, Vol. 12, No. 2, 2020, p. 282.

② Ted Hopf, "The Logic of Habit in International Relations," *European Journal of International Relations*, Vol. 16, No. 4, 2010, p. 546.

③ Lise Morjé Howard, "US Foreign Policy Habits in Ethnic Conflict," *International Studies Quarterly*, Vol. 59, No. 4, 2015, pp. 726-731.

④ Emanuel Adler, *World Ordering: A Social Theory of Cognitive Evolution*, Cambridge: Cambridge University Press, 2019, p. 181; Vincent Pouliot, "Historical Institutionalism Meets Practice Theory: Renewing the Selection Process of the United Nations Secretary-General," *International Organization*, Vol. 74, No. 4, 2020, pp. 750-751; 安东尼·吉登斯：《社会学方法的新准则(第二版)》，徐法寅译，郭忠华校，商务印书馆 2021 年版，第 146 页。

构之中的行为体会去质疑什么是好的、什么是正义、什么是正确的以及什么是恰当的等诸多既有认知，由此就为可能的社会变迁开辟了重要空间。①

身处于不确定性环境中的政治行为体事实上处于紧张和焦虑之中，而作为实践共同体的成员，他们需要通过即兴的方式不断地对这种模棱两可的情况作出辩解和澄清。这既有可能促使他们按照所谓的"沟通逻辑"加以行事，也有可能让其发起政治动员以进行权力争夺。前者是以通情达理的方式共同参与一个消除歧义与模糊、寻求真相的过程中，为此人们会以达成彼此间相互理解为目标，并且愿意被证据确凿的论点所说服，进而建立起一个基于包容、开放和信任的互动共识。② 后者则是不同的实践共同体借助权力关系的冲突与变动重新界定恰当的实践方式与背景知识，抑或颠覆或规避与其利益相冲突的规则，追求自己的目标，并希望后来的参与者能够完全地继承与延续自己的所作所为。③

总而言之，"实践理性"的理论框架在本体论和认识论方面都呈现出与"结构理性"及其背后的实证主义非常明显的不同。④ 这种差异为我们在解释国际秩序转型时提供了一个与西方主流国际关系理论有所不同的分析思路。以此为基础，下文将以国际关系领域中的历史制度主义研究为参照对象，分析两者在界定国际

① Luc Boltanski and Laurent Thévenot, *On Justification: Economies of Worth*. Princeton: Princeton University Press, 2006, p. 226. Vincent Pouliot, *International Security in Practice: The Politics of NATO-Russia Diplomacy*, Cambridge: Cambridge University Press, 2010, pp. 48-49.

② Thomas Risse, "'Let's Argue!': Communicative Action in World Politics," *International Organization*, Vol. 54, No. 1, 2000, pp. 6-11; Vivien A. Schmidt, "Taking Ideas and Discourse Seriously: Explaining Change through Discursive Institutionalism as the Fourth 'New Institutionalism'," *European Political Science Review*, Vol. 2, No. 1, 2010, pp. 15-20; 郭树勇、于阳：《全球秩序观的理性转向与"新理性"——人类命运共同体的理性基础》，《世界经济与政治》2021 年第 4 期，第 16-17 页。

③ Paul Pierson, "Power in Historical Institutionalism," in Orfeo Fioretos, Tulia G. Falleti and Adam Sheingate, eds., *The Oxford Handbook of Historical Institutionalism*, Oxford: Oxford University Press, 2016, pp. 130-131; 吴畏：《作为治理哲学的话语制度主义》，《江苏行政学院学报》2021 年第 3 期，第 77-78 页。

④ 事实上，"实践理性"在方法论方面也与"结构理性"存在非常明显的不同，但受限于文章篇幅，本书对这方面的内容就不做讨论。相关研究可看看：Vincent Pouliot, "'Sobjectivism': Toward a Constructivist Methodology," *International Studies Quarterly*, Vol. 51, No. 2, 2007; Rebecca Adler-Nissen, ed., *Bourdieu in International Relations: Rethinking Key Concepts in IR*. Abingdon: Routledge, 2012; Jérémie Cornut and Nicolas de Zamaróczy, "How Can Documents Speak about Practices? Practice Tracing, the Wikileaks Cables, and Diplomatic Culture," *Cooperation and Conflict*, Vol. 56, No. 3, 2021.

秩序，解释秩序生成、维持与转型方面存在的相同与不同之处。

三、解释秩序变迁：历史制度主义与"实践理性"

国际关系领域近年来围绕秩序转型发生了数次激烈的辩论，其中既涉及美国领导下自由国际秩序所面临的危机与挑战，也与中国等非西方国家崛起并试图获取权威和话语权以推进秩序改革有关。① 然而规则、制度与秩序并不能在短时间完全适应国际体系中实力与利益分布的快速革新，根深蒂固的"旧秩序"不会在一夜之间土崩瓦解。对于秩序变迁过程中的波折与反复，历史制度主义的相关研究已经给出了相关的分析与解释。据此，本节将以历史制度主义为主要参照对象，阐明其与"实践理性"在秩序变迁方面的异同点。②

（一）何为国际秩序？

与其他主流国际关系研究者相类似，伊肯伯里认为国际秩序就是用以指导国家间关系的"控制性"安排，包括明确且稳固的规则、原则和制度。③ 不仅如此，人们可以在任何给定的时刻确认何为稳定的游戏规则，因为它要得到相关行为体的认可和扶持。与之相反，"实践理性"对秩序的关注则从正式的规则（条约以及书面程序等）转向了非正式的行动模式，因为正式安排中的模棱两可或是相互矛

---

① Trine Flockhart, "Is This the End? Resilience, Ontological Security, and the Crisis of the Liberal International Order," *Contemporary Security Policy*, Vol. 41, No. 2, 2020; David A. Lake, Lisa L. Martin and Thomas Risse, "Challenges to the Liberal Order: Reflections on International Organization," *International Organization*, Vol. 75, No. 2, 2021; 魏冰：《国际制度竞争、利益分配与国际秩序转型》，《国际展望》2022 年第 2 期。

② 由于篇幅所限，本书对国际关系中历史制度主义研究的讨论主要着眼于约翰·伊肯伯里（G. John Ikenberry）的相关论述展开。考虑到伊肯伯里在这一领域的突破性贡献，本书认为这种适当的简化具有合理性，尽管其他学者对该领域的贡献也不可小觑。有关历史制度主义在国际关系领域的学术史发展历程，可参看 Thomas Rixen and Lora Anne Viola, "Historical Institutionalism and International Relations: Towards Explaining Change and Stability in International Institutions," in Thomas Rixen, Lora Anne Viola and Michael Zürn, eds., *Historical Institutionalism and International Relations: Explaining Institutional Development in World Politics*, Oxford: Oxford University Press, 2016.

③ G. John Ikenberry, *After Victory: Institutions, Strategic Restraint, and the Rebuilding of Order after Major Wars*, Princeton: Princeton University Press, 2001, p. 23; G. John Ikenberry, *Liberal Leviathan: The Origins, Crisis, and Transformation of the American World Order*. Princeton: Princeton University Press, 2011.

盾使得行为体必须通过试验和即兴的实践方式来解决实际问题。① 在阿德勒看来，世界秩序或全球秩序由遍布于各种国际社会秩序的主导性实践（anchoring practices）构成，其中国际社会秩序是实践与实践共同体的结构状态（configuration），并且这些国际社会秩序在时间、空间与功能上相互重叠，而主导性实践以及背后所暗示的背景知识和实践共同体则介于自由国际主义的相互关联（interconnectedness）与民族民粹主义的相互分离（disassociation）之间。② 据此，波略特认为社会群体围绕着一套做事的方式结合在一起，从而稳定行为体彼此之间的关系和预期，促使行为体选择被他者认可的实践策略。③

换句话说，"实践理性"将秩序与流动性和动态性相关联，而历史制度主义则更加偏好稳定的正式制度与规则。对于后者而言，定义秩序基于功能主义的逻辑，即解决合作问题的均衡方案；而对于前者来说，国际秩序永远处于一种非均衡状态之中——两个或多个在时空中共存的实践共同体就维持秩序的行为和话语展开持续的争夺。④ 不仅如此，如果秩序是实践的过程，那么秩序的多样性将不可避免，所以总会出现彼此相互重叠、相互矛盾或者相互强化的秩序安排。事实上，维持跨大西洋关系的北约就同时存在两套安全秩序的建构模式：一种是以均势为基础的制衡与威慑逻辑（主要针对与俄罗斯的关系），另外一种则是发展制度化的安全共同体（美国与欧洲大国之间不再将彼此视为生存上的威胁）。⑤ 相反，如果秩序只是给定的规则与制度，那么就只会存在一种占据主导地位的秩序安排，而其他的行为体与实践基本上只能以"非主流"或者"他者"的边缘方式存在。

---

① Vincent Pouliot and Jean-Philippe Thérien, "Global Governance in Practice," *Global Policy*, Vol. 9, No. 2, 2018, p. 164.

② Emanuel Adler, *World Ordering: A Social Theory of Cognitive Evolution*, Cambridge: Cambridge University Press, 2019, p. 22-23, 137, 141, 152-154. 全球秩序、主导性实践与国际社会秩序的关系恰好对应于计算机整体、windows操作系统以及计算机中各个软件生态之间的联系：。

③ Vincent Pouliot, "Historical Institutionalism Meets Practice Theory: Renewing the Selection Process of the United Nations Secretary-General," *International Organization*, Vol. 74, No. 4, 2020, pp. 748-749.

④ Emanuel Adler, *World Ordering: A Social Theory of Cognitive Evolution*, Cambridge: Cambridge University Press, 2019, p. 32.

⑤ Emanuel Adler and Patricia Greve, "When Security Community Meets Balance of Power: Overlapping Regional Mechanisms of Security Governance," *Review of International Studies*, Vol. 35, S1, 2009.

(二) 国际秩序如何产生?

在历史制度主义的理论框架中,秩序的产生遵循"关键节点"的逻辑。特定时机的到来——往往是大国战争的结束之际(1648 年、1713 年、1815 年、1919年以及 1945 年)——时常让大国的领导人意识到自己的国家正处于异乎寻常的有利地位,从而为本国设定国家间关系的运行轨道提供了非比寻常的机会。① 根据霸权稳定论和制度主义的研究,大国创建国际秩序的目的既有可能是为了促进和巩固自己的霸权利益,锁定自身在"大战胜利之后"的压倒性优势,同时也需要为其他国家提供解决集体行动困境的国际制度,以换取这些国家对秩序的认可和接受。② 但无论如何,国际秩序的产生总是主导大国明确欲求、刻意选择和有意为之的结果。

但对于"实践理性"的支持者而言,没有任何一个行为体能够单独塑造秩序本身,因为社会秩序的形成基于社会涌现机制,即通过实践的聚合效应和社会关系中持续的争斗,秩序具备了创设者此前所未曾设想的性质与特征(与复杂系统论的"非预期效应"相类似),尽管这并不阻碍有关行为体在此基础上进行学习并改善自己在秩序中所处地位。③ 换句话说,秩序的遵守者而非秩序的创设者应当得到更多的关注,因为前者往往会在秩序形成后以一种令后者意想不到的方式去理解、激活以及践行秩序。④ 相比之下,历史制度主义以及其他主流国际关系理

① G. John Ikenberry, "The Rise, Character, and Evolution of International Order," in Orfeo Fioretos, ed., *International Politics and Institutions in Time*, Oxford: Oxford University Press, 2017, p. 62.

② Robert Gilpin, War and Change in World Politics. Cambridge: Cambridge University Press, 1981; Robert O. Keohane, After Hegemony: Cooperation and Discord in the World Political Economy. Princeton: Princeton University Press, 1984; Robert W. Cox, "Social Forces, States, and World Orders: Beyond International Relations Theory," in Robert O. Keohane, ed., *Neorealism and Its Critics*, New York: Columbia University Press, 1986, pp. 204-254.

③ Margaret S. Archer, *Realist Social Theory: The Morphogenetic Approach*, Cambridge: Cambridge University Press, 1995, pp. 165-170; Robert Jervis, *System Effects: Complexity in Political and Social Life*, Princeton: Princeton University Press, 1997, pp. 61-67; Vincent Pouliot, *International Pecking Orders: The Politics and Practice of Multilateral Diplomacy*, Cambridge: Cambridge University Press, 2016, p. 54.

④ Zoltán I Búzás and Erin R Graham, "Emergent Flexibility in Institutional Development: How International Rules Really Change," *International Studies Quarterly*, Vol. 64, No. 4, 2020, pp. 822-825.

论总是假定秩序的形成是大国理性设计的产物——它们基于长远考虑而预判了所有可能遇到的麻烦及其应对之策，因而只需要秩序的遵守者机械性地照章办事即可。但是真实世界中事实上并不存在这种洞察一切的理性设计者，所有的行为体（无论是秩序的创设者还是遵守者）都必须根据"摸着石头过河"的即兴实验与创造，找到不同情境之下可行的实践策略，而不是只会"照葫芦画瓢"照搬既有规则。[1] 以此为基础，这种情景化的实践互动随时间逐步累积的过程正是"实践理性"框架下国际秩序得以形成的方式。

（三）国际秩序如何实现自我强化与再生产？

根据历史制度主义的论述，一旦秩序得以形成，就会在统治者与被统治者、主导国与从属国之间达成某种谁也不愿改变的均衡：所有行为体都会将秩序视为当然给定的规则，并据此调整他们的行为和对秩序维持的投入，从而实现秩序的稳定、延续与再生产。[2] 罗伯特·基欧汉认为历史制度主义的独特贡献正是它成功地识别出秩序的持续性这一反常现象，而其他的国际关系理论大多无法解释为何当秩序产生的特定条件消失以后，初始的秩序安排依旧能够保持较强的稳定性。[3] 历史制度主义之所以能够做到这一点，与其所使用的路径依赖框架不无关联。[4] 基于詹姆斯·马洪尼的相关研究，我们可以为当前自由国际秩序所具有的路径依赖效应提供以下四种解释方式。首先是功利主义解释，即该秩序在避免冲突爆发和国际减贫方面取得了卓越的成就；其次是功能解释，即该秩序之中的国

① Jérémie Cornut, "Diplomacy, Agency, and the Logic of Improvisation and Virtuosity in Practice." *European Journal of International Relations*, Vol. 24, No. 3, 2018.

② David A. Lake, "Dominance and Subordination in World Politics: Authority, Liberalism, and Stability in the Modern International Order," in G. John Ikenberry, ed., *Power, Order, and Change in World Politics*, Cambridge: Cambridge University Press, 2014, p.64.

③ Robert Keohane, "Observations on the Promise and Pitfalls of Historical Institutionalism in International Relations," in Orfeo Fioretos, ed., *International Politics and Institutions in Time*, Oxford: Oxford University Press, 2017, p.322.

④ 路径依赖指的是特定时刻所做选择在随后制度发展过程中占据支配地位的情形，这一机制的存在使得采用替代方案推动变革的可能性大大降低——哪怕后者的效率要比前者更高——的同时维持了既有安排的持久性。详情可参看 Orfeo Fioretos, "Historical Institutionalism in International Relations," *International Organization*, Vol. 65, No. 2, 2011.

际组织、国际机制以及国际条约有助于维持国际体系的正常运转；再次是权力解释，即该秩序为部分行为体提供了可观的既得利益，促使秩序的支持者在危机时甘愿保卫该秩序；最后是合法性解释，即该秩序已被视为具有道德正当性与合理性。① 与之相对的是，"实践理性"的分析框架认为秩序的维持主要借助于实践共同体内的学习与模仿机制得以实现，行为体也由此获得了有关秩序内权力关系、规则制度以及集体目标的背景知识和惯习。例如在同属一个安全共同体当中，成员通过外交手段解决彼此间纠纷被认为是值得鼓励的实践模式，而采用武力对抗乃至发动战争的方式则可能得不偿失。

(四) 国际秩序如何实现变迁与转型？

秩序的再生产并非一个机械性重复与复制的过程，而是在其中蕴含着变革发生的潜力。在解释秩序转型方面，早期的历史制度主义研究主要关注外部冲击所引发的"间断均衡"，强调特定历史事件所产生的失位与断裂效应。然而，这些颠覆性事件的出现以及随后人们对未来方案的选择往往具有高度偶然性，无法在原有的秩序框架中对其发生进行有效解释。② 更为关键的是，秩序变迁不仅发生在少数几个特定的重大历史节点，也同样潜藏在看似稳定时期背后的冲突与讨价还价之中，即所谓的"渐进式变革"（incremental change）。③ 对此，马洪尼和凯瑟琳·西伦（Kathleen Thelen）就指出，相比于特定历史事件突然爆发所体现出来的戏剧化程度，这种通过更替、层叠、漂移和转换而发生的变化无疑显得缓慢且零碎，但它们对于塑造人类行为模式和实质性政治后果来说同样具有非常重要的意

---

① James Mahoney, "Path Dependence in Historical Sociology," *Theory and Society*, Vol. 29, No. 4, 2000, pp. 517-525; David A. Lake, Lisa L. Martin and Thomas Risse, "Challenges to the Liberal Order: Reflections on International Organization," *International Organization*, Vol. 75, No. 2, 2021, pp. 245-246.

② James Mahoney, "Path Dependence in Historical Sociology," *Theory and Society*, Vol. 29, No. 4, 2000, p. 513.

③ Wolfgang Streeck and Kathleen Thelen, "Introduction: Institutional Change in Advanced Political Economics," in *Beyond Continuity: Institutional Change in Advanced Political Economies*, Oxford: Oxford University Press, 2005; 马得勇：《历史制度主义的渐进性制度变迁理论——兼论其在中国的适用性》，《经济社会体制比较》2018 年第 5 期。

义，因此秩序变迁不仅仅发生在几个不可预料的特殊时间节点。① 尽管如此，话语制度主义的代表人物维维恩·施密特仍然批评这种改良版的历史制度主义仍不过是在描述而非解释变迁本身，并且仍然停留在一个只能机械地从宏观抽象水平来讨论制度变迁的层次之上。②

相比之下，"实践理性"之下的秩序的转型是一个较为复杂动态的过程。显然，国际关系并不是一个行为体完全被支配、只会无意识地服从制度、结构和秩序的领域，而更像是一个充满各种争端、批评、分歧以及所达成的局部共识相互交织在一起的场域。③ 由于为实践共同体所公认的实践策略与背景知识并不总是能够满足每个行为体在面对实际情景时的特殊需要，所以能动性与创造性在日常生活中就显得尤为重要。但是这种创新并不是完全从零起步，而是首先会参考其他领域既有的惯习与物质资源——审慎创新。④ 我们需要让历史上的继承而来的惯习适应于当下情境的需要，但如果这种转置与适应难以奏效时，实践共同体之间的论辩说服以及权力竞争将会不可避免地发生，由此推动国际秩序发生变革与转型。在当今世界政治事务中，全球治理需求与能力的赤字问题经常来源于正式制度规则的模糊或相互矛盾，实践者一方面挪用其他问题领域的成熟解决方案，一方面依靠即兴试验、协商论辩以及竞争博弈的方式去填补明文规定之间的空白。更重要的是，在这个实践过程中会逐渐出现一种发挥着结构效应的实践网络，成为全球治理的新平台。⑤

① James Mahoney and Kathleen Thelen, "A Theory of Gradual Institutional Change," in *Explaining Institutional Change*：*Ambiguity*，*Agency*，*and Power*，Cambridge：Cambridge University Press，2010，p. 1；刘城晨：《论历史制度主义的前途》，《国际观察》2019 年第 5 期，第 107-108 页。

② Vivien A. Schmidt, "Interpretivism in Motion：Discursive Institutionalism as the Fourth 'New' Institutionalism," in John Echeverri-Gent and Kamal Sadiqp, eds., *Interpreting Politics*：*Situated Knowledge*，*India*，*and the Rudolph Legacy*，New Delhi：Oxford University Press，2020，pp. 74-75.

③ Søren Jagd, "Pragmatic Sociology and Competing Orders of Worth in Organizations," *European Journal of Social Theory*，Vol. 14，No. 3，2011，pp. 345-346.

④ 余博闻：《认知演化与全球气候治理的变革》，《世界经济与政治》2019 年第 12 期，第 114 页。

⑤ Vincent Pouliot and Jean-Philippe Thérien, "Global Governance in Practice," *Global Policy*，Vol. 9，No. 2，2018，pp. 164-165.

四、国际秩序的未来与中国国际关系理论与实践

当前的自由国际秩序因霸权斗争、权力转移、对安全以及势力范围的竞争以及民族主义的回潮而陷入危机之中。然而得益于强大路径依赖效应的存在、大国战争爆发可能性的显著降低以及各国在管理因相互依赖而带来的全球性问题时所存在的利益交汇与重叠,伊肯伯里依旧对当前自由国际秩序的韧性和未来前景抱持积极乐观的心态。① 相比之下,"实践理性"则拒绝只存在单一国际秩序的假设。事实上,自由国际秩序并没有在第二次世界大战后的亚太地区得以完全建立起来,取而代之是基于旧金山体制所形成的跨太平洋双边同盟体系。② 换句话说,自由国际秩序从来没有实现对其他替代选项的完全取代。因此,波略特等人就指出,决定多边主义与自由贸易未来命运的关键并不是对自由国际秩序的修补与完善,而是行为体实践所产生的效果以及各种实践共同体之间的竞争。③ 事实上,对于不同的实践共同体而言,其对于利益诉求和美好生活的认知存在显著差异,而其开展实践的目的正是将共同体内部认知维度的背景知识与惯习转换为具体、可行且有效的秩序安排。在这一过程中,地区这一特殊实践共同体的重要性应当得到充分的关注与重视。④ 在这个意义上,"实践理性"的意义在于加深我们对演化过程的理解而非对演化方向的预测。

---

① G. John Ikenberry, *Liberal Leviathan: The Origins, Crisis, and Transformation of the American World Order*. Princeton: Princeton University Press, 2011, ch. 8; G. John Ikenberry, "The Next Liberal Order," *Foreign Affairs*, Vol. 99, No. 4, 2020.

② Christian Wirth and Nicole Jenne, "Filling the Void: The Asia-Pacific Problem of Order and Emerging Indo-Pacific Regional Multilateralism," *Contemporary Security Policy*, Vol. 43, No. 2, 2022, pp. 215-217.

③ Vincent Pouliot, Markus Kornprobst and Piki Ish-Shalom, "Cognitive Evolution and World Ordering: Opening New Vistas," in Piki Ish-Shalom, Markus Kornprobst and Vincent Pouliot, eds., *Theorizing World Orders: Cognitive Evolution and Beyond*, Cambridge: Cambridge University Press, 2021, p. 11.

④ Trine Flockhart, "The Coming Multi-Order World," *Contemporary Security Policy*, Vol. 37, No. 1, 2016.

表 3-1 历史制度主义与"实践理性"对国际秩序变迁的解释

	历史制度主义	"实践理性"
国际秩序的定义	单一的正式制度与规则	主导性实践的结构状态
国际秩序的形成	秩序创设者(大国)的有意设计	秩序遵守者的涌现属性
国际秩序的再生产	优势所在：路径依赖的自我强化	背景知识、惯习与实践共同体的生成
国际秩序的转型	解释力有所不足：间断均衡与渐进式变革	外部冲击、审慎创新、惯习转置、论辩沟通、权力竞争
国际秩序的未来	自由国际秩序的完善	只能理解演化的过程而无法预测演化的方向

表 3-1 总结了"实践理性"在解释国际秩序变迁时与历史制度主义的差异性。但我们不应该就此无视两者之间的类似之处。无论是历史制度主义还是"实践理性"，两者都希望对秩序与秩序内的实践进行一个更加全面的解释。在历史制度主义看来，对人类政治互动的理解应该将其置于规则结构的背景之下，而这些规则结构本就是由人类自己创造的社会进程，并且随着生活的不断延续，我们没有理由只从一个时间点孤立地截取这些政治互动，并且将其与更大的规则结构(制度)隔绝开来。① 特别地，历史制度主义是在反对理性选择制度主义的基础上应运而生的：行为体不是理性最大化的全知全能者，不会总是在进行有意识地理性反思与评估，并且其偏好与目标并非事先给定，而是特定制度背景下的具体产物。② 对应于实践理论而言，历史制度主义的这些观点正呼应了上文提到的惯

---

① Elizabeth Sanders, "Historical Institutionalism," in Rod A. W. Rhodes, Sarah A. Binder and Bert A. Rockman, eds., *The Oxford Handbook of Political Institutions*. Oxford: Oxford University Press, 2008, p. 39；马得勇：《历史制度主义的渐进性制度变迁理论——兼论其在中国的适用性》，《经济社会体制比较》2018 年第 5 期，第 159 页。

② Kathleen Thelen and Sven Steinmo, "Historical Institutionalism in Comparative Politics," in Sven Steinmo, Kathleen Thelen and Frank Longstreth, eds., *Structuring Politics*: *Historical Institutionalism in Comparative Analysis*, Cambridge: Cambridge University Press, 1992, p. 8；Alexander Wendt, "Driving with the Rearview Mirror: On the Rational Science of Institutional Design," *International Organization*, Vol. 55, No. 4, 2001, p. 1036.

习、背景知识以及实践共同体，所有这些都意味着实践绝非只是简单的个体意向性或理性选择，而是特定情境下参与世界的过程。如上文所示，两者还在解释秩序再生产方面存在一定的耦合和相似，就这个意义来说，实践是更加细小的分析单元，并且实践指向了秩序的动态表现——一组实践构成秩序本身，推动秩序运转，并在行动层面上维持秩序存续。①

西方主流国际关系理论在讨论有关秩序变迁时面临着怎样的困境以及其原因是为何？21 世纪以来国际关系领域兴起的"实践转向"及其背后的"实践理性"取向是如何在吸取学界既有研究的基础上，帮助人们克服"结构理性"困境？这是两个具有重要现实和理论意义的研究问题。本书发现"结构理性"盛行于国际关系领域的原因与实证主义之间存在紧密的关系，它使得研究者沉迷于某种抽象本质或真理的追求。结果就是人们对共时性结构稳定与再生产的偏爱胜过了对历时性实践过程与动态性的关注。不仅如此，将结构本质化、实体化的"结构理性"使得西方主流国际关系理论陷入"威斯特伐利亚式偏见"之中。

针对上述理论缺陷，以建构主义、"关系理性"和"全球国际关系学"为先导，国关学界开启了对于"结构理性"的系统性反思与批判。但这三者都未能充分理解行为体实践的重要性，因此它们相较于本书所提出的"实践理性"而言，在一定程度上都缺乏对于秩序变迁的有效解释。在 21 世纪国际关系实践理论的基础上，本章提炼了"实践理性"概念，从而将实践这一动态过程定位于结构——行为体二重性的中介，并以时间划分为基础，讨论了行为体在面对不同胜任情景之下实践的不同作用功效：在问题得以成功解决的状态下，先前的实践策略会被转化为被社会所认可的结构，并且通过后来行为体的再实践对其进行结构化，即行为体通过学习与模仿接受实践共同体所共享的实践策略与背景知识。但在结构所提供的选项难以再保证行为体的胜任时，行为体以及实践共同体将通过实践推动结构自身的转型，而这往往借助于审慎创新、惯习转置、开放的沟通与辩论以及权力竞争加以实现。在此基础上，本书以历史制度主义的既有研究为出发点，通

---

① Vincent Pouliot, " Historical Institutionalism Meets Practice Theory: Renewing the Selection Process of the United Nations Secretary-General," *International Organization*, Vol. 74, No. 4, 2020, p. 745.

过对比前者与"实践理性"在国际秩序的定义、形成、再生产、转型以及未来发展方向上存在的差异凸显了"实践理性"在解释秩序变迁方面的独特优越性。

在"实践理性"和历史制度主义的启发下，为中国国际关系理论未来的探索勾画一些可能的方向。具体而言，我们可以结合中国多边、多形式的具体外交实践，结合"实践理性"和历史制度主义有关制度变迁的内生/外生机制，在推动区域秩序、国际制度乃至全球治理体系的改革和创新过程中，在理论上建构中国特色大国外交和世界秩序转型的内在关联。这意味着在未来中国国际关系理论发展的过程中，有必要对实践这一非正式进程及其政治活动的要素进行更加深入地分析，但这并不意味着要取代国际关系理论中对行为体(大国)、制度规则(国际制度和机制)以及理念规范等传统分析单元，而是作为既有理论的中介，从而将大国关系、区域秩序以及全球治理动态地连接起来。具体来说，内嵌于实践之中的胜任与否是大国政治中权力较量的关键,[1] 而以举办全球会议、委任非政府组织、授权专家组和建立多方参与的伙伴关系为代表的国际实践为当下全球治理中以制度规则为导向的治理模式提供了重要补充和启发。

---

[1] Rebecca Adler - Nissen and Vincent Pouliot. "Power in Practice: Negotiating the International Intervention in Libya," *European Journal of International Relations*, Vol. 20, No. 4, 2014.

第四章

话语体系构建：国际关系中的话语和话语权

在现代政治参与以及国际秩序建构的进程中，借助特定的话语实现自我认同与利益表达，已然成为不可或缺的关键环节。这一过程不仅关乎国家在国际舞台上身份的塑造，更与国家核心利益的有效传达紧密相连。国际话语格局存在着显著的不平衡态势。发达国家凭借在政治、经济、科技以及语言文化等多方面所占据的优势地位，在全球话语体系中掌握着主导权。与此同时，历史上长期的殖民统治给众多发展中国家带来了文化断层，致使其文化传承遭受破坏，发展进程滞后。在这种复杂的背景下，发展中国家在全球话语交锋中常常陷入无言以对或者失语的艰难困境，难以在国际舆论场中清晰表达自身的立场、诉求与价值观念，而且在国际规则制定、国际事务决策等关键领域的影响力极为有限，严重制约了发展中国家在国际舞台上的发展空间与权益实现。①

传统国际关系理论把话语和国际话语权等同为约瑟夫·奈（Joseph Nye）提出的"软实力"概念，强调文化吸引力与意识形态传播功能。然而，这种工具论视角是从单元层次出发，即国家能力的角度，遮蔽了位于体系层次和世界秩序中国际话语权的本体性意义。从国际体系和世界秩序的角度看，西方国家在国际秩序中所占据的优势地位，构建起的话语霸权同葛兰西的文化霸权理论更加契合，即统治阶级在社会领域确立文化和思想的"领导权"或"文化霸权"，采取非强制性方式，以全方位、深层次的渗透态势，广泛影响经济、文化以及法律体系多个层

---

① 阮建平：《话语权与国际秩序的建构》，载《现代国际关系》2003 年第 5 期，第 31-37 页。

面，维持秩序稳定及其统治地位。① 因而，国际话语权本质上是一种整体性的结构权力，包括知识生产(定义何为合法性)、规则支配(设定行为边界)与权利分配(决定参与资格)的复合性控制体系，是国际秩序的"秩序操作系统"。就此而言，国际话语权的构建涉及多个维度，其中最为关键的是能力(capacity)、权力或影响力(power)和权利(right)三个核心维度。

本章尝试突破"软实力"范式单一维度的认知窠臼，从世界秩序的整体角度确立国际话语权知识生产、规则支配与权利分配三个维度，即作为能力的国际话语权、作为权力的国际话语权和作为权利的话语权的分析框架，为后续章节解构西方话语霸权，重构中国理论范式和世界秩序塑造路径提供本体论基础。

话语权竞争在理解当前国际政治格局与国际秩序变迁中扮演着至关重要的角色。在国际政治舞台上，各国围绕话语权展开激烈角逐，其背后反映的是国家间利益的博弈、权力的争夺以及意识形态的碰撞。这种竞争贯穿于国际政治、经济、文化等各个领域，深刻塑造着国际秩序的形态与走向。

深入理解国际秩序中的话语逻辑，首要任务便是厘清话语与话语权这两个在话语政治理论中最为核心的概念。话语，作为一种符号系统与表意实践，承载着特定的意义、价值观与意识形态，是国家表达自身立场、传播国家形象的重要工具。而话语权则是指在特定的话语场域中，一个国家或行为体所拥有的话语主导权与影响力，它决定了该国在国际事务中的议程设置能力、规则制定能力以及对国际舆论的引导能力。深入审视与理解两者的内涵及其相互关系，是剖析国际秩序中话语现象、洞察国际政治本质的关键所在，对于推动国际关系理论发展与国际政治实践具有深远的理论与现实意义。

第一节　话语与国际话语权的构成

在全球化进程不断加速的当下，国际话语权已成为衡量一个国家或非国家行为体在国际舞台上地位和影响力的关键指标。它不仅关乎信息的传播与接收，更

---

① 陈曙光：《政治话语的西方霸权：生成与解构》，载《政治学研究》2020 年第 6 期。

涉及价值观、利益诉求的表达与实现，深刻影响着国际秩序的构建与变革。话语（discourse）的概念在语言学、哲学、政治学、社会学、人类学等多个学科领域中广为可见。中文词汇中的"话语"，译自英文的"discourse"或"discursive"。从词源上看，话语本身是一个语言学概念，其最初是作为人们认识世界和解释世界的工具性词汇出现。话语最基本的含义是"使用中的语言"、"使用中的意义结构"或"语境中的文本"，通常指人们在特定社会语境中为进行沟通和表达看法所使用的言说工具，它的载体就是具备完整意思的语言、文字。然而，话语和语言的区别在于，它不但是一种言说工具，而且意味着对话语者的地位和权力的隐蔽性认同，可以对各种事务和行为产生实质影响。自20世纪30年代开始，话语和权力的关系在一些学者的著作中被挖掘出来。对话语的认知与研究，主要有三个代表性的学术流派。

第一个是以福柯为代表的后结构主义流派。法国思想家福柯提出知识、权力、实践、话语四个关键词，发展了"话语场"的概念作为他试图理解语言、社会制度、主体性和权力之间关系的重要链接。[1] 福柯关注的是话语结构如何塑造意义系统，并主导定义和组织社会结构，也构成了话语即权力的判断。他认为，话语不仅仅是思维符号和交际工具，而且是人们斗争的手段和目的。这意味着"话语权"不仅指说话的权利（right），还要保证说话的有效性和威力（power），这种权利和权力同人们争取经济、政治、文化、社会地位和权益的话语表达密切相关。

第二个是以葛兰西为代表的文化话语霸权流派。葛兰西通过对文化霸权的讨论建立了批判性话语分析的理论基础。话语霸权强调通过知识构建权力网络所涉及的内在冲突，话语和霸权成为衡量社会对抗和理解文化交流中的施压强迫、谈判形式的基本工具。[2] 第三个主要是以当代德国哲学家哈贝马斯为代表的话语伦理流派。话语伦理试图解释交往理性在道德洞察力和规范有效性领域意义。[3] 哈

---

① 米歇尔·福柯著，刘北成、杨远婴译：《规训与惩罚：监狱的诞生》，生活·读书·新知三联书店1999年版，第48-49页。

② 安东尼奥·葛兰西著，曹雷雨等译：《狱中札记》，河南大学出版社2016年版，第3-9页。

③ Jurgen Habermas, Discourse Ethics, London: Routledge, 2003, p. 36.

贝马斯意图通过检验话语的预设来建立对规范或伦理真理的论证，认为只有那些符合作为实际话语参与者的所有受影响者所认可的规范才能声称是有效的。① 综合来看，这些流派都着眼于话语背后的权力因素，剖析权力如何组织社会、调解社会、重塑社会结构，意在阐述话语怎样影响公共权力的社会实践。一言以蔽之，话语是通过符号、文本界定事物、建构现实和创造世界的社会实践的权威知识体系，它规定了在某种社会形态中什么可以被接受、什么必须被排除，对于管理和维持秩序至关重要。

话语虽然是由作为主体的人或者机构出于认识世界的动机而创建，但是话语能够形成一定的社会规则，建构政治权威和社会权力，起到建构社会实践与调节社会关系的功能性作用，其具体功能表现为以下三方面。

一是建构功能。话语建构了我们认识的对象和知识的客体对这个世界的理解和解释。② 比如，广播和报纸采访、国际谈判、多边会议、国际经济论坛等产生、塑造话语的重要场所。话语虽然是为满足人类社会发展实践所创建的一种认识工具，但这种认识工具却有了"主宰世界"的强大能力，人的思想观念、意识形态、行为模式和活动规范等已经被话语这只看不见的手掌控。二是动员功能。话语影响人们认识世界的方式、政治伦理的规则及其运行。"我们是谁"即我们作为主体的身份，对话语的对象进行动员，有时能表现出足够的煽动性，让话语的主体能得到整个政治领域的支持。三是渗透功能。西方话语体系不是简单的文字表达或工具与符号系统，它包括西方思想理论、西方道路、发展模式、政治原则、制度规范、价值取向的总体反映和实践运动，具有鲜明的价值渗透性。③ 自殖民时期起，西方就将它们的观念价值输入到非西方国家，让这些非西方国家人民的想法跟西方趋同，从而接受被统治的事实并相信西方思想，用西方的价值观观察世界、判断是非。这实际上就是西方话语向非西方世界的渗透，也是对其思想和价值观层面的话语穿透。

① Jurgen Habermas, Moral Consciousness and Communicative Action, Cambridge：MIT Press, 1990, p.43.
② 诺曼·费尔克拉夫著，殷晓蓉译：《话语与社会变迁》，华夏出版社 2004 年版，第 38 页。
③ 韩美群：《解构与重建：西方话语的理论逻辑与马克思主义的话语创新》，《马克思主义研究》2018 年第 2 期。

在话语权概念被提出之后，人们很快发现在国际关系领域存在着激烈的话语权争夺。国际话语权作为话语权的重要一支对国际秩序产生着重要影响，特别是"冷战"结束之后，国际话语权在国际竞争中发挥出更加显著的作用，国际话语权也由此得到了世界各国和学术界前所未有的重视。在国际关系中，话语权至少具有话语权力、话语权利的双重内涵，"权利"是前提，"权力"是本质。"权力"属性要比"权利"属性更为重要，因为获得国际话语权的关键在于对他人产生影响和作用。① 话语权利是指有权通过合法的渠道去自由表达自我话语，能获取国际事务中更多的表决权、代表权、投票权、份额比重、倡议等权利。话语权力是指通过话语来获得权力，它与军事、经济等物质性权力一样，进一步改变其他国家的认知与行为，体现一国价值、规则、话语的吸引力、设定力、穿透力。此外，国际话语权的主体主要为主权国家，非国家行为体既无实力也无动力去争夺国际话语权。国际组织、新闻媒体、民间团体虽然会在国际社会上发出自己的声音，但其背后都是对本国国家意志的反映。正如英国学者克里斯·威登称，由话语构成的主体是话语的代理人，权力在话语中是以它们构成和支配个别主体的方式来行使的。② 因而，话语能够成为一种结构性力量，实现对权力的建构和分配话语权可以使一国通过影响对外的政治经济秩序和价值观，设定国际议程，从而获得更大的地缘政治经济实力及全球治理能力。总结来看，本书认为，国际话语权即国际关系领域的话语权，它指主权国家围绕国际政治议题，通过官方外交、媒体传播、民间交流、文化输出等渠道，在国际社会上发表意见、传输价值观念、参与制定国际规则以及对国际事件进行描述、解释、评价、规范的权利和权力。

一般来讲，国际话语主要包含五大要素，分别是话语主体、话语内容、话语平台、话语对象、话语反馈。③ 话语主体是指话语的发出者，即主权国家；话语内容是指话语主体所要表达和传播的各类信息，它体现了话语主体的意志和利

---

① 张新平，庄宏韬：《中国国际话语权：历程、挑战及提升策略》，南开学报（哲学社会科学版），2017年第6期。

② Chris Weedon, Feminist Practice and Post-Structuralist Theory, Oxford: Basil Blackwell, 1987, p. 113.

③ 梁凯音：《论国际话语权与中国拓展国际话语权的新思路》，《当代世界与社会主义》2009年第3期。

益，包括对国际现象和国际事件的描述和评价、对国家意图和国家行为的解释和定性以及对国际规则和国际道义的阐述与主张等；话语传播是指话语主体将自身的信息、看法、主张传递给话语对象的过程；话语平台是指话语主体向话语对象传递话语内容以及接收话语反馈的载体与渠道；话语对象是话语内容的接受者和话语反馈的发起者；话语反馈是指话语对象对话语主体的话语内容所表达的立场、主张和观点的回应。

因此，国际话语权的基本要素可总结为以下四个方面：第一，话语内容和话语质量是国际话语权的基础。话语内容是国际话语权必不可少的要素，其质量的高低直接影响到国际话语权的获取。任何一个国家想要获取国际话语权的主导地位，都需要以高质量的话语内容作为支撑。否则，获取国际话语权就只是空谈；第二，国际议程设置能力和传播能力是国际话语权的保障。强大的国际传播能力可以将话语内容迅速及时地向话语对象进行传播；而强大的国际议程设置能力则保证了话语内容在被传播之后能够引起话语对象的足够关注。因此，在现实国际关系中，那些国际议程设置能力和国际传播能力强的国家往往能够塑造和引导国际舆论、掌握国际话语主导权；第三，话语事实和话语实践是国际话语权的载体。话语事实是话语的现实状况，是话语的各个参与者在话语行为中产生的特定的、客观的相互关系。话语实践就是把话语事实中的现实状况不断巩固和加强，并使之形成规则的活动。一定的话语总是依附在一定的事实载体之上，因而国际话语权也必须依托于国际话语事实和国际话语实践才能正常运行，并对国际社会现实产生影响；第四，话语认同和话语反馈是国际话语权的关键。国际话语权的本质是"权力"，权力意味着可以影响、命令乃至支配他人，而只有获得了正向的话语反馈、获得话语对象对自己的认同，才能获得国际话语"权力"，即话语之所以能产生权力在于其表达的含义被认同的程度。正是从这个角度讲，话语认同和话语反馈是获取国际话语权的关键，对国际话语权的获取起到最根本的作用。

话语成为话语权的过程本质上是政治权力博弈的过程，权力很大程度上体现什么样的话语能够有效运行、什么样的话语寸步难行。在葛兰西看来，当话语成为统治者的"历史——有机意识形态"时，它们就是霸权主义的，以这种方式在社会中获得对其特定利益的同意发挥政治、知识和道德领导作用。① 在国际政治舞台上看，"谁在说"比"说什么"更重要，话语的主体比话语的真伪更关键。话语霸权就是权势集团通过权力体系压制其他话语的表达，同时使隐含自身价值的话语通过教育、媒介和制度等方式渗透到大众中去，使其逐步丧失自我意识而自觉不自觉地接受，从而将一种外在的强制变为内在的认同。"语言本身是由世界和意识决定的，语言的范畴中包含有世界和意识的范畴。能发出自己的声音，表明其拥有自己的世界和自我的历史意识，反之，则表明世界和意识对其的外部化。无言状态和失语状态说明言说者的缺席或被另一种力量强行置于盲点之中。因此，西方的发展优势借助学术包装转化为话语优势，西方的话语优势借助越界本能转化为话语权优势。② 以大众传媒为传播渠道，通过西方话语的武器化，不断设置各种瓦解人心的议题和迷惑公众的话语使霸权话语能够在世界范围内传播，从而使拥有话语霸权的国家能够在不使用强制手段的情况下保持其特权地位。

根据上文讨论，我们发现国际话语权并非单一维度的概念，其背后蕴含着复杂的结构与动态机制。本节把国际话语权细分为能力、权力（影响力）与权利三个相互关联又各有侧重的维度，它们共同构成了一个相互嵌套的话语动态系统。在这个系统中，能力是权力生成的根基，权力是能力施展后呈现的结果，而权利则是能力与权力得以制度化的保障。

这三个维度各自有着独立的运作逻辑，但又在实践中相互转化，形成了复杂的辩证关系。话语作为一种能力，通过价值观传播这一实践活动，能够转化为意识形态感召力，即权力。不过，这种转化并非自然而然就能实现，需要话语生产者依托制度性平台。例如，联合国教科文组织（UNESCO）借助"世界遗产"认证体系，将西方文化遗产保护标准这一能力，成功转化为全球文化治理规则，进而巩固了其在文化领域的话语霸权。当然，权力对能力也具有强大的反哺作用。回顾19世纪，欧洲殖民者将热带医学话语这一权力包装成"科学真理"，并以此迫使

---

① John M. Cammett, Antonio Gramsci and the Origins of Italian Communism, California: Stanford University Press, 1967, p. 205.

② 陈曙光：《政治话语的西方霸权：生成与解构》，《马克思主义研究》2020年第6期。

殖民地接受其卫生管理体系，这一过程实际上就是在进行能力建设，而其背后的目的是将暴力统治合法化。

在这三个维度的互动过程中，常常会陷入"能力——权利"悖论。新兴国家在提升话语能力，比如在 5G 技术标准制定方面取得进展时，往往会遭遇既有权利结构，像 IEEE 专利审查制度的压制；而新兴国家想要争取权利，例如推动世界贸易组织（WTO）改革，又必须以能力积累作为前提。

综上所述，国际话语权的三个维度，能力、权力和权利，共同构成了一个复杂的话语秩序系统。在这个话语秩序系统中，能力是权力生成的根基，权力是能力施展后呈现的结果，而权利则是能力与权力得以制度化的保障。这三个维度在实践中相互转化，形成了复杂的辩证关系。

第二节　国际话语权的复合性

从国际话语权三个维度的辩证关系可以看出，国际话语权的动态变化受到多种因素的交织影响。在以往的研究中，国际话语权常常被简单地视为软实力的附属品。然而，这种工具论视角存在一定的局限性，它忽视了两个关键问题：究竟是谁来定义吸引力？以及何种结构决定了话语的有效性？在这个方面，皮埃尔·布迪厄的象征资本理论为我们提供了更深刻解释。在《语言与象征权力》一书中，他指出话语能力本质上是"符号资本的社会化积累过程"，其价值取决于三个场域：首先是教育系统，它塑造了知识的合法性；其次是文化生产场域，这里设定了审美标准；最后是制度场域，它规定了话语的流通规则。[1] 例如，英语学术期刊的同行评议制度，作为制度场域的一部分，将非西方学者的本土概念，如中国的"关系理性"，边缘化为"地方性知识"。非西方学者不得不采用西方理论框架，以此来获取发表资格，也就是获取象征资本，完成能力价值的单向度认证。

基于此，我们可以对国际话语权进行详细的界定：国际话语权是国家或非国

---

[1]　Pierre Bourdieu, *Language and Symbolic Power*, Polity Press, 1991, p. 107.

家行为体依托符号资本积累，通过知识生产、传播技术、危机管理以及制度实践，建构国际认知秩序的结构性力量。其核心特征包括：再生产性，能够通过理论知识生产、学术评级、媒体排名等机制实现代际传递。场域的依赖性，能力的效度受制于国际制度与权力结构。

一、知识生产能力：合法化的符号铸造

知识生产能力是指国家或非国家行为体通过学术研究、理论建构与文化生产，创造具有国际影响力的知识体系与认知框架，从而为自身行为、价值观及制度安排赋予合法性的能力。这种能力不仅涉及知识的创造与传播，更在于通过符号化过程将特定观念、规范与秩序转化为"普遍真理"，进而塑造国际社会的认知结构与行为逻辑。

知识生产能力的核心在于合法性的符号铸造，即通过学术话语、文化叙事与制度实践，将特定利益诉求包装为"客观知识"，使其获得国际社会的广泛认同与接受。这一过程既依赖于学术权威与文化资本的积累，也受制于国际权力结构与制度安排。爱德华·萨义德在《东方主义》中深刻揭露，西方通过学术话语将东方建构为"落后、专制、非理性"的他者，这一过程使得殖民统治获得了认知合法性。[1] 这种知识生产并非仅仅是对事实的简单描述，更是一种对现实的创造。阿希利·姆本贝(Achille Mbembe)指出，西方的种族主义和殖民主义不仅在物质层面压迫了非洲和黑人，还在思想和文化层面构建了一种"黑人理性"的刻板印象。这种刻板印象将黑人视为一种"他者"，为西方的霸权提供了理论基础。[2] 在数字时代，知识生产能力进一步与技术权力相互融合。曼纽尔·卡斯特(Manuel Castells)的研究指出，谷歌搜索引擎算法的实质是"知识权威性的数字裁判"，通过点击量加权方式来决定信息的可见性等级，影响用户在搜索过程中对信息的获取和认知。[3] 肖莎娜·祖博夫(Shoshana Zuboff)同样警告数字技术正在将知识生产转化为数据巨头的营利工具。谷歌学术通过算法推荐，将高引用率论

---

[1] 爱德华·萨义德著，王宇根译：《东方主义》，三联书店1999年版。

[2] Achille Mbembe, *Critique of Black Reason*, Duke University Press, 2017.

[3] Manuel Castells, Communication Power, Oxford University Press, 2009.

文优先展示，强化既有学术权威的垄断地位，同时边缘化新兴学者与批判性研究。[1] 皮埃尔·布迪厄更为系统地总结为学术场域通过"符号暴力"将知识生产标准内化为自然法则，学术期刊、学位授予机构与学术奖项构成"象征资本"的分配系统，决定哪些研究具有合法性。

知识生产能力主要有三种生成机制：首先，学术话语的标准化与垄断。学术话语的标准化与垄断是指通过制度化手段(如学术评价体系、期刊评级制度、学科规范等)将特定知识生产模式确立为"普世标准"，从而控制知识合法性边界、边缘化非主流学术传统的过程。其核心在于知识权威的集中化与话语规则的排他性，使得符合特定文化或意识形态的学术成果被赋予优先地位，而其他知识体系则被贬低为"非科学"或"地方性经验"。国际学术期刊的理论知识偏好及同行评议制度是知识生产能力的重要体现。例如，美国主导的 SSCI(科学引文索引)体系通过影响因子排名，将英语期刊设定为"国际标准"，迫使非西方学者采用西方理论框架以获取发表资格。这种"知识霸权"不仅边缘化了非西方学术传统，还使西方价值观通过学术话语在全球扩散。

其次，文化叙事的自然化与内化。文化叙事的自然化与内化是指通过大众文化产品(如电影、音乐、文学)将特定价值观、历史观与政治理念嵌入受众的认知结构，使其被视为"常识"或"人类普遍追求"的过程。这一机制通过情感共鸣与符号消费实现意识形态的隐性传播，消解对权力结构的批判性反思。好莱坞电影是知识生产能力的典型案例，通过将美国价值观(如个人主义、自由民主)嵌入全球流行的文化产品中，好莱坞不仅塑造了国际观众的文化偏好，还将美国利益包装为"人类普遍追求"。例如通过英雄主义叙事，将美国军事干预建构为"人道主义使命"，从而消解了对其霸权行为的质疑。

最后，制度性知识的权力化。制度性知识的权力化是指国际组织、政府机构与专业团体通过研究报告、政策框架与技术标准，将特定发展模式或治理方案建构为"科学真理"或"最佳实践"，从而为权力主体的利益扩张提供合法性的过程。

---

[1] Shoshana Zuboff, *The Age of Surveillance Capitalism*: *The Fight for a Human Future at the New Frontier of Power*, Public Affairs, 2019.

其核心是通过知识的技术化与去政治化，掩盖权力干预的实质。例如，世界银行在 20 世纪 80 年代推广的"华盛顿共识"，通过学术报告与政策文件，将新自由主义经济政策包装为"发展中国家现代化的唯一路径"，从而为跨国资本扩张提供合法性。

总之，知识生产能力的三种机制共同构成合法性铸造的权力网络：学术标准化通过制度排斥控制知识边界；文化自然化通过情感渗透塑造认知框架；制度性知识通过技术治理掩盖政治意图。三者相互强化，将特定群体的利益上升为"普遍性"，从而巩固既有权力结构。打破这一循环需建构替代性知识体系、批判性文化实践和与平等包容性制度参与。

二、话语传播的影响力：注意力争夺的技术政治学

话语传播是指国家或非国家行为体通过媒介技术、传播策略与平台资源，将特定信息、价值观与叙事框架高效传递至目标受众，从而争夺国际舆论场注意力、塑造认知秩序的能力。其核心在于信息流动的控制权与受众注意力的引导权，其影响力既依赖于技术基础设施的硬实力，也受制于文化符号的软实力。话语传播不仅包括传统媒体的覆盖率和影响力，还涵盖了数字平台时代的新型传播技术和策略。在数字时代，话语传播的核心在于通过技术手段和内容创作，争夺国际舆论场的注意力资源。注意力争夺是在信息过载的环境中，国家或行为体通过各种手段吸引目标受众的注意力，使其关注特定议题或观点。这种争夺不仅涉及内容的吸引力，还包括传播渠道的多样性和技术优势。传统的传播主要聚焦于媒介覆盖率，然而数字平台的出现彻底改写了这个游戏规则。门罗·普莱斯（Monroe E. Price）提出，如今的传播已经从"内容输出"转向"基础设施控制"。[①]以华为 5G 设备的全球部署，这属于硬件能力，以及 TikTok 的算法推荐机制，这属于软件能力，它们共同构成了中国数字话语权的"技术双翼"。不过，文化折扣（Cultural Discount）仍然是一个关键障碍。概言之，在数字化时代，话语传播的

---

① Monroe E. Price, *Media and Sovereignty: The Global Information Revolution and Its Challenge to State Power*, MIT Press, 2002.

特殊性在于技术中介化①、注意力稀缺性②和文化折扣效应③三个特性共同构成了话语传播影响力的复杂体系。技术中介化改变了信息传播的路径和方式，加剧了注意力稀缺性，同时也可能加剧文化折扣效应。注意力稀缺性推动技术中介化的发展，同时也加剧了文化折扣效应的影响。文化折扣效应影响了技术中介化和注意力稀缺性下的传播效果，要求传播者在跨文化传播中考虑文化差异，调整传播策略。

技术中介化是指在信息传播过程中，数字平台和算法推荐等技术手段成为信息传播的核心工具，从而对信息的生产、传播和接收产生中介作用。这种中介作用不仅改变了信息传播的路径和方式，还对信息的内容和效果产生了深远影响。数字平台与算法推荐成为信息传播的核心工具。数字平台如社交媒体、在线新闻网站和视频分享平台等，已成为信息传播的主要渠道。这些平台通过提供便捷的发布和分享功能，使信息能够迅速传播到全球各地。然而，数字平台的算法推荐机制也会影响信息的可见性和传播范围，从而对信息传播产生中介作用。算法推荐：算法推荐是数字平台的核心技术之一，通过分析浏览历史、兴趣偏好和行为数据，向用户推荐个性化的内容。这种推荐机制不仅提高了用户的信息获取效率，还影响了用户对信息的选择和接收。算法推荐的中介作用使得某些信息更容易被用户看到，而其他信息则可能被忽略，从而影响了信息传播的效果和范围。媒介技术的控制权需要掌握信息传播的基础设施（如互联网骨干网、卫星通信、社交媒体平台），主导信息流动方向与速度的能力。这种能力不仅体现为硬件设

---

① 技术中介理论（Technical Mediation Theory）强调技术物并非中立工具，而是通过具身化、阐释和转译过程重构人类行为与社会关系。参见法国哲学家布鲁诺·拉图尔《技术作为行动者》（（Bruno Latour，"*Where Are the Missing Masses? The Sociology of a Few Mundane Artifacts*"）

② 注意力稀缺性理论（Theory of Attention Scarcity）源于赫伯特·西蒙（Herbert A. Simon）对信息过载问题的研究，核心观点认为在信息爆炸的环境中，人类注意力成为一种有限资源，其分配效率直接影响决策质量与社会协作，参见：Herbert A. Simon, Administrative Behavior：*A Study of Decision-Making Processes in Administrative Organizations*, 4th ed., New York：Free Press, 1997.

③ 文化折扣（Cultural Discount Effect）由加拿大经济学家柯林·霍斯金斯（Colin Hoskins）与鲁尔·米卢斯（Rolf Mirus）于1988年首次提出，指文化产品在跨国传播中因受众文化背景差异导致其市场价值减损的现象。参见：Colin Hoskins and Rolf Mirus, "*Reasons for the US Dominance of the International Trade in Television Programmes*", Media, Culture & Society 10, no. 4 (1988).

施的物理控制，还包括对数据流、算法规则与用户行为的隐性支配。

注意力稀缺性是指在信息过载的时代，受众的注意力成为一种稀缺资源，传播效度取决于对受众有限注意力的精准捕捉。信息的传播效果不仅取决于内容的质量，还取决于能否在众多信息中脱颖而出，吸引受众的注意力。随着数字化和互联网的发展，信息的生产和传播速度大幅提高，导致信息过载现象。受众每天接触到的信息量远远超过了他们的处理能力，使得注意力成为一种稀缺资源。在信息过载的环境中，传播效度不仅取决于信息的内容和质量，还取决于能否在众多信息中脱颖而出，吸引受众的注意力。传播者需要通过创新的内容、吸引人的标题和视觉效果等手段，精准捕捉受众的注意力，提高信息的传播效果。传播策略的精准化需要通过数据分析、算法推荐与用户画像，将特定信息定向推送至目标受众，实现注意力资源的高效配置。其核心在于信息分发的个性化与受众行为的可预测性，既依赖大数据技术，也受制于平台垄断。

文化折扣效应是指在跨文化传播中，信息的意义可能因文化差异而扭曲或衰减，从而影响信息的传播效果。文化差异不仅包括语言、价值观和习俗等方面，还包括社会制度和历史背景等深层次因素。不同国家和地区的文化背景、价值观和习俗存在显著差异，这些差异会影响信息的解读和接受。例如，某些文化中强调集体主义，而另一些文化中强调个人主义，这种差异会导致对同一信息的不同解读。在跨文化传播中，信息的意义可能因文化差异而扭曲或衰减。传播者在传递信息时，如果没有考虑到目标受众的文化背景，信息可能会被误解或忽略，从而影响传播效果。文化符号的适配性需要通过调整叙事逻辑、视觉符号与情感表达，使传播内容与目标受众的文化认知框架相契合的能力。其核心在于文化折扣的最小化与意义共鸣的最大化，既依赖文化资本的积累，也受制于受众的文化心理。

三、危机管理：认知安全的动态防御

在当今全球化的时代，国际舆论场的复杂性和不确定性日益增加，国家和行为体面临着各种潜在的舆论危机。这些危机不仅可能损害国家形象，还可能引发内部认知撕裂，影响国家的稳定和发展。构建有效的危机管理能力，维护认知安

全，成为国家和行为体在国际舞台上必须面对的重要课题。危机管理能力是指国家或非国家行为体在突发性、破坏性事件（如战争、疫情、舆论危机）中，通过信息控制、叙事建构与情感动员，快速稳定认知秩序、消解负面冲击，并重塑合法性的能力。其核心在于危机信息的筛选权、叙事框架的主导权与公众情绪的引导权，既包括对危机的即时响应，也涵盖对长期认知结构的修复。

危机管理的本质是维护认知安全，核心在于通过动态防御，确保国家或行为体在国际舆论场中的形象和认知不受损害动态平衡风险应对与信任维系，既要快速消解负面舆论冲击，又要能主动建构有利于己方的叙事框架，在危机中巩固或修复话语权。动态防御需要在不断变化的国际舆论环境中，通过持续监测、分析和应对，及时调整话语策略和行动措施，以应对各种潜在和现实的威胁。动态防御效果在于灵活性和适应性，能够根据国际舆论的变化及时调整策略，确保国家或行为体在国际舆论场中的形象和认知安全。

因此，危机话语管理具有"攻防双重性"：一方面，要消解外部的污名化；另一方面，也要防范内部的认知撕裂。珍妮丝·比阿利·马特恩（Janice Bially Mattern）提出了"表征性力量"（Representational Force）概念，一种用语言或叙事结构来表达的权力形式，通过选择性地呈现信息、数据和图像等表征性资源，引导公众对特定事件或秩序的认知，威胁或改变受众的主体性（subjectivity）使其看起来是自然和必然的，从而实现其目标。这种力量通过揭示了美国通过话语策略将特定秩序建构为历史必然的路径。① 例如，在"北溪管道爆炸事件"中，美国通过选择性释放卫星图像这一表征性资源，引导国际舆论转向对俄制裁，而不是去追究事件的真相。"表征性力量"的机制是（1）选择性呈现：通过选择性地呈现信息和数据，引导公众对事件的特定认知。（2）建构必然性：通过话语策略，将特定秩序建构为历史必然，使其看起来是自然和合理的。（3）影响舆论：通过表征性资源，影响国际舆论和认知，推动有利于己方的政策和行动。

概言之，危机话语管理的特点及其"攻防双重性"要求国家在面对国际舆论危机时，既要积极应对和化解外部的负面评价和污名化，又要防范和化解内部的

---

① Janice Bially Mattern, *Ordering International Politics: Identity, Crisis, and Representational Force*, Routledge, 2005.

认知撕裂和分裂。同时，通过"表征性力量"等话语策略，有效地引导国际舆论，维护自身形象和认知安全。这些策略和能力的运用，不仅有助于应对当前的危机，还为长期的认知结构修复和话语权巩固奠定基础。

四、制度整合：规则内化与标准输出

制度整合是国际话语权能力维度的重要组成部分，指通过国际规则的内化与国内标准的输出，将话语转化为制度性权力的过程。其核心功能在于为话语提供结构性支撑，使话语生产与传播获得制度合法性、规则约束力与标准扩散力，从而实现从"话语表达"到"秩序塑造"的跃升。制度整合与话语的关联体现为：规则内化将国际话语权转化为国内政策工具，增强话语能力落地的制度保障；标准输出通过技术规范与法律框架的全球化，将话语固化为国际秩序的操作系统；制度博弈打破既有权力结构，为话语拓展新的实践场域。

规则内化：话语能力落地的制度保障。规则内化是指国家通过法律修订、政策调整与机构改革，将国际规则转化为国内治理工具，从而为话语的实践提供制度合法性。这一过程通过制度性赋权将话语从符号层面提升至政策层面，确保其在国际与国内场域的双向贯通。规则内化需要知识生产的政策转化。例：欧盟将气候变化话语内化为《欧洲绿色协议》，通过碳交易制度与可再生能源补贴政策，将环保叙事转化为可操作的经济规则，巩固其全球气候治理话语权，揭示话语能力需通过制度性权力实现政策转化。规则内化还需要传播能力的基础设施配套。例如，韩国通过修订《信息通信网法》，将"韩流"文化输出纳入国家数字战略，为 K-pop 全球传播提供法律保障与资金支持。

标准输出：话语固化的技术路径。标准输出是指通过技术规范、法律框架与政策倡议，将国内实践上升为国际规则，使话语能力获得技术合理性与规则约束力。其本质是将话语编码为国际秩序的"源代码"，通过标准化实现话语权力的隐性扩张。国际标准化组织(ISO)的运作典型地体现了制度整合的双重路径：一方面，发达国家会将技术专利写入 ISO 标准，比如欧盟的 GDPR 数据规则，从而迫使他国改造国内法；另一方面，新兴国家也在通过"标准替代"来争夺话语空间。

制度博弈：话语影响力拓展的实践场域。制度博弈是指通过国际组织改革、区域合作与替代性规则建构，打破既有权力结构，为话语能力创造新的实践空间。其本质是通过制度性权力重组，将话语能力从"边缘批判"推向"中心建构"。新兴国家通过"规范性替代"（Norm Subsidiarity）挑战西方规则，例如金砖国家推动"发展权"话语对抗华盛顿共识。①　制度博弈的前提是知识生产的议程重置和传播能力的平台重构。

概言之，制度整合能力是对话语能力的结构性赋能，规则内化将话语能力嵌入政策实践，实现从"话语说服"到"制度约束"的升级；标准输出将话语能力固化为技术规则，实现从"文化传播"到"行为规范"的跨越；制度博弈为话语能力开辟新战场，实现从"被动回应"到"主动建构"的转型。提升话语能力需以制度整合能力为杠杆，通过规则制定权争夺、标准技术化扩散与制度替代性创新，将符号资本转化为结构性权力。

第三节　国际话语的生成、扩散与内化机制

提升中国话语的国际影响力，通过一系列倡议引领全球治理体系变革，形成同自身综合国力和国际地位相匹配的国际话语权是新时代中国外交的重大任务。特别是在国际人权领域，近年来中国正在从规范"接受方"向话语"塑造者"转变。西方世界对相关努力的猜疑和打压也日渐加剧。在同西方竞争日益凸显的背景下，中国突破"西强东弱"格局的限制，推动"构建人类命运共同体"等进入国际文件，成为提升国际话语权的典型范例。

针对国家在国际话语塑造方面的实践，既有研究从多学科视角论证了提升国际话语权的必要性和总体思路。不过，它们基本局限于单向的对外传播视角，未能充分注意他者的反馈及各方的互动，宏观的理论阐释和应然的对策论述较多，直面现实外交斗争的实证研究还有待拓展。本节将国际话语塑造置于生命周期理论框架之下，结合安全化理论探索不同界别系统生成国际话语的机制和条件，综

---

① Amitav Acharya, *The End of the American World Order*, Polity Press, 2014, p. 83.

合理性选择和社会建构两个视角，概括国际话语扩散的两项主导机制，并从国际话语与国家原有观念的一致或冲突以及国际话语扩散中行为体之间的关系三个方面，分析国际规范扩散的条件。此外，还讨论了国内结构对于国际话语内化的影响，关注激励机制与社会化机制在话语"扩散-内化"过程中的作用和影响。

一、国际话语的生命周期

话语是主体表达思想、传递信息、影响他人及舆论的文字、言语及图像符号等社会实践存在，可以构建意义，生成权力。国际话语塑造是一国论述自身主张，寻求扩大影响，使之获得社会接受，并成为共有话语的政治过程。参考玛莎·芬尼莫尔（Martha Finnemore）和凯瑟琳·斯金克（Kathryn Sikkink）提出的国际规范生命周期理论①，国际话语作为国际规范的初始形态，将会经历一个具有规律性的"生命过程"，在不同的生命过程阶段，不同的行为逻辑会产生主导作用。

国际话语的作用机制可以用三个阶段来表示。第一阶段是生成（emergence）；第二阶段是扩散（cascade），也即话语被广泛接受的阶段；第三阶段是内化（internalization）。区分前两个阶段的是临界点（倾斜点）（tipping point），这一点意味着大部分相关国家接受了国际话语作为国际规范。在国际话语"生命周期"的不同阶段有不同的社会进程和行动逻辑。每一阶段的变革涉及不同的行为体、行为动机和主导机制。

具体而言，第一阶段的主要机制是国际话语倡导者（entrepreneur）的劝服，即相关行为体提出话语，并试图说服关键国家（规范的主导国家）接受该国际话语融入国际规范或创建新的国际规范。在第二阶段，效仿机制发生作用，规范主导国家试图在世界范围内推动国际话语的社会化，使其他国家成为该理念的追随国，即国际话语"普及"到国际体系中其他国家的过程。在这一阶段，国际社会成员接受国际话语的实际动机可能各有不同，但有三种动机共同促成了规范普

① Martha Finnemore and Kathryn Sikkink, "International Norm Dynamics and Political Change," International Organization, Vol. 52, No. 4, 1998, pp. 887-917. 其中文译本参见马莎·芬尼莫尔、凯瑟琳·斯金克：《国际规范的动力与政治变革》，载彼得·卡赞斯坦、罗伯特·基欧汉、斯蒂芬·克拉斯勒编：《世界政治理论的探索与争鸣》，秦亚青等译，上海人民出版社2006年版，第295-332页。

及：国际压力促使国家接受规范；国家希望加强自身在国际社会的合法地位；国家领导人希望加强自尊。在第三阶段国际话语得以广泛普及，此时该观念已经被视为理所当然的事物，不会引起广泛的公共讨论。然而，并非所有国际话语都能经历完整的"生命周期"，一些新兴话语可能未达到倾斜点就失去其广泛性，为国际社会所遗忘。而经历普及和内化阶段的国际话语可能最终成为相应行为的主导规范，此时也有可能生成此领域内新的规范，形成两种规范一争高下的情形。

进入 21 世纪第二个十年以来，美国对华战略的话语竞争意涵日益明显且攻击性越来越强。在奥巴马总统任内，美国不断强调拒绝中国参与国际规则制定、推广中国倡议[1]，而特朗普总统则颠覆事实，指责中国违反国际规范，并借此为其破坏并重构国际规则的行为赋予了所谓的"合法性"，将贸易保护主义政策包装成塑造公正贸易的实践。令人吃惊的是，这一做法在某种程度上得到认可：在美国国内，认为中美贸易不公平的公众比例在 2018 年中期达到 62%，类似于 20 世纪 80 年代中后期对美日贸易的看法[2]；在国际上，美国、欧洲和日本也结成了某种针对中国的战略联盟。上述事实导致一系列疑问：奥巴马总统拒绝中国发出国际话语，参与国际规范制定的自信源于何处？特朗普总统又如何利用美国的国际话语优势为自身的破坏性行动正名，使其从"规范反倡导者"（norm antipreneur）[3]摇身一变为"规范倡导者"（norm entrepreneur）？这些事实指向一个更为根本的理论与实践问题：国际话语的生成逻辑。

回顾国际话语的相关理论研究发现，随着建构主义与后结构主义国际关系理论的逐渐兴起，虽然话语研究相应进入国际关系理论主流领域。但有关国际话语生成的理论研究相当欠缺，并始终包含在国际规范的生成研究之中。一方面，诸如规范生命周期理论、规范进化模型或规范的基因类比模型等宏观理论模型，往

---

[1] "Statement by the President on the Trans-Pacific Partnership," The White House Office of the Press Secretary, October 5, 2015, https://obamawhitehouse.archives.gov/the-press-office/2015/10/05/statement-president-trans-pacific-partnership, 2024 年 11 月 14 日访问。

[2] Frank Newport, "Americans Say China Trade Unfair, Trade With Canada, EU Fair," Gallup, July 9, 2018, https://news.gallup.com/poll/236843/americans-say-china-trade-unfair-trade-canada-fair.aspx, 2024 年 11 月 14 日访问。

[3] Alan Bloomfield, "Norm Antipreneurs and TheorisingResistance to Normative Change," review of International Studies, Vol. 42, No. 2, 2016, pp. 310-333.

往涵盖了规范的整个生命周期，进而也对规范生成作了概略讨论。然而，由于规范生成或兴起在很大程度上被默认为规范研究的起点，因此国际话语上升为规范的过程往往被一带而过。① 另一方面，描述跨国和国际规范执行的螺旋模型②、信号模型③或翻译模型④都在某种程度上涉及国际话语的生成，但由于更多聚焦案例研究，概念化与理论化均不充分。受国际研究影响，国内对国际话语生成的研究也存在明显不足，同样主要聚焦国际话语扩散，着重论及政策建议，即使有少量涉及国际话语生成的研究或者过于微观，或者过于简略。

需要注意的是，国际话语生成问题的边缘化离不开主流国际规范理论的道德等级制。主流国际规范理论假设规范创建/兴起时期规范倡导者的正确性，进而建构出充满道德色彩的国际规范行为体的等级制：由高至低依次为规范倡导者、规范追随者、规范接受者和规范反对者。这一国际规范的道德等级制有着重要的政策意义：一方面由于主权国家诞生以来西方国家总体上把持着国际体系权势主导地位，另一方面由于国际关系学科诞生以来西方国家总体上把持着国际关系理论主导地位，因此，西方国家特别是美国和欧洲主要大国往往被假定为理应的规范倡导者，而广大非西方国家更多是规范追随者或接受者，更有少数非西方国家被认定为规范反对者，由此在国际规范演变中也存在一种"中心—边缘"结构，限制着非西方国家在国际规范演变中的角色。由于被赋予特定角色且难以改变，因此，不同行为体采取的相同规范行为就具有不同的道德正确性：美国作为最大的规范倡导者，其破坏行为就可能被认为是合理的甚至是建设性的⑤；而诸如中国、俄罗斯等国家，其对规范扩散的"抵制"可能被认为是"规范反对者"，对规

---

① Martha Finnemore and Kathryn Sikkink, "International Norm Dynamics and Political Change," International Organization, Vol. 52, No. 4, 1998, pp. 887-917.

② Thomas Risse and Kathryn Sikkink, "The Socialization of International HumanRights Norms into Domestic Practices-Introduction," in ThomasRisse, Stephen C. Ropp and Kathryn Sikkink, eds., The Power of HumanRights-International Norms and Domestic Change, Cambridge University Press, 1999, pp. 9-19.

③ Susan Hyde, Catch Us If You Can: Election Monitoring and International Norm Diffusion, American Journal of Political Science, Vol. 55, No. 2, 2011, pp. 356-369.

④ Lisbeth Zimmermann, Same Same or Different? Norm Diffusion Between Resistance, Compliance, and Localization in Post-Conflict States, International Studies Perspectives, Vol. 17, No. 1, 2016, pp. 98-115.

⑤ 时殷弘：《新趋势·新格局·新规范——20 世纪国际关系》，法律出版社 2000 年版，第 188-189 页。

范破坏行为的反对可能被扣上"规范反倡导者"的帽子，对过时或不合时宜的规范的修正或调整可能被认为是"修正主义者"。因此，对包括中国在内的广大非西方国家而言，寻求更大的规范主导权和国际话语权，最根本的是要解构国际规范理论所暗含的道德等级制，其核心是理解并将西方语焉不详的国际规范生成机理完整地建构出来，推动国际规范生命周期理论的进一步发展。

二、国际话语的生成

国际话语本身是社会建构的产物，因此其生成远非"创造"，而更多是既有时空环境演变的产物。一般而言，国际话语的时空环境演变主要涉及三个方面：

1. 物质环境

首先是最为基础的是物质环境，其中包含三方面内容。其一，技术环境推动现有时空环境发生重大变化。[①] 具体而言，技术变革从三个方面影响着国际话语的生成：一是它构成了导致宏观历史变更的结构性力量；二是它本身涉及如人口增长、市场拓展等其他社会力量的复杂过程；三是它也具有重要的社会效应，可能与其最初目的完全不同，如交通技术的发展可能导致战争攻防双方力量对比的变化。理论上，任何技术的发展都存在技术创新、技术成熟、技术停滞与边际效用递减、技术死亡与新技术创新的生命周期，而这又会相应地引发产品与市场的生命周期变化，最终都将在国际话语生命周期的变化中表现出来。[②] 例如，与5G 通信技术相关的国际话语在近期的大量涌现。其二，人口增长、减损与流动是国际话语生成的基础要素。人是整个国际交往的基本单元。人口总量的全球、地区和国别性变化会驱动各个层次的社会发生变革。自 2014 年起，移民与难民问题成为欧洲关注的重点，大量有关跨国移民的国际话语由此产生。而经常出现的同一族群人口的跨国居住或流动，也可能触发国际话语的生成需求。图西族和

---

①　Daniel Little, Explaining Large-Scale Historical Change, Philosophy of the Social Science, Vol. 30, No. 1, 2000, p. 99.

②　See C. C. M. Stolwijk, E. den Hartigh, W. P. M. Vanhaverbeke, J. R. Ortt and C. van Beers, "Cooperating with Technologically（dis）Similar Alliance Partners：The Influence of the Technology Life Cycle and the Impact on Innovative and Market Performance," Technology Analysis&Strategic Management, Vol. 27, No. 8, 2015, pp. 925-945.

胡图族的种族政策冲突引发的卢旺达大屠杀，促进了人道主义干涉、"保护的责任"（Responsibility to Protect，R2P）等国际话语的生成。① 其三，以经济全球化为代表的全球性经济发展或欠发展是激发国际话语生成的显著因素。经济全球化增强了国家间相互依赖，各国借助国际平台表达本国经济诉求。此外，随着经济全球化的积极效应进入边际效应递减周期，其消极效应似乎转入边际效应递增周期，各类全球性问题如恐怖主义、跨国移民、有组织犯罪、海盗和跨国冲突等似乎不断增生和放大，使得各大国纷纷提出新的全球治理方案。

2. 观念环境

其次是观念环境的变化。以中美关系为例，美国对中美经贸关系或更大的中美关系的认知或观念变化，直接推动中美关系朝向某种消极的"自现式预言"的方向迈进，引发国际话语对"修昔底德陷阱"②，还是"金德尔伯格陷阱"③，抑或是"文明冲突论"的广泛讨论。又如，自冷战结束以来，有关可持续发展、包容性发展的观念日益普及，并逐渐被融入以联合国千年发展计划及其后续努力（联合国 2030 年可持续发展议程等）为代表的发展议程设置之中，从而推动了相关国际话语的生成或兴起。④

3. 制度环境

最后是制度环境的变化。一方面，既有制度的内部改变或创新可能引发国际讨论并激发国际行为体进行表态。另一方面，在既有制度之外的制度性变革或创新，也可能导致重大的国际话语生成需求。例如，自提出"一带一路"倡议后，中国积极推动亚洲基础设施投资银行、丝路基金等新型发展融资机构的建设，对

---

① ICISS, TheResponsibility to Protect: Report of the International Commission on Intervention and State Sovereignty, International DevelopmentResearch Centre, 2001, pp. 70-73.

② Graham Allison, "The Thucydides Trap: Are the U. S. and China Headed for War?" The Atlantic, September 24, 2015, https://www.theatlantic.com/international/archive/2015/09/united-states-china-war-thucydides-trap/406756/, 2024 年 11 月 20 日访问。

③ Joseph S. Nye, "The Kindleberger Trap," Project Syndicate, January 9, 2017, https://www.project-syndicate.org/commentary/trump-china-kindleberger-trap-by-joseph-s--nye-2017-01? barrier = accesspaylog, 2024 年 11 月 20 日访问。

④ Ganesh Rauniyar and Ravi Kanbur, Inclusive Growth and Inclusive Development: A Review and Synthesis of Asian Development Bank Literature, Journal of the Asia Pacific Economy, Vol. 15, No. 4, 2010, pp. 455-469.

国际发展融资的规范更新具有潜在重要的影响。

国际话语的生成和演变是国际政治实践中一项复杂而动态的过程。从外在来看，国际话语的形成深刻嵌入于其所依托的时空环境，包括国际体系的结构性变化、权力分布的重组、技术发展的推动，以及全球治理议题的演进等。特别是在多极化、全球化和信息化不断加深的背景下，不同国家和行为体在国际话语体系中的地位和影响力发生了显著变化，推动了话语竞争与合作的多样化。从内在来看，国际话语的提出和塑造离不开行为体的主动性，这些行为体既是国际话语生成的推动者，也是其内容和方向的定义者。按照界别划分，参与国际话语生成的主要行为体可以分为五类：政府作为最重要的官方行为体，通过外交政策、国际协定和官方表态输出国家立场；学者通过理论构建和知识传播为国际话语提供学术支持与理论合法性；企业尤其是跨国公司，利用其经济影响力和技术创新能力塑造产业规则和商业话语；传媒作为信息传播的中介，通过议程设置和舆论引导塑造国际话语的传播路径和影响范围；而社会公众则通过非政府组织、公众意见和草根行动对国际话语的包容性和公平性提出要求，成为话语生成的重要补充。以下，文章将进一步分析政府、学者、企业、传媒与社会公众这五类行为体在国际话语生成中的具体作用，并结合典型案例加以说明。

1. 政府：通过制度建构与外交实践塑造国际话语

政府是国际话语生成的核心行为体之一，主要通过国家主权行为和外交实践在国际舞台上输出国际话语。以美国在"冷战"期间提出的"遏制政策"为例，①"遏制政策"不仅定义了其对苏战略，也构建了"自由世界"与"共产主义阵营"对立的国际话语框架。该政策通过《杜鲁门主义》和《马歇尔计划》等具体行动，在西方世界内形成了对美话语的广泛认同。类似地，中国近年来提出的"人类命运共同体"概念，是对全球化时代下共同治理的回应，体现了通过建构性话语推动合作性国际秩序的努力。该概念通过联合国多边平台频繁引用，逐步成为国际社会讨论全球治理的重要话语之一。

2. 学者：理论创新与知识传播的双重驱动

学者在国际话语生成中同样起到不可忽视的作用。一方面，学者们通过理论

---

① Gaddis, John Lewis, the Cold War: A New History, New York: Penguin Press, 2005.

构建和知识传播为国际话语提供了合法性与解释力。例如，沃勒斯坦的世界体系理论强调全球不平等的结构性特征，为发展中国家在国际对话中提供了理论依据，间接强化了南南合作的话语逻辑。另一方面，部分学者的学术思想与著作直接形成了某些国际话语。以"文明冲突论"为例，亨廷顿的"文明冲突论"自提出以来就迅速超越了学术界的讨论，成为国际政策制定者和媒体议题设置的关键参考，直接塑造国际政治的叙事与行动逻辑。如今，美国政府和部分西方国家在应对中东事务时，往往借用"文明冲突"的逻辑来解释地区冲突的原因，并合理化其外交政策选择。同时，这一话语被主流媒体频繁引用和讨论，也进一步强化了西方社会对"伊斯兰威胁"的认知。

3. 企业：跨国经济活动与产业规则塑造话语

企业，尤其是跨国公司，在国际话语生成中提供了独特的经济基础与技术驱动力。碳排放交易市场的建立是全球治理中市场机制与技术标准塑造话语权的典型表现。该机制最早由欧盟在 2005 年实施，成为《京都议定书》框架下落实减排目标的重要政策工具。跨国能源公司、金融机构和技术企业在这一过程中扮演了关键角色。能源巨头如壳牌公司和英国 BP 石油公司，通过投资可再生能源技术和支持市场化减排路径，逐步从"污染者"形象转变为"绿色转型领军者"。同时，金融机构如摩根大通通过开发碳信用工具，推动了碳交易的金融化和全球化。跨国企业在这一领域的参与不仅促进了碳交易市场的发展，还推动了"可持续发展"这一国际话语的普及。类似地，苹果公司在数字技术与消费者权益的交叉领域，通过隐私保护话语构建树立了独特的市场地位。苹果的隐私政策以"用户至上"为核心，强调"你的数据属于你"。公司推出的功能如"应用追踪透明"（App Tracking Transparency，简称 ATT）[1]，允许用户选择是否共享数据，重新定义了企业在隐私保护中的责任边界。

4. 传媒：信息传播与议程设置的双重功能

传媒不仅是信息传播的中介，更是塑造国际话语的关键力量，其在议程设置和框架建中的作用尤为突出。议程设置理论认为，传媒通过选择和优先报道某些

---

[1] Apple Intelligence. Great powers come with great privacy. https://www.apple.com/privacy/，2024 年 11 月 28 日访问。

议题，影响了公众和政策制定者对国际事务的关注重点；框架建构则指传媒以特定的叙事方式呈现议题，从而影响观众的理解和判断。在全球化与信息技术革命的推动下，传媒的跨国传播能力使其成为话语竞争的重要平台，为不同国家和行为体争夺话语权提供了广阔舞台。以英国广播公司（BBC）为例，这一具有悠久历史的公共传媒机构通过新闻报道、纪录片和舆论评论，将"民主""人权""自由"等核心西方价值观传播到世界各地。与之相对，"今日俄罗斯"（RT）采用多语种传播策略，积极报道全球议题，以"反西方主流叙事"作为其核心传播逻辑。RT通过质疑西方价值观和政策，例如对西方干涉主义的批判、对俄罗斯外交政策的正当性辩护，构建了"多极化舆论场"的话语逻辑。其报道不仅吸引了对西方主流媒体失望的受众，还成为俄罗斯在国际舆论竞争中的战略工具。此外，社交媒体平台的兴起进一步改变了国际话语生成的模式。例如，"X"（原 Twitter）、Facebook 和 Instagram 等社交媒体为个人、非国家行为体和边缘化群体提供了前所未有的传播机会。这些平台使得国际话语的生成和传播从传统的"自上而下"模式转向"自下而上"的互动模式。例如，"阿拉伯之春"期间，社交媒体被广泛用于组织抗议活动和传播即时信息，成为普通民众塑造国际话语的重要工具。与此同时，非政府组织和社会活动家利用这些平台对气候变化、性别平等和人权问题发声，推动了全球议程的多元化。然而，这种媒介环境的开放性也带来了挑战。虚假信息的传播、算法推荐的偏向性以及话语空间的碎片化，削弱了国际话语的连贯性和公信力。尽管如此，传媒作为话语竞争的重要工具，仍在塑造全球舆论方向和构建国际认知框架方面扮演着不可或缺的角色，为话语权的争夺提供了更加复杂和多元的平台。

5. 社会公众：通过草根运动与公共参与重塑话语

社会公众是国际话语生成中最为广泛但又常被忽视的行为体。他们通过社会运动、非政府组织（NGO）和草根行动挑战传统的权威话语，推动国际议题的多元化与包容性发展。一个典型案例是由瑞典青年格蕾塔·通贝里（Greta Thunberg）发起的"气候罢课运动"（Fridays for Future）。2018 年，年仅 15 岁的通贝里在瑞典议会外进行独自抗议，以简单的标语牌呼吁政府采取更积极的气候行动。这一行动通过社交媒体迅速传播，激起了全球青年的共鸣。此后，"气候罢课运动"演变为一种全球性的草根运动，吸引了数百万来自不同国家的青年和社会公众参与。该运动不仅提高了社会各界对气候变化问题的关注，也为"气候正义"这一国际话语注入了鲜明的青年视角。这种自下而上的话语挑战，打破了传统上由政府和国际组织主导的气候变化议程。气候罢课运动从"未来世代的权利"这一切入点，批评国家间政治博弈和利益驱动的气候政策，提出了更加道德化和人性化的气候治理主张。例如，在 2019 年的联合国气候行动峰会上，通贝里通过尖锐的演讲质问各国领导人，直接推动了全球舆论对气候政策执行力的审视。另外，"气候罢课运动"展示了社会公众如何通过数字媒体和跨国网络动员扩大自身的影响力。参与者通过社交平台发布实时抗议内容、分享地区行动经验，并与全球其他群体形成联动。这种去中心化的组织模式使得社会公众的话语力量得以突破传统的国家边界，直接影响了国际议程的设置。

　　总的来说，国际话语的生成是多行为体互动的结果，各行为体在国际结构和社会建构中发挥着独特的功能。这些行为体的协同作用不仅影响了国际政治的议程设置，也将重塑权力分配与规范建构的动态格局。不过，并非所有国际话语都能顺利抵达成功扩散的倾斜点。当国际话语倡导者通过说服"关键行为体"（即重要话语目标舍其则无法完全实现的行为体），使其率先表态时，国际话语就达到了临界点，而其核心机制便是安全化操作。安全化（securitization）是由巴瑞·布赞（Barry Buzan）和奥利·维夫（Ole Waever）等学者提出的一个识别安全泛化驱动力量的重要概念。所谓"安全化"，是指"威胁"被指定和接受的过程；当问题被当作"存在性威胁"（existential threat）提出、进而被认为需要采取固然超出正常政治程序但仍被认为不失为正当的紧急措施时，安全化就发生了。① 安全化操作蕴含了话语生成背后的政治逻辑。首先，安全化操作识别出四类行为体，即负责实施安全化操作的安全化施动者，其安全需要得到保护的指涉对象（reference objective），威胁来源即威胁代理（threat agent）和普通听众。这四类行为体的识别，在某种程度上也建构了一种等级制：安全化施动者颇类似规范倡导者，负责指认威胁并界定应对方案；而威胁代理则可类比为规范反对者；指涉对象和听众

---

① 巴瑞·布赞、奥利·维夫、迪·怀尔德著，朱宁译：《新安全论》，浙江人民出版社 2003 年版，第 32-36 页。

有时会有所重叠，在安全化和话语生成过程中往往居于被动地位。其次，通过指认"存在性威胁"，安全化操作能够提供颇有说服力的道德逻辑，对新国际话语突破既有话语的路径依赖、凸显时空环境改变的压力有重大助益。最后，安全化操作可催生强烈的时间紧迫感，它往往声称如果不及时采取紧急应对举措，威胁可能失控。相比国际时事的瞬息万变和国际机制的缓慢发展，新国际话语将迅速扩散，加速国际规范的生成。

三、国际话语的扩散

扩散（diffusion）是建构主义的一个重要概念。它是指国际体系中外在于国家的体系规范嵌入国内的过程，在这一过程中，体系规范对国内政策、制度产生构成性影响。① 理解国际话语扩散的内涵，必须明确以下几点：首先，国际话语扩散不是一种单一的现象，它只有在大量个案积聚时才变得明显。其次，使用"扩散"一词而不是其相近的同义词如传播或者传送，是因为"扩散"一词体现了国际话语从外向内传播过程的实质，突出了接受者的能动性。再次，国际话语扩散涉及扩散发生的社会、制度或文化背景。最后，话语扩散不是自发的，而是有意义、有目的的现象，它表现出激进或渐进等不同类型。②

（一）国际话语扩散的层次

1. 体系层次

在国际体系层次上，国际话语的扩散主要关注的是话语扩散的集体趋势，即大量国家在短时间内接受国际规范的现象。其中，国际规范生命周期模型与托马斯·里斯（Thomas Risse）③等人则对人权规范的扩散和内化的实证研究都是其中的典型代表。不过，体系层次的话语扩散研究存在以下缺陷：（1）不能解释一个显而易见的事实，即为什么有些理念和规范在某些国家或地区具有显著的构成性

---

① Jeffrey T. Checkel, "Norms, Institutions and National Identity in Contemporary Europe", http://www.arena.uio.no/publications/wp98_16.htm.

② Vlad Kravtsov, "Understanding Norm Diffusion in the Globalized World: Building Theoretical Framework", pp. 6-10, http://www.allacademic.com/meta/p100866_index.htm.

③ Thomas Russell, The Power of Human Rights: International Norms and Domestic Change.

影响，而在另外一些国家或地区却不被接受。正如杰弗里·切克尔（Jeffrey Checkel）所说，"该层次的研究无法解释规范扩散不成功的现象"①（2）不能验证国际话语扩散过程中国际话语与国内结构的联系。由于忽视了这种联系，体系层次的研究也就不能阐明话语扩散到一个国家的具体机制和微观过程。（3）强调结构对行为体的限制和建构作用，突出国际话语的传播者如国际组织、非政府组织、关键大国，而忽视了国际话语受众的能动性。（4）集中于验证"好"的话语扩散，而没有说明那些令人反感但却是国际生活中十分重要的观念如权力政治是如何产生并扩散到各个国家的。因此，体系层次的研究只抓住了国际话语扩散中显著但却是很小的一部分内容。②

2. 国家层次

随着对体系层次研究的批评不断深入，国际话语扩散的研究逐渐回落到了国家层次。强调国内结构、国家原有观念等变量对国际话语扩散至国家的制约作用，关注国际话语扩散的微观过程和具体机制，其中，最典型的是切克尔的研究。

切克尔认为，国内规范和国内结构是扩散过程中的干预变量。首先，文化匹配是是决定扩散形式和程度的一个关键因素。切克尔提出，当体系规范与目标国原有观念之间存在文化匹配时，扩散更迅速。进一步，为解决国家行为体接受国际话语的具体机制切克尔提出，国内结构决定国际话语扩散到国内领域的具体机制。他将国内结构分为自由主义、法团主义、国家主义和国家主导四种类型，认为存在自下而上（bottom-up）、自上而下（up-down）两个过程和社会压力、精英学习两种机制。③ 切克尔强调，不同的国内结构会导致不同的扩散过程和机制。当然，这一层次的研究也存在缺陷：（1）只界定了国际话语被接受或拒绝的两种结果，但事实上还存在某些国际规范在调整后被接受（也即重构）的案例。（2）在同一国内结构下，国际话语在不同领域内扩散的结果可能不同。（3）关注国际规范

① Jeffrey Checkel, "The Constructivist Turn in International Relations Theory: A Review Essay, World Politics, Vol. 50, No. 2, 1998, p. 4.

② 黄超：《建构主义视野下的国际规范传播》，《外交评论》2008 年第 4 期。

③ Jeffrey T. Checkel, 'Norms, Institutions and National Identity in Contemporary Europe", http://www.arena.uio.no/publications/wp98_16.htm.

与国内观念、规范的"一致性"，仍过于强调国际和国内结构，没有重视行为体的行为实践以及两者的互动进程。此外，除了体系和国家层次的话语扩散研究，一些学者也从地区视角探讨国际话语扩散。阿米塔夫·阿查亚（Amitav Acharya）首先提出地方化机制，即地区机构对国际规范的重新解释、表述和框定，强调地区机构对国际规范的重构作用。① 在阿查亚的基础上，加利特·萨尔法蒂（Galit A. Sarfaty）更进一步探讨了国际规范扩散至地区并与地区规范、国家规范互动的冲突关系，强调了地区机构对三者的协调。②

（二）国际话语扩散机制

国际话语产生之后，其目标就是通过各种途径向国际社会中的国家内部渗透。阿查亚认为，"国际话语扩散至国家，国家可能表现出对话语的完全抵制或构成性服从等一系列的反应，那么动力机制研究应该解释这一系列反应，并且将国家接受国际话语的路径依赖包含于其中。"③

1. 社会化

首先，社会化是国际话语扩散的主导机制。④ "社会化"是社会学、心理学以及关于团体身份形成和遵从研究的一个核心概念。按照社会学的经典定义，社会化是指将行为体引入一个给定共同体的规范和规则的过程。这一概念与建构主义研究纲领相符，而且对于解释主体间结构如何转变成行为体的认同十分重要，从某种意义上说，它是结构与行为体相互建构的微观机制。其中，话语倡导者的说服、教育以及目标行为体的学习、模仿等都是社会化机制的主要内容。说服是一种过程，它通过争论来改变他人的信念、态度和行为。模仿可以是沃尔兹提出的对英雄的模仿，也可以是温特倡导的对"成功国家"的模仿，它是避免和减少不

---

① Amitav Acharya, "How Ideas Spread: Whose Norms Matter? Norm Localization and Institutional Change in Asia Regionalism", p. 241.

② Galit A. Sarfaty, "International Norm Diffusion in the Pimicikamak Cree Nation: A Model of Legal Mediation", Harvard International Law Journal, Vol. 48, No. 2, Summer 2007, p. 446.

③ Amitav Acharya, "How Ideas Spread: Whose Norms Matter? Norm Localization and Institutional Change in Asia Regionalism", p. 242.

④ 彼得·卡赞斯坦、罗伯特·基欧汉、斯蒂芬·克拉斯勒编：《世界政治理论的探索与争鸣》，秦亚青等译，上海人民出版社 2006 年版，第 321 页。

确定性的一种战略。学习的主要动力在行为体内部，包括"简单学习"和"复杂学习"。在简单学习中，行为体在简单的战略层次即如何更好地实现具体目标的问题上进行学习，行为体的手段发生变化，在复杂学习中，行为体在行为体追求的目标方向上进行深层次学习，行为体的手段和目的都发生变化。值得注意的是，理解社会化机制需要结合理性主义视角。理性主义认为，社会化、适应规范就是一种战略的、最大化利益的行为。

2. 强制与模仿

参照组织社会学的制度主义学派与社会学的政策改革研究可知，组织学家在分析制度趋同时提出三种机制：强制、模仿和规范性说服，社会学家也提出政策扩散的四种机制包括强制、竞争、学习和模仿。① 这些扩散机制都不约而同地涉及了强制，认可大国或明显或隐蔽地影响小国偏好的作用。事实上，研究国际话语扩散，我们也应该关注国际话语倡导者和目标行为体之间存在的权力不对称，大国可能会通过双边协议或作为小国的联盟或代理者的集体身份，从而将自己偏好的规范强加于小国，也可能借助媒介优势，操纵其他国家的话语接收，进而将自身观念强行植根小国社会。当然，这种外力强迫机制虽然可以使国际话语扩散至国家内部，但改变的是国家的行为，而非国家的身份，只能推动国际话语的低度扩散。并且，单纯的强迫机制还可能会导致目标行为体对国际话语的阴谋论猜测和强烈反抗。

综合上述分析，国际话语扩散的机制主要包括外力强制、战略计算、角色扮演和规范劝说。其中，外力强制和战略计算体现了物质主义和理性选择的逻辑，主要在话语扩散的初期阶段发挥作用，而社会建构机制如角色扮演、说服是话语扩散的主导机制，推动观念进一步的内化。

为何有的话语能够在某些国家或地区扩散，而有的话语却不能？下面，文章将从五个方面分析国际话语扩散的重要条件。

1. 时代背景与历史契机

特定历史时期的国际秩序变迁、全球性危机的爆发或科技革命的出现，常常

---

① Simon Bulmer and Christian Lequesne, ed, Member States of the European Union, N. Y.: Oxford University Press, 2005, p. 57

为特定话语的传播提供了关键的机会窗口。① 首先，国际秩序的变迁是国际话语扩散的重要推动力量。国际秩序的结构性变化往往伴随着新的权力中心的崛起，进而促使新的国际话语体系的形成。例如，二战后，随着美苏超级大国地位的确立，全球政治格局发生了深刻变化，西方的自由主义话语和社会主义的马克思主义话语在全球范围内展开激烈竞争。冷战的对立不仅促进了"自由民主""市场经济"等西方价值观的传播，也催生了与之对抗的"社会主义"与"阶级斗争"等话语的广泛扩散。冷战结束后，随着美国在国际体系中的主导地位进一步加强，民主、人权和市场化改革等话语成为全球治理的主流话语，影响深远。其次，全球性危机为国际话语扩散提供了新的契机。全球性危机往往能迅速引起国际社会的广泛关注，危机本身也为国际话语提供了塑造和传播的动因。以"气候变化"议题为例，随着全球气温上升、自然灾害频发，气候变化问题迅速成为国际社会的重要议题。在此背景下，"气候正义"和"可持续发展"成为全球讨论的核心话语，世界各国纷纷加入应对气候变化的行动中。联合国气候变化框架公约（UNFCCC）和《巴黎气候协定》的签署，标志着全球治理体系中有关气候变化的国际话语得到了广泛的认可和扩散。第三，科技革命的出现也是推动国际话语扩散的重要因素。随着信息技术、互联网和数字经济的迅猛发展，全球传播的方式发生了革命性的变化。互联网和社交媒体的普及，使得国际话语的传播速度和广度大大增强。科技创新不仅推动了全球化进程，也使得某些特定话语能够迅速跨越国界、渗透不同文化和政治体系。例如，数字经济的兴起和"人工智能"话语的传播，带动了全球范围内关于技术创新、全球治理和伦理道德的讨论，尤其是在发展中国家中，这些新兴话语的扩散促使了各国在全球科技竞争中的战略布局。

2. 制度性嵌入的支持

国际话语的扩散需要依靠制度性支持来确保其在国际体系中的合法性和强制性推广。制度化机制通过将某些话语纳入国际规则和准则体系，使得这些话语能够在全球范围内得到广泛认可并影响各国的政策与实践。国际条约、国际组织以

---

① Vlad Kravtsov, Understanding Norm Diffusion in the Globalized World: Building Theoretical Framework, pp. 16-19.

及国际规范的建设为国际话语提供了必要的制度框架，使其能够从行为体的主张转化为国际体系中的正式标准，从而增强了话语的合法性和约束力。首先，国际条约和协议是国际话语扩散的重要工具。当某一国际话语被纳入国际法律框架，通过条约和协议的形式固定下来时，它便具备了正式的合法性和全球普遍遵守的约束力。例如，联合国《气候变化框架公约》和《巴黎气候协定》明确提出了全球应对气候变化的目标和行动路线。这些条约不仅为"气候正义"和"可持续发展"的话语提供了制度化保障，也使各国在此框架下的行动成为国际社会认可和追求的共同目标。通过这种制度化的路径，气候变化话语得以从学术讨论和政策倡导上升为全球治理的核心议题，推动各国落实具体的减排承诺和环境保护措施。其次，国际组织和国际机构本身的作用同样不可忽视。国际组织通过制定规范、推动合作、监督执行等方式，有效地推动话语的普及和实践。以国际刑事法院（ICC）的建立为例，它标志着"反人类罪"和"战争罪"相关话语的制度化和全球化。通过设立专门的司法机构，国际刑事法院为国际社会提供了追究重大国际犯罪的法律框架，并将这些伦理规范转化为具有强制性的法律制度。这一制度的实施不仅使"反人类罪"和"战争罪"等话语成为国际法的一部分，还强化了对国际行为体遵守国际法和道德规范的监督与制裁。ICC 的作用进一步巩固了国际社会对人权保护、战争罪行追责等问题的广泛认同，提升了相关话语在全球范围内的权威性和执行力。此外，国际组织通过倡导话语的规范性和普适性，推动国际社会形成共识。例如，WTO 通过明确的贸易规则和争端解决机制，强化了自由市场经济话语的国际合法性，使得这一话语成为国际贸易的主流指导思想。

3. 国际话语性质

国际话语的内容将直接影响其扩散的范围和效果。从话语的形式上来看，简单、清晰、明确的话语更容易扩散。[①] 以联合国提出的 17 个"可持续发展目标"（SDGs）[②]为例，"无贫穷"（No Poverty）和"气候行动"（Climate Action）等口号式表达在各国均有良好传播效果。从话语的内容上来看，为整个人类谋福利的普世性

---

① K. Fisher, Locating frames in the discursive universe, Sociological Research Online, Vol. 2, No. 3, 1997, p. 907, http://www.socresonline.org.uk/socresonline/2/3/4.html.

② THE 17 GOALS, https://sdgs.un.org/goals, 2024 年 11 月 28 日访问。

话语更容易扩散。此类话语通常关注全球共同关切的问题，如气候变化、减贫、教育公平和公共卫生等，超越了国家利益和意识形态的分歧，能够在多样化的文化与社会背景中找到共鸣。例如，"人类命运共同体"这一话语以全球合作、和平发展、公平正义为核心主张，呼吁各国应共同应对全球性挑战，展现了对全人类共同利益的深刻关切。其内容的普适性和价值观的道德高度，使其成为近年来国际关系中的重要议题。

4. 国际话语与国内观念的一致或冲突

国内原有规范或观念作为既定情势，为国际话语的扩散提供了基础，但同时也可能成为制约其扩散的障碍。这一过程中，行为体的特殊偏好由国内社会的价值体系、历史记忆及制度安排所形塑，表现为对国际话语的选择性吸纳与本土化改造。当国际话语与国内观念一致时，其扩散往往更加顺畅，甚至可能被行为体主动推动。譬如，北欧国家的社会民主观念与联合国可持续发展目标（SDGs）中的减贫与社会公平目标高度契合，因此这些国家积极参与相关国际倡议，并通过制度创新强化该话语在全球的扩散力。相反，当国际话语与国内观念存在冲突时，其传播则会受到国内规范的阻力，甚至可能引发对该话语的重构或抵制。在国际关系实践中，部分发展中国家在接受"新自由主义"经济话语时，因其与国内强调社会保障的传统理念不符，往往对其进行调适，使其与本国社会经济发展模式相适应。此外，行为体对国际话语的选择还可能受到政治动机的驱动。一些行为体通过强调国际话语与国内规范的冲突，强化本土观念的优越性，以巩固国内政治合法性或争取国际谈判中的主动权。因此，国际话语的扩散不仅是观念传播的过程，更是动态的权力博弈场域，反映了行为体间复杂的利益和规范互动。

5. 生成话语行为体的能力与信誉

生成国际话语的行为体能力与信誉是决定其话语能否有效扩散的基础条件。这一能力不仅包括经济、军事、科技等硬实力，也涵盖文化影响力、价值观吸引力和外交号召力等软实力。强大的硬实力为行为体提供了资源支持和话语权基础，而软实力则赋予话语更广泛的吸引力和认同感。信誉则体现为行为体的政策一致性、道德合法性及对国际规则的遵守程度，是国际社会接受其话语的重要前提。以美国为例，在冷战结束后的国际体系中，其强大的经济、科技和军事能力为"自由民主""市场经济"等核心话语的全球传播奠定了物质基础。同时，美国在文化输出方面通过好莱坞电影、硅谷技术创新等手段，强化了其价值观的软实力影响。不仅如此，美国在联合国、国际货币基金组织和世界银行等国际机构中的领导地位，也进一步提升了其信誉，使其话语在全球范围内具有高度的正当性和吸引力。然而，行为体信誉并非恒定不变，容易受到其国内外政策的挑战与冲击。一方面，国内政策的不一致或价值观的内在矛盾可能削弱其道德合法性。例如，美国国内频发的种族问题和社会不平等，常被批评为其"自由民主"话语的实践困境。另一方面，单边主义或违背国际规则的行为可能降低行为体在国际社会中的信誉。例如，美国在伊拉克战争中的单边军事行动，不仅违背了其倡导的"以规则为基础的国际秩序"，还暴露了其话语与实际政策间的矛盾。这种行为导致国际社会对其民主话语的信任度下降，使其面临话语权衰退的挑战。总体而言，国际话语扩散的竞争实际上是行为体间实力博弈与信誉较量的综合体现。只有将硬实力与软实力相结合，同时通过一致性政策和规则遵守维护国际社会的信任，行为体才能在国际话语体系中保持长期的主导地位。

总之，国际话语扩散是多种条件相互作用的结果。时代背景、历史契机与制度嵌入为话语的扩散提供了机遇与支持；行为体的能力与信誉决定了话语的初始吸引力和扩散的有效性；内容的普适性与社会文化条件确保了话语的传递与接受。这些条件相辅相成，共同构建了国际话语扩散的复杂图景。

可以说，国际话语扩散不仅是一个重要的国际关系理论研究问题，对于中国的国际关系实践而言，也是一个亟需关注的战略议题。一方面，中国需要妥善应对国际话语扩散。在全球治理体系中，中国日益崛起为重要的国际行为体，在推动全球议题和参与国际规范制定方面，中国必须面对西方主导话语体系的挑战，在"自由民主""人权""市场经济"等西方主导的全球话语框架下，积极展开话语竞争，阐述自己的发展模式、价值理念和国际责任，力图在全球治理中占据话语制高点。另一方面，中国还应推动中国特色的国际话语体系的构建和扩散。中国提出的"人类命运共同体"理念、"一带一路"倡议等，正是从中国的国家经验和全球责任出发，倡导合作共赢、包容性增长等话语。这些话语既回应了全球化背景下的新需求，也为全球治理提供了中国智慧和中国方案。通过加强与其他国家的合作，提升软实力，中国能够在全球范围内推动具有普遍价值的理念传播，从而增强自身在国际体系中的话语权和影响力。

四、国际话语的内化

内化是话语普及的最高阶段，其中新的话语已经被国际社会广泛接受，行为体将话语内化，使其成为"理所当然"的事情。此时，依照话语行事成为自动行为。不过，国际话语的内化存在差异。后文将从国内结构出发，着重讨论影响国际规范国内化的三个主要因素：国内制度、国内利益和规范匹配；其次，笔者讨论了国际规范的内化机制，探索激励机制与社会化机制在规范内化中的影响。

(一)国际话语内化的条件：国内结构的影响

国际话语必须经由某种通道进入国家。作为国际层次和社会层次之间互动的中介(或者说"传输带")国内结构是国际话语发挥影响和作用的干预力量。国内结构能够直接决定国际话语进入国内的机会，以及国际话语可以获得的国内获胜联盟(winning coalitions)力量。国际话语必须经由国内结构才能够发会影响，而国内结构和话语又可以在国际话语内化的过程中使其变形走样，还可以对国际话语做出多种不同的解释。① 正如托马斯·里斯(Thomas Risse)所言，国际话语的内化首先必须克服两个障碍：第一，国际话语必须有渠道扩散到"目标国"；第二，国际话语必须能够在目标国内产生支持力量或者有助于这些力量的产生，以便目标国的决策能够向着国际话语生成主体所期望的方向变化。在国际话语的内化过程中，国内结构发挥着至关重要的影响。② 所谓国内结构，是指国家的政治制度、社会结构以及连接两者的政策网络。国内结构既包含政治与社会制度的组织架构、惯例、决策规则和程序(这些都包含在法律和传统之中)，也包含内嵌于政治文化中的价值和规范。根据这一定义，可以将影响话语内化的国内结构分为三个方面：国内制度、国内利益和国内规范。

---

① Thomas Risse Kappen, Bringing Transnational Relations Back In, Cambridge University Press, 1995, p. 12.

② Thomas Risse Kappen, Bringing Transnational Relations Back In, p. 25.

1. 国内制度

国内制度确定了政府与民众之间的权利与义务，帮助国内行为体界定其国内和国际利益。因此，国内制度的差异会影响国际规范的进入和传播，不同的制度为规范的倡导提供了不同的机会与障碍。根据彼得·卡赞斯坦(Peter Katzenstein)等人关于国内政治制度的研究①，笔者将国内结构分为两大类：强国家(国家主导型国家)与弱国家(社会主导型国家)。在国家主导型的国内结构下，国家较为严格地控制、塑造并影响着整个社会的利益和偏好。在社会主导型的国内结构下，社会集团的利益压力主导并塑造着国家的行为。

国际话语在国内扩散和内化需要经由国内结构的传输和影响。由于在国家主导型的国内结构下，国家较为严格地控制着社会舆论，因此国际话语直接渗入到国内社会与国内政治体系中较为困难，传播阻力有时较大。反之，一旦某种话语能够突破国家控制的制度系统或者得到政府的支持，那么其传播速度就会非常迅速，范围也可以非常广泛，而且还能够获得大量的支持力量。相比之下，如果国家控制社会的能力较弱，而社会力量的组织能力、动员能力很强，则会更有助于国际话语进入国内。当然，还存在着另一种可能性，即社会力量的强大也会导致话语传播的困难。原因在于各类国际话语轻易进入国内社会后引发话语竞争，从而分散社会关注，阻碍某一国际话语的广泛传播。

但是，国内政治结构无法解释不同国际话语在同一国家的不同时期面临的多样化内化结果。正如人权话语在美国国内不同时期的内化差异，对于国际话语的传播和内化而言，关键在于当国际话语进入到国内社会之后，是否存在足够的支持力量(或者联盟)起到进一步的推动作用。因此，国内利益的构成同样对国际话语的内化产生影响。

2. 国内利益

现有研究表明，如果接受某类国际话语被认为更有助于获得重要的国内物质利益(不论是经济还是安全领域)，那么这类话语就更有可能在国内得到传播。例如，第二次世界大战之后建立的布雷顿森林体系及其内在的规范——"内嵌的

---

① Peter Katzenstein, International Relations and Domestic Structures: Foreign Economics Policies of Advanced Industrial States, International Organization, Vol30, No. 1, 1976, pp. 1-45.

自由主义(embedded liberalism)"——之所以能够成功,是由于美国国内各种政治力量都认为,战后的这种经济秩序能够实现各方不同的政治目标。

同样地,国际规范在国内传播和扩散可能导致不同社会利益集团的利益再分配效应。例如,保护环境话语的传播会影响到国内不同产业的利益。倡导环保的产业可能得到物质与精神激励,而产生污染的产业则可能由于这一规范的传播则需要付出更多成本。① 因而,对于某类国际话语的传播和扩散,不同利益集团可能会持不同的态度。由此推知,如果某类国际话语为国内主导利益集团增进收益,那么该类话语就可能得到他们的支持;反之,如果某类国际话语的传播对国内主导利益集团的收益构成损害,那么其内化过程可能将受到阻挠。值得注意的是,政权的合法性是国内主导利益集团的核心利益。国内主导利益集团常常需要获取国家行为的国际合法性。随着大众媒体和互联网的发展,国内民众越来越将自己的政府与(国际和本地区)其他政府形式相比较,越来越注意其他国家和人民怎样评价自己的政府,并据此作出自己的政府是否合法的判断。这也就意味着,在国际上享有高合法性的话语构成了国内主导集团核心利益之一。因而,享有更高国际合法性的国际话语能够获得更大的内化助力。

3. 话语匹配

已有国内话语与国际话语之间的匹配程度是影响国际话语内化的重要因素。话语匹配度直接影响了国内话语适应和调整的压力大小。在某种程度上,国内话语与国际话语之间的不匹配是国际话语内化的必要条件。与此同时,新话语和已有话语之间的关系也会影响到话语在国内的扩散阻力。阿米塔·阿查亚(Amitav Acharya)在研究东亚地区对国际话语的接受时发现,"共同安全"和"人道主义干预"在东亚地区的传播结果截然不同,其原因在于前者与东亚地区已有观念与现有规范相一致,而后者却与东亚传统截然相对。② 当前,学界存在两种方法对话语匹配程度进行衡量。第一种方法是通过比较某个具体话语的各个维度,区分出

---

① 康晓:《利益认知与国际规范的国内化——以中国对国际气候合作规范的内化为例》,《世界经济与政治》2010 年第 1 期。

② 塔尼娅·A. 博泽尔,托马斯·里塞著,耿协峰译:《牛津比较地区主义手册》,天津人民出版社 2023 年版,第 235 页。

话语的核心要素和附属部分，从而可以较为模糊地比较出匹配程度。另一种方法是通过比较外部行为来衡量话语的匹配程度。当国际话语扩散到国内时，国内出现大规模抵制，则说明二者匹配度底，反之则说明匹配高。

国际话语内化离不开三种国内结构因素的综合作用。概括来看，在相同国内结构下，那些将会增进国内收益且与国内观念相匹配的国际话语，更加容易在国内得到传播；在相同国内结构下，那些阻碍国内收益且与国内观念相对立的国际话语，则很难在国内得到传播。[①]

国际话语的内化机制，指的是国家在国内层面调整并接受（既可能是工具性接受，也可能是内化式的接受）来自外部话语的动力。按照马奇（March）和奥尔森（Olsen）的分类，行为体的行为动力主要遵从两种逻辑：适当性逻辑和后果性逻辑。前者指的是行为体由于认同或者内化了群体所共有的意义和理解，因而调整并遵守来自体系层面的观念或规范，也可被称为"社会化机制"。后果性逻辑指的是行为体基于利益、成本、机会、权力等方面的权衡考虑，调整并遵守体系层面的规范。后果性逻辑可称之为"激励"机制。这两种机制在国际话语内化的不同阶段共同发挥作用。

国际话语的内化过程主要包含三个层次：第一层，国际率先经历对国际话语的工具性调整；第二层，国际话语部分内化；第三层，国际话语完全内化，成为指导习惯性行为的发展路径。过程中，社会化机制与激励机制发挥的作用各不相同。激励机制在诱引国家调整或接纳国际话语时发挥了至关重要的作用。随着遵守某类国际话语的时间越来越长，遵守的沉没成本越来越高，社会化的机制也将发挥出更显著的作用。以下将着重讨论激励机制和社会化机制的各种形式，并且分析这两种机制之间的转化，以及他们在话语内化过程中的不同作用。

1. 激励机制：行动的后果性逻辑

从后果性逻辑来研究行为体的话语接受行为，是理性选择主义者所偏好的研究路径。然而，正如马奇和奥尔森指出的，后果性逻辑或适当性逻辑一般不能单独解释政治行为。任何特定行为都有可能包含两种逻辑的因素。在行为体的所有

---

① 林民旺，朱立群：《国际规范的国内化：国内结构的影响及传播机制》，《当代亚太》2011 年第 1 期。

行为中，更普遍的情况是，要么后果性逻辑占主导地位，要么适当性逻辑发挥主要作用。当后果性逻辑占主导时，主要是利益的激励机制在发挥作用。① 如果这一机制发挥着压倒性的影响，就不存在所谓的社会化和内化，因为并没有从后果性逻辑转向适当性逻辑。行为体的行为动机也只是被看作是工具性的，他们细致地计算并寻求最大化给定的利益，调整自己的行为，以符合国际社会的偏好。激励机制的形式多种多样，主要表现为强制（coercion）、报偿（rewards）和竞争（competition）三种形式。②

强制机制是通过直接的权力或威胁迫使国家接受某些国际话语。在这一机制下，国际话语的内化通常伴随有对不遵守国际规则的惩罚或制裁，国家为了避免损失或争取利益而被迫内化某些话语。一个典型的例子是国际货币基金组织（IMF）与世界银行对发展中国家的贷款条件。在20世纪80年代和90年代，许多发展中国家为了获得IMF的贷款，必须接受其关于"市场化改革"和"自由化"的话语。这些国际经济话语不仅在理论上推动了全球化的市场经济理念，也通过实际的金融手段对国家实施了强制性要求。在这种情况下，发展中国家对这些话语的内化更多是出于对外部压力的响应，而非内心认同。类似地，联合国安理会的制裁措施也体现了强制机制。某些国家可能因为不遵守国际协议或侵犯人权而面临国际社会的强制性制裁，这迫使它们在一定程度上接受国际话语并调整国内政策。例如，伊拉克在1990年入侵科威特后，国际社会通过联合国安理会实施了一系列制裁，迫使伊拉克在国际话语压力下做出妥协并最终接受国际规范。

报偿机制则是通过提供经济、政治或战略利益来激励国家接受并内化某些国际话语。在这一机制下，国际话语的传播和内化往往与国家获得的直接利益挂钩。国家接受某些国际话语往往是为了获得相应的奖励或利益，这些奖励可以是经济援助、贸易优势或国际合法性等。中国加入世界贸易组织（WTO）的过程就是一个典型的报偿机制案例。中国为了融入全球经济体系并享有更大的市场准入机会，接受并内化了"自由贸易"与"市场经济"的相关话语。作为回报，中国在

---

① 彼得·卡赞斯坦、罗伯特·基欧汉、斯蒂芬·克拉斯勒编：《世界政治理论的探索与争鸣》，秦亚青等译，上海：上海人民出版社2006年版，第370页。

② Jeffrey T. Checkel, International Institutions and Socialization in Europe, p. 10.

出口市场和外国直接投资（FDI）获得了巨大的经济利益。另外，在巴黎气候协议中。许多发展中国家也通过赞同采取减排措施并接受气候变化话语，而得到了发达国家的资金支持和技术转让。

竞争机制是指国家或行为体因全球竞争压力而选择内化某些国际话语，以提升自身的国际地位和影响力。在这种机制下，国家接受和内化某些话语的动力通常来自于与其他国家在国际舞台上的竞争。为了在国际竞争中占据优势，国家往往会选择与国际社会主流话语相一致的政策，并推动这些话语的内化。冷战期间，苏联和美国分别代表了资本主义和社会主义两种截然不同的意识形态和话语体系。在这种国际竞争环境下，每个阵营都试图通过推动自己的话语体系来吸引更多国家的认同和支持。苏联通过"社会主义"话语扩展影响力，而美国则通过"自由民主"话语寻求全球支持，尤其是在第三世界国家中展开激烈竞争。近期，技术创新话语的内化成为国家间竞争的新战场。例如，随着人工智能和数字经济的快速发展，许多国家在制定相关政策时，受到国际话语的影响，积极采用关于"数字治理""创新驱动发展"的话语，以提升自身在全球科技竞争中的地位。欧盟和美国在数据隐私和人工智能伦理等领域的规范竞争，促使其他国家内化与之相关的国际话语，确保在全球数字经济中占有一席之地。

2. 社会化机制：行动的适当逻辑

建构主义者的社会化是指行为体内化群体观念的过程，表现的结果就是行为体的行为持续地遵守这些被群体所内化的话语。这也就意味着，行为体的行为从后果性逻辑转向了适当性逻辑，这种行为是基于对话语的认同，不受物质奖励或惩罚的影响。社会化机制是指促使行为体不断学习并认可话语所具有的价值和意义的方式，主要包括说服、模仿（学习）和社会压力，三者发挥的作用和范围不尽相同。

说服机制强调通过理性辩论、沟通和对话，使国家或行为体意识到接受某种国际话语对其利益的正当性和合理性，从而自愿采纳并内化这些话语。在这一过程中，国际行为体通过明确表达其利益和价值观的优势，影响其他国家的认知和行为选择。类似的案例可以参考人权话语的全球传播。尽管各国的文化背景和政治体制不同，但随着国际社会对人权问题的重视，联合国及相关非政府组织通过持续的说服和教育，使得更多国家逐步内化并接受"普世人权"话语。这一过程中，国际行为体通过强化人权价值的普适性和正当性，推动国家在内外压力下加强对人权的保护和促进。

模仿或学习机制是指国家在国际社会中观察到其他国家成功实践某种国际话语后，出于自我利益或对全球认同的追求，选择模仿这些国家的行为和政策。由于模仿总是基于模仿者对自我归类群体的认同，因而社会文化的联系将有助于模仿者与被模仿者之间产生心理亲近感（psychological proximity），语言、历史、宗教上的相似性将便利规范和行为的模仿。学习也是一种模仿的过程，是以外部行为体作为观察、学习的范例，使自己的行为与之相似或一致。[1] 温特强调，从直觉上看，似乎至少有两种成功容易导致行为体的学习：一是"物质"成功，其标志是获得权力和财富；二是"地位"成功，其标志是获得"声望"。[2] 一个典型的例子是欧洲一体化进程。自 20 世纪 50 年代以来，欧洲国家在经济和政治领域的深度合作，尤其是通过欧盟的建立，推动了"区域一体化"和"经济合作"话语的内化。许多发展中国家，尤其是东欧和中东欧国家，看到欧盟的成功后，纷纷选择模仿欧盟的模式，推动区域经济一体化进程，进而推动该地区的政治改革和市场化改革，最终在国际社会中提升自身的影响力和经济发展水平。

社会压力机制强调国际社会通过共识、舆论和多边机构的集体行动，施加压力促使国家接受和内化特定的国际话语。[3] 在这一机制下，国家在全球舞台上必须考虑自身形象、国际合法性和同其他国家的关系，因此往往受到国际社会的舆论压力和规范约束。联合国和其他国际组织通过设置国际标准和规则，形成了一种全球性的社会压力，促使各国在内外压力的双重作用下，内化国际话语。从国际刑事法院（ICC）的建立来看，全球司法合作体系为各国施加了强大的社会压力，推动世界各国尤其是新兴大国和发展中国家在一定程度上接受和内化"反人类罪"与"战争罪"等国际刑法话语。那些拒绝参与 ICC 或不执行相关国际刑事判

---

① 刘兴华：《试析国家社会化的演进》，《外交评论》2009 年第 3 期。

② 亚历山大·温特著，秦亚青译：《国际政治的社会理论》，上海人民出版社 2014 年版第 410 页。

③ 钟龙彪：《国家社会化：国际关系的一项研究议程》，《欧洲研究》2009 年第 2 期。

决的国家，往往面临国际社会的孤立、制裁或声誉受损的压力。这种社会压力促使更多国家重新审视其对国际司法机制的态度，最终选择接受并内化这些国际话语，以避免国际舆论和外交孤立。

3. 后果性逻辑到适当性逻辑的转化

按照马奇的看法，适当性逻辑只是后果性逻辑的一种特例。① 人类的所有行为都是后果性的。从这个角度看，规则和认同仅仅是实施后果行为时使得交易成本最小化的工具。换言之，后果性逻辑与适当性逻辑并不矛盾。行为体最初按照后果性逻辑遵守某些话语的行为，经过持续且成功地强化和巩固之后，行为的后果性逻辑就逐渐转变为适当性逻辑。沉没成本效应、程序化(routinization)与合理化(rationalization)可以为此提供解释。

沉没成本是指由于过去决策所导致的，但是却无法由现在或将来的任何决策所改变的成本。② 经济学的研究表明，资产的流动性、通用性和兼容性越强，其沉没的部分就越少。行为体在行为的后果性逻辑支配下，为了获取话语提倡者提供的某种工具性收益而进行行为或政策的调整，为此付出了一定的成本。一旦外部激励消失，行为体是否将恢复先前的做法或政策，很大程度上取决于沉没成本的大小。初基于后果性逻辑而采取的行为变化，也可能由于遵守规范行为的过程中所导致的高昂的沉没成本(包含了社会成本)而继续维持现状。

程序化也可称之为常规化、惯例化或习惯化。行为体最初基于功利主义的目的而进行的行为调整，随着依据话语行动时间延长，行为体逐渐形成路径依赖。心理学的认知失调理论也认为，人们不喜欢打破常规，而是倾向于继续坚持已有的行为。认知失调的痛苦经历使行为体力图避免这种现象的产生，方法是或者改变自己的态度，或者改变自己的行为。在国家层次上也存在同样的状态，国家领导人奉行某些理念，其目的是为了避免由此而来的反对之声，增强民族自尊。③

随着行为体对某种规范行为的长期遵守，部分既得利益集团为了自身的利益

① 彼得·卡赞斯坦、罗伯特·基欧汉、斯蒂芬·克拉斯勒编：《世界政治理论的探索与争鸣》，秦亚青等译，上海人民出版社2006年版，第370页。
② 林民旺：《前景理论与外交决策》，《外交评论(外交学院学报)》，2006年第5期。
③ 彼得·卡赞斯坦、罗伯特·基欧汉、斯蒂芬·克拉斯勒编：《世界政治理论的探索与争鸣》，秦亚青等译，上海人民出版社2006年版，第313页。

也可能对此进行合理化的论证。杰克·斯奈德(Jack Snyder)在《帝国的神话》中详细论证了利益集团如何将追求自我私利的说辞合理化。他认为,在卡特尔化的(cartelized)政治体系中,国家的资源掌握在少数集团的手中。这些集团能够从扩张的外交政策中获得一些经济或者政治上的利益,因而他们互相呼应,形成政治联盟,不断制造出"帝国神话"——"国家安全只有通过扩张才能够得到保障"①。这些政治联盟开始只是经常向国民大肆鼓吹这种"帝国神话",久而久之,这些集团和政府精英也逐渐将自己的这套说辞内化。即便帝国主义精英们没有将自己的这种"神话"内化,在政治上他们也受到了这些说辞的束缚,因为这些精英们的权力和政策的合法性很大程度上是基于"帝国神话"———经过长时间的鼓吹,国民已经接受了这种过度扩张政策的合理性。

总而言之,在话语扩散过程中,激励机制能够诱使(引导)行为体工具性地接受某些话语,可是随着接受话语的时间越来越长,行为体的行为可能逐渐由后果性逻辑转变为适当性逻辑。在全球化的背景下,国际话语的生成、扩散与内化已经成为国家行为体在国际关系中重要的互动机制。对中国而言,如何理解与应对国际话语的挑战与机遇,已成为其外交政策与全球战略中的核心议题。本文通过生命周期理论框架,结合安全化理论与国际关系中的理性选择与社会建构视角,深入探讨了国际话语生成、扩散与内化的机制和条件。

国际话语的生成是由多个行为体共同推动的过程。在这一过程中,西方大国主导了诸如"自由民主""市场经济""全球治理"等核心话语的生成与传播。然而,中国在应对这些话语时,不仅需要关注外部话语对国内政治与文化的影响,更要通过增强自身的话语权,主动参与到国际话语的塑造中。例如,中国倡导的"一带一路"倡议和全球发展倡议,正是中国主动塑造国际经济治理话语的一部分,旨在为全球治理提供替代性声音和方案。国际话语的扩散也对中国的国际关系实践带来了挑战与机遇。一方面,随着中国的崛起,全球化进程中形成的多元话语体系也在对中国进行深刻影响。在诸如气候变化、国际安全与人权等全球性议题上,国际话语的扩散可能对中国的外交政策形成压力。另一方面,中国也在通过

① Jack Snyder. Myths of Empire: Domestic Politics and International Ambition. Ithaca. NY: Cornell University Press, 1991, pp. 31-32.

制度创新与多边平台积极扩展自身话语的影响力，推动符合中国利益的国际规则和标准。

从国际话语的内化来看，中国在吸收国际规范和价值观时，并非简单地接受外部压力，而是根据国内利益与政策目标进行选择性内化。在这一过程中，国内结构的变化、政治力量的博弈以及文化认同的转变都对国际话语的内化产生重要影响。在人权与法治话语的内化过程中，中国既面临来自西方的压力，也有自身的历史文化与政治传统的考量。尽管外部社会压力推动了中国在一定程度上加强人权领域的改革，但中国始终坚持根据自身国情发展人权议题，不完全照搬西方标准。在这一过程中，激励机制与社会化机制共同作用，使中国既能够在国际社会中维持合法性，又能在国内实现国家利益与价值观的平衡。

未来，中国不仅要应对国际话语扩散带来的挑战，更要通过积极参与话语的塑造，推动符合自身国家利益的全球治理框架，争取国际话语的主动权。

第五章

国际秩序、国际话语传播及其变迁动力

第一节 国际秩序及其构成

国际秩序不仅由物质力量构成，更深刻地体现为国际体系中在某种国际格局基础上主要国家按照某种特定国际规范互动的一种状态，国际主流价值观、国际规范与制度以及国际组织中规则制定权分配构成国际秩序的基本要素。从国际话语实践的角度来看，国际秩序变迁可分为三种类型，即基于国际主流价值观转变的国际观念变迁、基于国际规范与制度变迁的国际制度变迁以及基于国际规则制定权转移的国际领导变迁。

国际秩序不仅依赖于国家之间的物质力量，更多地体现为在特定国际格局下，主要国家依据一系列国际规范与制度进行互动的状态。这一互动关系通常伴随着全球性的价值观和政治理念等国际话语的传播，以及国际治理框架的变化。在这一框架内，国际秩序的基本要素包括国际主流价值观的广泛接受、国际规范与制度的形成与调整、以及在国际组织中规则制定权的分配与再分配。这些国际话语要素共同决定了国际秩序的稳定性与变迁。

当前学界对国际秩序基本内涵的理解尚无定论，学者们基于自身研究取向从不同的视角界定和理解国际秩序的基本内涵，有时候把国际秩序与国际体系、国际格局等概念混用。目前，学界和政策界更多是在一种抽象和形而上的意义上理解国际秩序的内涵，认为国际秩序是对特定时空下国际体系(或国际社会)特定状态的描述。从根本上说，国际体系因为没有一个超越国家主权之上的更高权威而客观上表现为无政府状态，这种状态下的国际关系兼具自然和社会属性，或多或少存在着某种秩序。虽然这种秩序并非线性增进的，但随着国际体系的扩大和关系的密集，国家间或其他行为体间逐步确立起的行为规范之深度与广度在增加，这为国际体系中各种行为体的行为提供了某种可预测性和可预期性，逐步降低了行为体行为的自然性(野蛮)，增加了它们行为的社会性(规范或文明)。从本体论上讲，国际秩序就是特定国际体系中各行为体行为的可预测性，这种可预测性主要由国际规范(国际制度)确定和保障。① 从描述性意义来看，国际秩序就是特定国际体系中各种行为体按照某种特定社会规范互动的一种状态，这种规范追求或维持各行为体的基本生存、独立与和平等人类社会的基本目标和普遍价值。②

不同学者对国际秩序的构成要素持有不同看法。亨利·基辛格(Henry A. Kissinger)从现实主义实力与均势的视角来看待国际秩序，认为无论任何秩序"均建立在两个因素之上：一套明确规定了允许采取行动的界限且被各国接受的规则，以及规则受到破坏时强制各方自我克制的一种均势"。③ Ashley(1989)指出，国际秩序的核心是行为体对规则的"自然化"认同，即各国相信现有规则是"自然且必然"的，秩序构建需霸权或跨国网络促成"统一"，使特定目标被认可。④ 英国学者赫德利·布尔(Hedley Bull)则把国际秩序的内涵界定为"追求国家社会或国际社会的基本或主要目标的行为格局"，并在此基础上从国际社会的理论视角来看待国际秩序的构成要素，认为秩序是由国际社会关于共同利益的观念、行为规则和实施规则的制度三者共同维持的。⑤ Finnemore(2003)认为，国际秩序是"共享社会与文化共识"的产物，递归制度化理论强调，国际秩序是"观念、制

---

① 王正绪、耿曙、唐世平主编：《比较政治学》，复旦大学出版社 2021 年版，第 4 页。
② 李慧明：《人类命运共同体与国际秩序转型》，《世界经济与政治》2021 年第 8 期。
③ 亨利·基辛格著，胡利平等译：《世界秩序》，中信出版社 2015 年版，第 18 页。
④ Allan, B. B. (2018). Scientific cosmology and international orders (Cambridge Studies in International Relations, Vol. 147). Cambridge University Press. pp. 139-140.
⑤ 赫德利·布尔著，张小明译：《无政府社会：世界政治中的秩序研究》，上海人民出版社 2015 年版，第 11 页。

度、权力"的递归互动系统，通过"霸权强加"或"水平变化"实现动态平衡。① 阎学通将国际秩序界定为"国际体系中的国家依据国际规范采取非暴力方式处理冲突的状态"，并强调国际规范、主导价值观和国际制度安排是构成国际秩序的三个基本要素。② 尽管国内外学者对国际秩序的基本内涵及其构成要素存在分歧，但总体上认同国际规范是构成国际秩序的基本要素。根据卡赞斯坦的定义：规范是指具有给定身份的行为体适当行为的准则。③

基于此，国际规范这类国际话语成为考察国际秩序基本要素的起点。向前溯源来看，规范的产生与形成有一个复杂的社会化过程，与此直接相关联的有两个重要因素，一个是国际体系中的权力分配，另一个是国际体系中的价值观因素。首先，鉴于国际体系的无政府状态，规范的起源与确立通常与特定国际体系中占主导地位大国的权力因素直接相关。尽管一些重要而影响深远的国际规范并非完全遵循权力原则，但也要获得关键大国的认可和支持，才能最终成为被体系内各国接受的主导性行为规则。因此，国际体系中的权力分配状态（即国际格局）是国际规范形成与确立的一个重要基础，诸多国际规范正是对这种客观物质性国际格局现实的理念性确认与合法性建构。国际格局是国际规范与国际秩序的物质性基础，国际规范很大程度上反映了国际格局中占据主导地位的国家的国际理念及其偏好。国际规范与国际格局往往很难剥离开来，但正如阎学通所强调的，国际格局不是国际秩序的构成要素，而是国际秩序存在的基础以及发生变化的重要原因，国际秩序建立在国际格局基础上。

其次，国际规范往往发端于国际体系中部分行为体的价值观，这些行为体并不一定是体系主导国，其价值观也不一定与体系主导国一致，但这些价值观的传播、扩散直至跨过倾斜点（tipping point）而成为主流国际规范必定要经过主导国的认可、接受乃至改造，更不必说成为国际规范的规则与准则往往源自体系主导

① Allan, B. B. (2018). Scientific cosmology and international orders (Cambridge Studies in International Relations, Vol. 147). Cambridge University Press. p. 2

② 阎学通：《无序体系中的国际秩序》，载《国际政治科学》2016 年第 1 期，第 13-17 页。

③ 马莎·芬尼莫尔、凯瑟琳·斯金克：《国际规范的动力与政治变革》，载彼得·卡赞斯坦、罗伯特·基欧汉、斯蒂芬·克拉斯纳编，秦亚青等译：《世界政治理论的探索与争鸣》，上海人民出版社 2006 年版，第 299 页。

国的价值观。可见，国际体系中的主流价值观（一般是体系主导国倡导或支持的价值观）往往与国际规范相辅相成，是国际规范的先声或重要的理念支撑，引导或塑造着行为体的行为。因而，这些主流价值观本身就是国际秩序的重要组成部分。

　　向后追踪来看，当国际规范逐渐形成并迅速普及进而被体系内的大多数行为体内化后，规范往往会形成一定的制度安排，通过这些制度安排确保规范得到遵守和正常运行（规范的制度化）。当然，从国际规范到国际制度并非线性发展，一些国际制度往往还是国际规范形成和传播的平台，在很多情况下制度本身就是规范。因此许多国际关系研究者对制度和规范是混用的。罗伯特·基欧汉（Robert O. Keohane）认为，国际制度是"连贯一致并相互关联的（正式或非正式的）成套规则，这些规则规定行为角色、限定行为活动，并影响期望的形成"，①而詹姆斯·马奇（James G. March）和约翰·奥尔森（Johan P. Olsen）将制度定义为"一组相对稳定的实践活动和规则，它们规定了特定行为群体在特定环境中的适当行为"。②　玛莎·芬尼莫尔等认为，"政治学中的建构主义称之为规范的概念与社会学称之为'制度'的概念实际上是同样的行为准则"。规范和制度的区别就是聚合性问题：规范指的是单独的行为准则，而制度强调的是诸多行为准则的组合汇集与相互关联。③　莉萨·马丁（Lisa L. Martin）和贝思·西蒙斯（Beth A. Simmons）在《国际制度》中指出，国际制度指规范国家行为的成套规则，那些规则可能是正式的、明确的，或者是非正式的、隐含的。国际组织是国际制度的具体体现，其有办公大楼，雇用公务员和官僚，并且编制预算。当然，任何机构的设置无疑都基于一定的权力分配，但这些机构的运行以规定和约束机构成员或相关行为体行为的规则和规范为前提。国际机构是一种组织性实体，其本身无法独立存在，制度（机构）是肉体，而附着在其之上的运行规则和规范是灵魂，二者无法截然分开。在特定的国际制度（机构）中，基于权力分配的规则制定权先于

①　Robert O. Keohane, International Institutions and State Power, Boulder: Westview, 1989, p. 3.

②　James G. March and Johan P. Olsen, The Institutional Dynamics of International Political Order, International Organization, Vol. 52, No. 4, 1998, p. 948.

③　马莎·芬尼莫尔、凯瑟琳·斯金克：《国际规范的动力与政治变革》，载彼得·卡赞斯坦、罗伯特·基欧汉、斯蒂芬·克拉斯纳编，秦亚青等译：《世界政治理论的探索与争鸣》，上海人民出版社 2006 年版，第 299 页。

组织机构和制度而存在，规则制定权是基础和前提，然后才有组织机构或制度的存在，而组织机构或制度的存在必定同时伴随着（无法剥离的）运行规则的存在，这些规则实际上就是制度的运行准则或规范。就此而言，国际制度实质上是组织机构（实体性存在）得以运行的组织规则（规范性存在），国际制度是国际规范（规则）的制度化结果，而国际规范或规则的制度化程度也是衡量国际秩序存在及其稳定程度的一个重要标准。

按照物质性的强弱以及概念所代表的事物逻辑上的先后顺序，在国际格局、国际组织（机构）、国际规则制定权、国际制度、国际规则和国际规范等概念之中，国家实力对比（分配）构成的国际格局物质性最强，而体现组织运行机制的国际规则和国际规范理念性最强。阎学通所定义的"制度安排"更多是指以实体性组织化方式存在的国际组织（机构）而非国际制度。在一个现实存在的国际组织（机构）当中，体现其运行机制的规则、规范和制度往往难以分割，只有细微差别。基于马丁和西蒙斯的界定，组织（机构）安排本身是基于制度而运作的，而制度会包含规则制定权的分配。规则制定权分配是指某一国际组织或国际制度中的决策权分配或领导权分配，这一分配很大程度上是以该组织或制度所体现的基本权力分配（从国际体系的宏观层面来看就是国际格局，而在某一区域或某一特定问题领域就是该区域或问题层次上的权力格局）为基础。据此可以从逻辑上剥离以物质性和组织化存在的因素，把基于国际格局的国际组织机构中的规则制定权单独分离出来，而把国际规范与制度作为一个整体放在一起，加上国际观念（价值观）就构成了国际秩序的基本要素。

根据上文论证，国际观念（价值观）、国际规范与制度、国际规则的制定权是构成国际秩序的基本要素。然而，在现实政治中，国际秩序的稳定性与变迁始终受到不确定性和动态性的深刻影响，不确定性与动态性也因此渗透到上述核心构成要素的运作逻辑中。

在观念层次上，不确定性的普遍存在使得国际主流价值观的形成与扩散不再遵循线性逻辑。不同政治世界观在"意识形态距离"（ideological distance）①的动态

---

① Mark L. Haas and Henry R. Nau, "Political Worldviews in International Relations: The Importance of Ideologies and Foreign Policy Traditions," in Uncertainty and Its Discontents: Worldviews in World Politics, Cambridge: Cambridge University Press, 2022, pp. 74-88.

演变中持续竞争，本质上是观念层上的冲突机制。不同世界观的认知差异会显著影响国家间对国际事务带来的威胁的感知，这种差异越大，威胁感知水平越高，价值观共识越难形成，反之则越低，越易形成合作性认知，进而塑造国际互动模式。① 进而，意识形态距离将对价值观"倾斜点"（tipping point）产生正或反的调节效应：当主体间意识形态距离较小时，主导国更易认可并推广相近价值观，从而降低威胁感知并加速价值观倾斜点突破。反之，当意识形态距离较大时，异质价值观会被视为一种威胁因素，提高价值观倾斜点突破难度，难以形成共识。

在上述基础上，加入"不确定性"这一外部变量，价值观"倾斜点"的跨越逻辑将进一步复杂化。突发性事件带来的后果若动摇国际观念（价值观），不确定性带来的后果冲击倾斜点的临界稳定性，将使已跨越的倾斜点出现反复甚至瓦解的情况。2008年金融危机后，贸易保护主义抬头，扩大了与多边主义的意识形态距离。在此之前，国际观念已 WTO 框架下的多边主义与自由贸易为主，通过争端解决机制等制度来协调各国贸易是共识。面对金融危机的冲突，美国对 WTO 争端解决机制进行阻挠，机制的运行效率大大下降，易规则为基础的多边主义规范出现失效情况。其二，在传统主流价值观失灵的领域，不确定性促使行为体寻求局部协调。在气候治理问题中，发展中国家主张的"共同但有区别的责任"，发达国家则主张"技术解决方案"，但气候危机的不确定性迫使双方在"国家自主贡献"机制中达成妥协，是一种在不确定性压力下从对抗到临时协作的国际观念动态重构。

其次，在权力（物质能力）与制度层次上，不确定性使得"认知引擎"（epistemic engine）②式的由单一霸权性认知带来的确定性治理瓦解。牛顿主义认为国际秩序是一个可控、有序的"花园"（Garden），后牛顿主义（Post-Newtonian

---

① Mark L. Haas and Henry R. Nau, "Political Worldviews in International Relations: The Importance of Ideologies and Foreign Policy Traditions," in Uncertainty and Its Discontents: Worldviews in World Politics, Cambridge: Cambridge University Press, 2022, pp. 90-110.

② Prasenjit Duara, "Oceans, Jungles, and Gardens World Politics and the Planet," in Uncertainty and Its Discontents: Worldviews in World Politics, Cambridge: Cambridge University Press, 2022, pp. 203-205.

International Relations）则认为国际秩序更像一个充满不确定性的"丛林"
（Jungle）①。国际环境内的不确定性，例如数字治理、公共卫生、气候治理等问
题，各国主体的力量对比不再单纯以物质实力为主，不确定性问题将需要的国际
规则与秩序，将会重构部分领域的制度权规则，基于关系性的协商力量将不断上
升，体现"多孔、混合、分布式"②（porous，hybrid，distributed）的代理对单向权
力逻辑的超越。因此，面对多发的不确定性事件，国际环境中的不确定性将推动
国际规则从寻找"公园"（Park）式的中间路径：既保留民族国家的制度框架，又
容纳非国家行为体的"多孔参与"；既承认科学理性的工具价值，又纳入地方性、
宗教性宇宙观的伦理约束。构建兼具包容性与适应性的分布式代理会避免国际秩
序陷入"花园"的霸权垄断或"森林"的无序混沌，以这种更加具有关系型的公园
秩序带来国际秩序的稳定。

第二节　国际话语和国际秩序变迁

国际秩序始终是变动不居的，从国际秩序的形成与构成要素来看，促使国际
秩序变迁的原因和过程较为复杂。研究者目前更多致力于界定国际秩序的内涵及
其构成要素，但对国际秩序变迁本身的理论化研究较少。唐世平从本体论的角度
把国际秩序界定为"一个社会系统内部正在发生事情的可预测和规律性程度"，
并提出了一个四维评估框架来分析国际秩序的变迁，即秩序的范围（覆盖空间和
领域的广度）、权力相对集中或分散程度、制度化程度和制度被内化的程度。贺
凯和冯惠云把实力对比、国际规范和国际制度作为构成国际秩序的基本要素，据
此把国际秩序分成三个层次，提出了相应的国际秩序变迁的三种类型，即国际秩
序的系统转型、国际秩序的格局转型和国际秩序的制度转型。③ 卡赞斯坦（Peter

---

① Peter J. Katzenstein, "Of Gardens, Forests, and Parks," in Uncertainty and Its Discontents：
Worldviews in World Politics, Cambridge：Cambridge University Press, 2022, pp. 279-356.

② Milja Kurki, "Relationality, Post-Newtonian International Relations, and Worldviews," in
Uncertainty and Its Discontents：Worldviews in World Politics, Cambridge：Cambridge University Press,
2022, p. 98.

③ 唐世平：《国际秩序的未来》，《国际观察》2019 年第 2 期。

J. Katzenstein)认为国际话语不仅仅是语言的交流，更是世界观和价值观的体现，它们通过影响国家和个体的行为选择，从而塑造国际秩序，在国际秩序变迁的过程中，不同的话语体系相互竞争和融合，共同塑造着国际秩序的面貌，他还尤其指出宗教世界观作为国际话语的重要组成部分对国际秩序变迁发挥特殊作用。本特利·B·艾伦（Bentley B. Allan）认为国际秩序由制度和话语构成，国际秩序的生成有赖于以宇宙观作为深层动力的多层级"生成结构"，构建了一个涵盖五个世纪的国际秩序变革理论，即国际秩序变迁的多层次机制，即微观层面上的话语与行动、中观层面上的组织变革、宏观层面上的递归制度化。概括来看，国际秩序变迁主要有革命性变革和渐进性变革，通过两种不同方式实现的转型无疑具有显著差别。历史上国际秩序变迁大多数经过所谓霸权战争。[①] 相对而言，通过霸权战争的革命性方式实现的国际秩序变迁结果更加"确定"和"简单"——战胜国会安排一切，而和平的渐进性变革方式更加复杂和充满不确定性。当前对国际秩序变迁的讨论有一个潜在的基本假定，即国际秩序的转型是以和平渐进的方式进行的。

构成国际秩序本身要素的变化最终会引起秩序本身的变迁，但单一要素的变化并不能导致秩序整体的转型。构成国际秩序的三个要素并非同步发生变化，往往相互交织和相互作用。国际格局的变化经常导致国际组织中的规则制定权分配与之错位与脱节。守成国往往已经通过霸权强制路径利用科学-文化权力进行话语扩散，并利用军事经济胁迫、制度地位和文化认知力来达成本国目的。[②] 在这一进程中，话语通过概念网络重塑可想象的行动范围，从而限制或扩展政策选择，例如科学思想通过"类比"（如社会达尔文主义）将殖民统治合法化为"文明进化"，使"发展"成为国际责任。[③] 科学思想不仅作为工具被使用，更通过重构人类对宇宙的认知，将特定政治目的固化为"自然法则"。这一过程超越传统的权

---

① 罗伯特·吉尔平著，宋新宁等译：《世界政治中的战争与变革》，上海人民出版社2007年版，第56页。

② Bentley B. Allan, Scientific Cosmology and International Orders, Cambridge University Press, p. 58.

③ Bentley B. Allan, Scientific Cosmology and International Orders, Cambridge University Press, p. 85.

力与制度分析，揭示了"知识-权力"的深层共生关系。在新的国际格局中占据优势（主导）地位的新兴崛起国要按照新的权力分配格局修改、调整既有规则制定权或建立新规则制定权；新兴崛起国常常会在国际观念及国际规范的认知方面与守成国产生分歧并与之展开理念竞争，越是在国际秩序和平转型状态下这种理念竞争越关键。① 国际话语在此过程中扮演关键角色，通过构建不同的世界观，影响国家间的互动模式、国际制度的建立与演变，以及国际秩序的整体结构。在某种意义上，崛起国取代守成国的过程也是国际秩序的转型过程为此，崛起国（新兴国际领导）对于国际秩序的转型就是一个不可或缺的重要因素，新旧国际秩序的交替与接续（或突变）以崛起国为桥梁。

　　一种国际秩序发生转型经常从国际格局变迁及随之而来的国际观念变化开始，国际观念变化往往是国际秩序变迁的先声。随着新兴理念传播并形成规范，制度化进程进一步巩固新秩序。与规则制定权博弈同步发生的，是国际规范和制度的渐进式变迁。值得注意的是，国际话语中的多元世界观相互作用，直接影响秩序稳定性。单一世界观的霸权可能导致对其他世界观的排斥，从而增加国际紧张局势。倡导一种具有普遍意义的能够有效应对人类面临的全球性问题的国际理念既是崛起国提升自身道义水平的重要途径，也是构建一种新型国际秩序的必要条件。正如有学者指出，促进共享的价值和稳定的国际秩序是一个大国取得真正成功的重要标志。随着崛起国倡导的国际理念广泛传播并逐渐成为一种新型国际规范，该规范通过制度化得到进一步巩固和深化，形成新型的国际制度并被大多数国际行为体所接受和内化。与这些变化同步发生的就是随着国际格局变迁而发生的国际规则制定权的变化，上述国际规范和制度变迁的本身始终伴随着围绕规则制定权调整的博弈与斗争，新兴国际规范和制度的确立实际上就是新国际规则制定权（即国际领导权）的确立，而新规则制定权的形成又会进一步扩展崛起国的权力与威望，反过来也会进一步巩固崛起国所倡导的新型国际主流价值观。

　　综上可知，国际秩序的变迁是诸要素之间复杂互动导致的结果。鉴于国际规则制定权与国际格局之间的紧密关联，并直接关系到国际领导权问题，从历史和

---

① 　徐进：《理念竞争、秩序构建与权力转移》，载《当代亚太》2019 年第 4 期。

逻辑相统一的角度来看，国际规则制定权往往是最核心的，也最难改变。国际规范和国际制度的变迁一旦形成和确立，其变迁会有一套与之相适应的特别模式。国际关系的新自由制度主义理论已对此进行了大量研究。相比较而言，国际规范和制度不会像国际规则制定权那样"坚固"，其变化会比规则制定权更频繁。国际规范和制度是标识国际秩序性质和特征的最突出要素，其变迁也比较缓慢而费力。

在构成国际秩序的三个要素中，国际主流价值观相对而言是最具有流动性的，也是国际秩序中较"软"的部分。国际主流价值观的单独改变不会即刻导致国际秩序整体的相应变迁，但会侵蚀国际秩序的合法性和稳定性，导致与之相关的国际规范或制度的变化。卡赞斯坦认为宗教话语在国际秩序变迁中扮演着特殊角色，它们通过提供超自然的权威和道德指引，在国际秩序变迁中发挥作用。宗教传统可以提供关于无政府状态下秩序的共同认知，这种认知对于社会共同体的存在和稳定至关重要，促进国际秩序的稳定；但宗教世界观的差异可能导致国际冲突，如那些不承认死亡为最终结局或甚至不将死亡视为特别负面因素的宗教世界观，可能与将生存视为首要价值的全球秩序体系产生冲突。[①] 这种价值观的碰撞，正是通过重塑集体认知来动摇规范体系的根基。国际规范和制度的变化动摇了整个国际秩序的核心部件和关键特征。但国际秩序的整体是否会相应立刻发生改变，取决于发生变化的国际规范和制度是否属于维系国际秩序的基石性制度或首要制度。如果基石性制度或首要制度发生了改变，那么整个国际秩序无疑也就发生了转变；如果只是一些一般性或次要规范、规则或制度发生变化，在短期内并不会导致整个国际秩序变迁。国际制度中的规则制定权分配格局一旦变化意味着国际秩序的领导权发生了改变，领导权（或领导类型）的变更意味着整个国际秩序发生了根本性变革。

因此，国际秩序变迁可以按照其构成要素进行分类。前文已经提及，推动国际秩序变迁的外部途径包括战争方式与和平方式，我们可以将其称为革命性突变转型和渐进性调整转型。在假定国际秩序变迁已经发生而且崛起国最终战胜守成

---

① Peter J. Katzenstein, Uncertainty and Its Discontents——Worldviews in World Politics, Cambridge University Press 2022, p. 290.

国的前提下，可以发现两种方式下国际秩序变迁的代价、速度、稳定性及秩序三个构成要素的构建存在较大差异。从国际秩序构成要素本身促使秩序转型的视角来看，也可以在逻辑上识别出三种类型的转型，即基于国际主流价值观转变的国际秩序观念转型、基于国际规范与制度变迁的国际秩序制度转型以及基于国际组织规则制定权转移的国际秩序领导转型。这三种转型逻辑都深刻受制于话语实践对世界观的重构以及不同知识体系对权力结构的塑造。

第三节　国际秩序变迁中的话语实践

当前，国际秩序正处于冷战结束以来最关键的转型时期。当前世界上各种力量分化重组、各种因素交织影响。正如党的十九大报告所强调的，"当前，国内外形势正在发生深刻复杂变化"①，"世界正处于大发展大变革大调整时期……全球治理体系和国际秩序变革加速推进"②。要认识当前国际秩序的变迁，必须先厘清当前国际秩序的由来与特征，然后考察驱动这种秩序变迁的主要力量，进而预判当前秩序变迁的可能方向及中国的秩序追求。

一、第二次世界大战后"两个半"国际秩序的并存与交织

要理解当前国际秩序变迁的程度、性质和趋势，首先需要理解当前国际秩序的由来和现实状态。不可否认，当前国际秩序仍然是第二次世界大战后国际秩序的延续。第二次世界大战后形成的国际秩序既有积极进步的一面，也有消极落后的一面，是"两个半"秩序的并存与交织：两个秩序就是以美国为首的西方势力和以苏联为首的东方势力构成的两种平行国际秩序，"半个"秩序是指以联合国为核心的多边主义体制下的国际秩序，集中体现为以《联合国宪章》宗旨和原则为基础的国际秩序。有学者指出，第二次世界大战后美国领导下的自由主义国际

---

① 习近平：《决胜全面建成小康社会夺取新时代中国特色社会主义伟大胜利——在中国共产党第十九次全国代表大会上的报告》，第2页。

② 习近平：《决胜全面建成小康社会夺取新时代中国特色社会主义伟大胜利——在中国共产党第十九次全国代表大会上的报告》，第58页。

秩序建立在冷战时期两极体系中某一极的"内部"，与美国和西方的领导及其同苏联的全球竞争密切相关的"自由制度体系"构成了这一秩序的基础。美国领导的自由国际秩序存在的重要合法性和社会目的就是对抗苏联。[①] 冷战以美国为首的西方阵营之胜利告终，美国霸权主导下的国际秩序得以延续并继续壮大，集中表现为美国构建和主导的政治、经济和安全秩序。在美国为首的西方世界以胜利者姿态裹挟整个世界的情况下，这一秩序既在一定程度上"覆盖"了原苏联和东欧地区的秩序，也在很大程度上掩盖了联合国多边主义秩序。由于美欧国家也是联合国多边主义秩序的创立者与当前国际政治安全秩序(联合国安理会)、国际经济金融秩序(世界银行与国际货币基金组织)和绝大多数国际组织的主导者，美国霸权主导下的自由主义国际秩序与以《联合国宪章》宗旨和原则为核心的多边主义国际秩序之间存在相互重叠、界限不清的情况，而且在很多情况下美国还会利用联合国或其他国际制度为其霸权提供合法性。但从本质上来说，无论是两极基础上的霸权秩序还是美国霸权主导下的自由主义秩序，都无法取代联合国代表的多边主义秩序，即便它们确实在一定程度上削弱了这种秩序。

二、国际秩序变迁的动力

《科学宇宙论与国际秩序》揭示了自 1550 年以来，西方科学衍生的宇宙论概念如何推动国际政治的转型。从 16 世纪以"神意"为基础的国际秩序到当代以"经济增长"为核心的秩序，其转变的关键在于：当国家及国际组织运用科学思想解决问题时，它们逐渐重构了关于"世界如何运作""人类在宇宙中的位置"以及"进步的意义"的认知。第二次世界大战后，全球秩序视为可通过数据和模型优化的系统，"经济增长"被自然化为科学目标。[②] 当前，所谓国际秩序变迁实质上主要是指美国(西方)主导下的自由主义国际秩序的紊乱与转型，也或多或少涉及以《联合国宪章》和普遍意义上的多边主义为支柱的联合国多边秩序的改

---

① G. John Ikenberry, The End of Liberal International Order?, International Affairs, Vol. 94, No. 1, 2018, pp. 7-23.

② Bentley B. Allan, *Scientific Cosmology and International Orders*, Cambridge：Cambridge University Press, 2018, pp. 1-11.

革与改良。20 世纪 70 年代末，中国逐渐融入这两种国际秩序，加入新一轮全球化进程并取得重大成就。但实力迅速增强的中国在国际体系中的地位却没有得到相应提升，以中国为代表的新兴大国开始通过各种途径致力于改变这种"权力失调"状态。另外，全球化带来世界大多数国家经济迅速发展和人类福祉整体提升的同时，也给世界各国带来了各种问题与威胁，一些国家内部贫富分化加剧，生态环境退化严重。这些全球化的失利者开始组织起来，利用选举政治影响其所在国家的政局，民粹主义和极端民族主义抬头。

秩序转型并非线性必然，而是科学话语与权力博弈互动的结果。例如，维也纳会议依赖统计技术解决领土争端，体现科学理性对传统王朝逻辑的渗透；殖民政策从"自然进化"转向"国家干预"，反映科学内部（如生物决定论与文化进化论）的竞争；战后"增长范式"的兴起，既得益于美国霸权，也源于控制论对"可解全球系统"的建构，展示了权力与知识的共生关系。① 当前，国际秩序加速变革（转型）的动力主要源自四股力量。一是以中国为代表的新兴大国。这些国家的快速发展改变了国际力量分布，推动国际秩序和全球治理体系向着更加公正合理的方向转变。二是来自美欧国家的部分"反全球化"力量。这些力量导致民粹主义兴起，力图逆转一直以来由所在国家新自由主义力量推动的全球化进程。三是日益凸显的全球性问题。当前全球治理体系的部分失灵导致这些问题更加突出，全球性问题的严峻影响亟须新的治理理念、治理机制和引领力量。四是其他不满现状的非国家行为体（如国际恐怖主义）等组成的所谓"跨国叛乱分子"。② 当下影响最大的主要是前三者。一方面，以中国为代表的新兴大国力量的上升正在客观上改变美国主导下的国际秩序，它们也正在一定范围内调整和改革当前国际秩序中的一些不合理之处。但这些行为往往被西方国家认为是"修正主义"行为。如中国提出并大力推动"一带一路"倡议以及构建亚洲基础设施投资银行和丝路基金等新的金融机构，就被美国等西方国家视作"修正"或"改变"现

---

① Bentley B. Allan, *Scientific Cosmology and International Orders*, Cambridge：Cambridge University Press, 2018, p. 75, p. 139.

② Christian Reus-Smit, Cultural Diversity and International Order, pp. 851-885.

存国际秩序的行为。① 但正如中国多次特别强调的，中国是当前国际秩序的参与者和维护者，这种改革与创建不是"另起炉灶"，而是对现有国际秩序的完善或补充。② 另一方面，来自欧美一些国家的民粹主义、民族主义的兴起，强调民族国家至上、国家利益至上、国家实力至上。英国退欧和特朗普的言行可以说是这种思潮的主要标志。在第一任期，特朗普采取的一系列"退群"政策并挑起中美贸易摩擦，严重改变了美国在国际秩序中的身份定位与政策行动。由于英国退欧给欧盟带来的消极影响和不确定性显著增加，法国和德国等欧盟核心国家国内的极右翼势力开始兴起，使世界对欧盟的未来也充满担忧。在这种自顾自保优先、合作意愿减退与义务分配困难的背景下，全球性问题（如气候变化）日益加剧，亟须国际社会加强合作共同应对挑战，改变当前全球治理的责任分配与规则已经刻不容缓。

三、国际秩序变迁中的中国与世界

当前，中国已是国际秩序变迁的关键变量。那么，要理解中国在这种国际秩序变迁关键时刻所发挥的重要作用，我们就必须清楚分析当前中国与世界的关系。

鉴于第二次世界大战以来事实上"两个半"国际秩序交织并存，客观来讲，中国改革开放以来融入国际秩序实质上就是同时加入美国主导下的自由主义国际秩序及以联合国为核心的多边主义国际秩序。当前国际秩序的加速转型本质上是世界观的冲突与融合，世界观政治化在当下突出表现在中美两个大国。美国的"牛顿式霸权"依赖"控制叙事"，通过国际制度固化自由主义秩序，但气候变化、难民危机等"丛林现象"暴露其失效；中国的"关系主义世界观"，如"人类命运共同体"，强调过程性合作，挑战传统实体主义的"零和博弈"预设。③ 实际

① 庞中英：《全球治理的中国角色》，人民出版社 2016 年版，第 1-29、60-81 页。
② 王毅：《中国是当代国际秩序的参与者、维护者和改革者》，https://www.fmprc.gov.cn/web/zyxw/t1240005.shtml，访问时间：2024 年 11 月 26 日。
③ Andrew Phillips and J. C. Sharman, *Uncertainty and Its Discontents: Worldviews in World Politics*, Cambridge: Cambridge University Press, 2020, pp. 135-136.

上，自中华人民共和国 1971 年恢复在联合国的合法席位以来，中国一贯以反对霸权主义的立场维护和促进联合国多边主义秩序。与此同时，自 1972 年中美关系正常化以来，中国也日渐融入美国主导下的自由主义国际秩序，这尤其体现在 1979 年中美正式建立外交关系后，中国全方位向世界开放并加速改革自身的经济体制。

事实上，当我们在论及"中国与世界"关系的时候，这个"世界"到底指什么，是指中国以外的整个世界，还是美国主导下的西方世界，抑或是美国与西方以外的发展中世界？当中国成为国际社会"普通一员"的时候，事实上便不加区分地融入了整个世界。在这种复杂混合的中国与国际秩序的关系当中，中国经常拥有两种看似相互矛盾相互制约的身份：一个是现存国际秩序的维护者，另一个是推动现存国际秩序朝着更加公正合理方向转变的改革者。可以说，自改革开放以来，中国与国际秩序的关系一直呈现一幅比较复杂的图景。改革开放前，中国一直面对的那个世界就是一个"外在世界"。当中国开始融入这个外在世界的时候，在一些人看来主要是融入美欧主导下的西方世界，中国加入世界贸易组织和众多的国际组织也主要是与美欧主导下的自由主义秩序接轨。因而，当中国反复强调始终做国际秩序维护者的同时又反复强调反对霸权主义、在一些领域新建国际机构或国际组织的时候，常常被一些西方国家解读为"言行不一"并据此质疑中国的行动。

近年来，中国领导人不断在各种重要场合向世界宣示要坚持做国际秩序的维护者和建设者。习近平在党的十九大报告特别指出，中国"始终做世界和平的建设者、全球发展的贡献者、国际秩序的维护者"。① 他多次强调，无论中国发展到什么程度，都不会威胁谁，中国始终是国际秩序的维护者。一个无法回避的问题随之而来，即中国强调要维护的国际秩序到底是何种秩序？实际上，中国领导人在多个国际场合已经明确强调，中国始终做国际秩序的维护者，坚持维护以《联合国宪章》宗旨和原则为核心的多边主义国际秩序。正如习近平所强调的："当今世界发生的各种对抗和不公，不是因为联合国宪章宗旨和原则过时了，而

① 习近平：《决胜全面建成小康社会夺取新时代中国特色社会主义伟大胜利——在中国共产党第十九次全国代表大会上的报告》，第 25 页。

恰恰是由于这些宗旨和原则未能得到有效履行。"①2020 年 9 月，习近平在以视频方式会见联合国秘书长安东尼奥·古特雷斯时就此再次突出强调："世界上只有一个体系，就是以联合国为核心的国际体系，中国致力于维护和弘扬的是以联合国为核心的多边主义秩序，即以《联合国宪章》为核心的现代国际法基础上的国际秩序。"

当前，中国一方面用积极倡导的人类命运共同体理念推动国际主流价值观的转型，以中国深厚的传统文化为国际主流价值观注入一种超越现实主义权力政治的价值理念。这既反映了当前现实世界的深刻变化（"你中有我、我中有你"），也包含中国对未来国际秩序的价值期许。另一方面，中国也积极以实际行动推动国际规范与制度的重塑。正如 2021 年 1 月习近平在世界经济论坛"达沃斯议程"对话会上的特别致辞中所强调的："人类面临的所有全球性问题，任何一国想单打独斗都无法解决，必须开展全球行动、全球应对、全球合作。"②

世界观的"多孔性"意味着文明对话并非观念竞争，而是关系性建构。③ 结合前文对国际话语生命周期的研究，中国可从以下四个方面利用中国特色国际话语渐进推进人类命运共同体下新型国际秩序的构建。首先，稳步增强国家力量，推动国际格局多极化。"塑造国际秩序需要超强的综合国力，包括引领科技进步的能力。"④其次，高举人类命运共同体大旗，从重塑国际观念开始推动国际主流价值观的转变。构建人类命运共同体占据了人类道义的制高点，符合人类对道义的追求。如前所述，国际观念转变是国际秩序变迁的先声，新的国际价值观也必须符合人类的共同价值追求。中国通过倡导和践行人类命运共同体理念，将为重塑国际秩序奠定道义和观念基础。再次，通过积极践行人类命运共同体理念并将其转化为实际行动规则有助于最终形成新的国际规范和制度。人类命运共同体具有很强的规范性质，本身就为国家行为提供了一种"适当性"逻辑，使国家在看

---

①　习近平：《论坚持推动构建人类命运共同体》，第 260 页。

②　习近平：《让多边主义的火炬照亮人类前行之路——在世界经济论坛"达沃斯议程"对话会上的特别致辞》，载《人民日报》，2021 年 1 月 26 日。

③　Andrew Phillips and J. C. Sharman, *Uncertainty and Its Discontents: Worldviews in World Politics*, Cambridge: Cambridge University Press, 2020, p. 140.

④　唐世平：《国际秩序变迁与中国的选项》，载《中国社会科学》2019 年第 3 期，第 197 页。

待他者、界定国家利益及其实现方式等方面都从一种新的角度出发，并以此评价国家行为的合法性和道义性，最终能够把这些规范固定为国际制度。最后，通过把人类命运共同体理念落实到新的国际制度中，推进国际权力功能化和事务化，可以实现国际规则制定权的实质性转变，为人类社会迈向一个更好的未来秩序贡献中国智慧、中国方案和中国力量。

在全球化日益加深和国际格局变动的背景下，国际秩序的变迁不仅仅是物质力量的重组，更是观念和话语主导的过程。后牛顿主义的启示着我们，国际秩序并非由固定法则支配，而是依赖"过程性实在"。① 从国际秩序的基本内涵及构成要素出发，我们可以看到，国际秩序并非静态存在，而是在各国利益、权力博弈及全球性问题互动中不断演化。国际话语在国际秩序变迁中发挥着关键作用，它不仅反映了国际体系中主导国家的价值观与利益，也深刻影响着全球治理结构和国际规则的制定与调整。"当中国成为世界的一个重要部分，我们就必须讨论中国的文化和思想对于世界的意义。"②人类命运共同体理念表明：一方面，当下的中国比以往任何时候都更有政治意愿参与全球治理和国际秩序重构，也比以往任何时候积累了更强参与全球治理和塑造国际秩序的能力。人类命运共同体理念为中国积极参与国际秩序的转型提供了更强大的政治动力和更理想的价值目标，中国必将以更加积极有为的姿态参与到国际秩序的塑造中。

---

① Andrew Phillips and J. C. Sharman, *Uncertainty and Its Discontents*：*Worldviews in World Politics*, Cambridge：Cambridge University Press, 2020, p. 122.

② 赵汀阳：《天下体系：世界制度哲学导论》，中国人民大学出版社 2011 年版，第 1-2 页。

第六章

秩序转型期中国国际话语权的实践与展望

本章旨在对中国话语权的实践进行全面而深入的探讨，通俗地说，话语权的实践包括"会说话"、"说出话"、"有人听"三个紧密相连且互为支撑的环节。"会说话"指中国逐渐搭建起本国的话语体系，"说出话"指中国拥有在国际社会上表达自己的渠道，"有人听"指中国的话语拥有受众且能够对他们产生影响。不难看出，这三个环节分别对应话语权的能力、权利和权力三个维度。"话语权"这一概念蕴含着"权力"与"权利"的双重属性，这一界定是学界的基本共识，但仅考虑了国际交流的视角，而若要全面审视一国话语权的生成、演进、表达等实践过程，则必须要将其国内的话语能力建设纳入考量。

首先，"话语权的能力建设"是中国话语权实践的基础。话语能力建设意味着中国需要形成并发展出一套既深植于本国悠久文化土壤，又能够跨越国界、具备全球视野的话语体系。中国话语体系的构建，不仅要求话语内容在广度上覆盖广泛议题，在深度上挖掘深刻见解，更着重于话语形式和传播方式的创新，力求在保持优良传统文化的同时，融入现代元素，使其更加生动鲜活。为此，在领导人和政府的重视与中国话语体系的科学塑造下，中国正不断深化对话语内在逻辑、表达技巧以及全球传播策略的研究与实践，以期在全球话语体系中发出更加响亮、更具魅力的中国声音，不断提升中国话语的国际竞争力与吸引力。

其次，"话语权的权利提升"是中国话语权实践的前提。在国际舞台上，中国正积极拓展并优化话语表达的渠道与平台，确保能够在全球范围内自由、准确地传递中国的立场、观点与倡议。为此，中国正采取包括加强与各类国际组织的深度交流、积极参与全球治理体系的建设与改革、持续开展富有成效的发展合作等在内的一系列行动，力图在复杂多变的国际环境中维护和拓宽中国话语的传播渠道，增强中国在全球事务中的发声权利，为中国在国际舞台上赢得更多的话语权与影响力。

最后，"话语权的权力建构"是中国话语权实践的关键。中国的话语不仅要在国际社会中被广泛接受与认可，更要能够对国际受众的认知、态度乃至行为产生实质性影响。权力属性是话语权的本质所在，通过塑造话语建构权力，才能在国际秩序中获得更大的权重，发出代表更广大人民的声音和诉求。这要求中国在国际事务中积极发声，提出具有建设性、前瞻性的观点，建立具有包容性、多样性和合作机制，加强与各国在政治沟通、安全保障、经济往来、科教合作、文化交流、人文互动等领域的联系，以增进世界各国相互理解与信任，提升中国话语的国际权威性、影响力与号召力。

第一节　中国话语权的能力建设

话语权的能力建设是一个复杂而多维的概念，其核心在于提升本国的话语表达能力。这不仅仅是简单的言辞和宣传技巧，而是通过对话语的精准表达、合理设置、广泛传播和有效运用，充分展现和传达本国的思想和主张，从而使自身具备向国际社会发声的实力、能力和技巧。中国话语权能力建设的实践十分丰富，在战略规划上，历任领导人根据国情和国际形势的实时变化，塑造了中国话语由沉默到今天举足轻重的变革历程。在实践路径上，古老而深厚的中华传统文化在与新宣传、新媒体、新平台、新主体和新学科的互动中焕发出新的生机，共同铸造了今天中国的话语能力。继往而开来，通过高瞻远瞩的顶层设计与脚踏实地的工作落实，中国话语权的能力建设正有条不紊地进行。

一、中国领导人对话语权建设的重视与发展

从毛泽东、周恩来等早期领导人对话语重要性的深刻认识，到新世纪提出自己对世界的观点和思考，再到新时代在国际舞台上的积极发声，中国一直在探索

189

如何更好地发出自己的声音。改革开放后，中国的话语逐渐从低调内敛转向积极有为。进入新时代，在习近平总书记的领导下，中国将提升国际话语权视为国家战略的重要组成部分，通过全方位、立体化的措施，不断提升中国的国际影响力与话语穿透力。领导人在中国国际话语权的能力建设中扮演了指南针一样的作用，以高屋建瓴的姿态指引中国话语权的形成和发展，甚至成为中国话语能力的重要组成部分。中国领导人在话语能力建设中的意义，不仅关乎中国在国际舞台上的地位与声音，更在于如何以更加立体、多维的形象，向世界展现一个真实、立体、全面的中国。

（一）早期领导人对话语权的重视

话语权这一概念自 20 世纪 30 年代起逐渐为西方学者所挖掘，经过数十年的沉淀和福柯等人的发展才成为今天我们熟知的概念。但在这一概念形成之前，中国古代先贤的智慧已经触及了话语权的边缘，作为指导中华民族政治和道德理念的千年智慧，《论语》有"名正言顺"之论，《礼记》有"师必有名"之说。早在井冈山革命根据地时期，毛泽东等中国共产党的早期领导人已经意识到了话语的重要性。面对根据地群众受教育程度普遍较低、对阶级斗争等意识形态话语理解困难的实际情况，基于自己对马克思主义与中国国情的深刻理解，毛泽东将群众不易掌握的"阶级"、"革命"等概念转化为"打土豪，分田地"等生动易懂的短语。①这是毛泽东对我党意识形态宣传策略的革新，通过将学术性的话语生动化、本土化，根据地群众迅速理解了其中的含义，坚定起跟随共产党、支持革命、建设共产主义的信心和信念。

抗日战争时期，日本军国主义通过宣传机器丑化中国共产党的形象，将我党妖魔化、将根据地污名化，试图以此愚弄缺乏了解的民众，同时大肆鼓吹"抗日必败"、"和平救国"等战术欺骗话语，在中国制造悲观情绪，削弱抵抗意志。在此危急存亡的关头，毛泽东等早期领导人深刻认识到抗日战争中话语权的重要性，中国共产党迫切需要掌握话语权，对外抵抗侵华日军的宣传活动，对内获取

---

① 杨帆：《井冈山时期党的意识形态话语权的建构》，载《红旗文稿》2018 年第 8 期，第 27 页。

抗日领导权、压制国民党内部的投降情绪、强化全民族的抗日意志。为此，在
1937年7月7日卢沟桥事变的第二日和第三日，我党迅速发布《红军将领为日寇
进攻华北致蒋委员长电》、《人民抗日红军要求改编为国民革命军并请授命为抗
日前驱的通电》等电讯，① 要求前往抗日第一线，一致对外、保家卫国，塑造了
中共坚决抗战的英勇形象。

中华人民共和国成立后，在美西方国家对中国的政治孤立、经济封锁、军事
包围，以及对新中国形象的污名化宣传下，中国的外交环境十分恶劣。帝国主义
国家依据意识形态将新中国视为敌人，新赢得独立的广大发展中国家也在帝国主
义的蒙蔽下对新中国产生负面印象。此时中国的形象完全由外界的话语塑造，世
界绝大多数国家只能通过美西方国家的媒体认识中国，发出中国自己的声音，将
真正的中国呈现给世界无疑是极为迫切而又充满挑战的。

1955年，在"克什米尔公主号"事件爆发后，周恩来仍不惧危险，毅然决定
参加万隆会议，同样体现了中国早期领导人对于发出中国声音的高度重视。1955
年4月18日至24日在印度尼西亚万隆召开的亚非会议，是亚非国家和地区第一
次在没有殖民国家参加的情况下讨论亚非人民切身利益的大型国际会议。周恩来
参加万隆会议，不仅是中国外交的一次重要实践，更是中国在国际舞台上争取话
语权的一次重要尝试。在此次会议中，周恩来通过高超的外交能力，以"求同而
存异"的发言打破了美国等不怀好意的势力试图以意识形态操纵会议议程的企图，
代表新中国向亚非国家发出了中国自己的声音。②

改革开放后，中国经历了从"韬光养晦"到"有所作为"的发展阶段。改革开
放初期，中国将经济建设作为国家的首要任务，在国际事务中保持低调。③ 20世
纪末，中国对"以军事联盟为基础、以加强军备为手段"的旧安全观表示遗憾，

---

① 山西党史网：《红军将领为日寇进攻华北致蒋委员长电》，https://www.shanxidsfz.gov.cn/Browse/ArticleView/ArticleInfo.aspx？ID=100029000000003229，访问时间：2024年11月7日；抗日战争纪念网：《人民抗日红军要求改编为国民革命军并请授命为抗日前驱的通电》，https://www.krzzjn.com/show-1026-46961.html，访问时间：2024年11月7日。
② 吴志菲：《万隆会议与"克什米尔公主号"事件始末》，《财经界》2015年第13期，第102页。
③ 孙吉胜：《中国国际话语权的塑造与提升路径——以党的十八大以来的中国外交实践为例》，《世界经济与政治》2019年第3期，第25-26页。

转而提出以"互信、互利、平等、合作"为核心的新安全观。① 21 世纪初，中国又提出"和平与发展是时代的主题"、"世界和平是促进各国共同发展的前提条件，各国的共同发展则是保持世界和平的重要基础"等对国际环境和形势的理解，以及"共同构建一个和谐世界"等优化国际秩序的新理念。② 这一时期中国的话语在一定程度上是对我国观点的分享和呼吁，这意味着中国在话语领域开始"有所作为"。

(二)新时代领导人对中国话语权建设的指引

进入新时代以来，中国领导人对国际话语权的重视程度达到了前所未有的高度，这一战略层面的重视不仅体现在领导人的多次重要讲话和指示中，还深深植根于国家发展的长远规划和实际行动之中。习近平总书记作为党和国家的领导人，多次在重要场合强调提升中国国际话语权的重要性，为中国国际话语权的国内能力建设提供了根本遵循和行动指南。

2013 年 12 月，习近平总书记在中共中央政治局第十二次集体学习时指出，提高国家文化软实力，要努力提高国际话语权。要加强国际传播能力建设，精心构建对外话语体系，发挥好新兴媒体作用，增强对外话语的创造力、感召力、公信力，讲好中国故事，传播好中国声音，阐释好中国特色。③ 2018 年 7 月，习近平总书记在金砖国家工商论坛上的讲话中指出，要坚定支持多边贸易体制，继续推进全球经济治理改革，提高新兴市场国家和发展中国家代表性和发言权。④ 2021 年，在中央政治局第三十次集体学习时，习近平总书记进一步强调了提升中国国际话语权的重要性。他指出，"要加快构建中国话语和中国叙事体系"、

---

① 江泽民：《推动裁军进程 维护国际安全——在日内瓦裁军谈判会议上的讲话》，1999 年 3 月 26 日。

② 江泽民：《在庆祝中国共产党成立八十周年大会上的讲话》，2001 年 7 月 1 日；胡锦涛：《与时俱进，继往开来，构筑亚非新型战略伙伴关系》，2005 年 4 月 22 日。

③ 中国政府网：《习近平：建设社会主义文化强国 着力提高国家文化软实力》，https://www.gov.cn/ldhd/2013-12/31/content_2558147.htm，访问时间：2024 年 11 月 9 日。

④ 中国政府网：《习近平在金砖国家工商论坛上的讲话(全文)》，https://www.gov.cn/xinwen/2018-07/26/content_5309266.htm，访问时间：2024 年 11 月 9 日。

"要广泛宣介中国主张、中国智慧、中国方案"、"要深入开展各种形式的人文交流活动"、"要全面提升国际传播效能"。① 这些重要论述不仅体现了习近平总书记对国际形势的深刻洞察，也为中国国际话语权的提升提供了更加全面、系统的理论指导。

习近平总书记的这些重要指示，不仅是对中国国际话语权提升的明确要求，更是对中国国家发展长远规划的深刻体现。习近平总书记在党的二十大报告中强调，"加快构建中国话语和中国叙事体系，讲好中国故事、传播好中国声音，展现可信、可爱、可敬的中国形象。加强国际传播能力建设，全面提升国际传播效能，形成同我国综合国力和国际地位相匹配的国际话语权。"②这一要求不仅体现了中国对自身国际地位的清晰认知，也彰显了中国在国际舞台上发挥更大作用的决心和信心。

在具体实践中，以习近平总书记为代表的领导班子高度重视话语权的国际影响力。中国领导人在多个国际场合积极发声，阐述中国立场和主张，展示中国的形象和风采。领导人在外事访问的过程中，也会有意识地在当地媒体上发表署名文章，在国事访问带来的高关注度下，进一步表达中国的主张和立场，拉近与出访国人民的距离，增进外国民众对中国的认识。③ 通过在在当地主流媒体上发表署名文章，不仅展示了中国领导人对国际事务的深入见解，还巧妙地将中国的外交理念、政策主张以及发展愿景传递给国际社会。这些文章往往蕴含着深厚的文化底蕴和时代精神，以独特的视角和深刻的洞察，剖析了当前国际形势下的共同挑战与机遇，提出具有建设性的中国方案。除此之外，中国领导人在外交活动中表现出的言谈举止和行为风格，也是展现中国国家形象的窗口，习近平总书记等领导人的亲和力、包容心与务实态度赢得了国际社会的广泛赞誉。

---

① 中国政府网：《习近平主持中共中央政治局第三十次集体学习并讲话》，https://www.gov.cn/xinwen/2021-06/01/content_5614684.htm，访问时间：2024 年 11 月 9 日。

② 中国政府网：《习近平：高举中国特色社会主义伟大旗帜 为全面建设社会主义现代化国家而团结奋斗——在中国共产党第二十次全国代表大会上的报告》，https://www.gov.cn/xinwen/2022-10/25/content_5721685.htm，访问时间：2024 年 11 月 9 日。

③ 孙吉胜：《中国国际话语权的塑造与提升路径——以党的十八大以来的中国外交实践为例》，载《世界经济与政治》2019 年第 3 期，第 31-32 页。

在当代国际秩序的复杂交织中，中国领导人在推动国家话语权能力建设方面扮演了至关重要的角色，他们不仅是战略蓝图的规划者，更是实践进程的深度参与者。这一进程不仅关乎中国在国际舞台上的声音能否被听见，更在于如何以更加立体、多维的形象，向世界展现一个真实、立体、全面的中国。中国领导人通过高层交往与首脑外交的精心布局，有效提升了中国的国际影响力与话语穿透力。这些高层互动不仅为深化双边或多边关系搭建了桥梁，也成为了塑造中国积极、开放、负责任大国形象的重要窗口。领导人亲自参与国际议程的设定与讨论，不仅传递了中国对于全球治理的独到见解与贡献意愿，也促进了国际社会对中国发展道路、价值观念及文化传统的理解和认同。

在此过程中，中国领导人的言行举止成为中国国家话语的重要组成部分，他们以身作则，展现出的智慧、包容与远见，为中国话语权能力建设增添了深厚的人文底蕴与道德感召力。这种领导力的展现，不仅为中国在国际事务中争取了更多的话语空间与主动权，也为中国在全球治理体系改革与构建人类命运共同体进程中发挥了引领作用。从这个层面上看，中国领导人不仅是中国话语权能力建设的指引者、引路人，同时已然成为中国话语权能力建设的一部分。

二、中国话语权能力建设的实践路径

中国话语权的能力建设涉及中华文化的创新表达、话语策略的针对性转变、主流媒体的宣传方式革新、新媒体的兴起与宣传主体多元化，以及多领域人才培养等五个方面。这五个方面相互联系、相互促进，共同推动着中国话语权表达能力的提升。中华文化的深厚底蕴为中国话语体系的构建提供了丰富的素材和灵感，主流媒体与新媒体之间的互动和联合，以及与新话语策略的结合，大大提升了中国话语传播的深度和广度，这些变化对我国的人才培养提出了新的要求，人才的培养和储备为中国话语权的未来发展提供了保障。这五方面的实践在相互作用中不断完善，共同构筑了中国话语权的坚实基础。

（一）中华文化的创新表达

能力建设是一国话语权的实践基础，而文化则是一个国家话语权得以形成的基础，一国国际话语权的说服力、渗透力和吸引力通过文化来展现。① 中国拥有悠久的历史和灿烂的文化资源，这为中国话语的国际传播提供了丰富的内容和素材。从古老传统文化到现代流行文化，从自然风光到人文景观，中国有着无数值得向世界展示的元素。

随着全球化的深入发展，国际话语的传播格局正在发生深刻变化。一方面，信息传播的速度和范围空前扩大，国家间的文化交流与互动日益频繁；另一方面，西方话语体系在国际传播中仍占据主导地位，中国等发展中国家的声音往往被边缘化。在这种背景下，中国话语的表达面临着"有理说不出、说了传不开、传开叫不响"的困境。② 因此，加强中华文化的内容创新设计，提高中国话语的表达能力，打破西方话语垄断的必然要求。

中华文化博大精深，源远流长。从古代的四大发明到现代的科技创新，从儒家的仁爱思想到道家的自然观念，中华文化为人类文明进步作出了巨大贡献。然而，在当前的国际传播中，中华文化的独特魅力和深远影响并未得到充分展现。这既与西方话语体系的强势地位有关，也与中华文化自身在国际传播中的表达方式和传播策略有关。因此，通过内容设计与表达方式的创新，使中华文化更加符合今天国际传播的特点和规律，提高中国话语的吸引力和感召力，是提升中国话语权的有效途径。

中华文化的核心价值是中华民族精神的内核，也是中华文化内容创新的关键所在。在提炼中华文化的核心价值时，应注重以下三个方面。首先，提炼需突出人类共同价值。中华文化蕴含着丰富的人类共同价值，如和谐、包容、公正、诚信等。这些价值符合人类社会的共同追求，在提炼中华文化的核心价值时，应强调这些价值的普遍性和共通性，以增强中国话语的国际共鸣和影响力。③ 其次，提炼要体现中国特色。中华文化具有独特的魅力和深远的影响，这与中国悠久的

---

① 王啸：《国际话语权与中国国际形象的塑造》，载《国际关系学院学报》2010 年第 6 期，第 59 页。

② 陈映锜：《牢牢把握讲好中国故事的话语权和主导权》，《当代传播》2022 年第 1 期，第 72 页。

③ 杨丽莉，李智：《新时代中国国际传播能力建设的意义、内涵和路径》，《现代传播（中国传媒大学学报）》，2024 年第 46 卷第 6 期，第 50-51 页。

历史、文化传统和民族特性密切相关。在提炼中华文化的核心价值时，应注重展现中国文化的独特性和创新性，以彰显中国话语的独特魅力和价值。最后，提炼应面向未来。中华文化是一个不断发展的开放体系，它既有深厚的历史底蕴，又具有鲜明的时代特征。在提炼中华文化的核心价值时，应关注人类社会的共同关切和未来发展趋势，推动中华文化与时代精神的融合与发展。

光有新颖的内容还不足以完成话语的传播，表达方式的创新同样是提高中国话语表达能力的重要组成部分。中华文化的现代化表达需要借助现代信息技术，现代技术为中华文化的国际传播提供了更加便捷、高效的渠道，通过互联网、社交媒体、短视频等多元渠道，以更加生动、直观的方式展现中华文化的魅力。①在结合新技术后，中华文化的创新表达还需关注与国际话语体系的融合与对话。一方面，要深入研究国际话语体系的特点和规律，了解国际受众的接受习惯和审美需求；另一方面，要在保持中华文化独特性的基础上，积极借鉴国际话语体系的表达方式，以更加符合国际受众接受习惯的方式传播中华文化。而这又要求中国具有灵活多样的叙事能力，通过讲述生动、感人、有说服力的故事，展现中华文化的独特魅力和深远影响。②

通过中华文化的内容创新设计提高中国话语的表达能力是一项长期而艰巨的任务。然而，随着全球化的深入发展和中国国际地位的不断提升，这一任务变得更加迫切和重要。在未来的发展中，我们应加强理论与实践的结合，不断探索将中华文化与时代相结合的方法和路径，同时通过与国际社会的交流与合作，共同推动中华文化的国际传播和发展。

（二）话语策略的针对性转变

随着全球化进程的加速和信息技术的飞速发展，国际传播能力也已成为国家软实力的重要组成部分，而以何种方式传播本国话语则是国际传播的核心环节，

---

① 从云飞，贾涛：《中华文化国际传播的话语体系建构与路径选择》，《新闻爱好者》2024 年第 7 期，第 51-52 页。

② 徐亮，何倩：《习近平文化思想视域下"讲好中国故事"的实现理路》，《领导科学论坛》2024 年第 7 期，第 20 页。

这便是话语策略的重要性。在中国话语权的能力建设中，话语策略的转变主要包括内容创新与差异化叙事、优化传播手段与平台布局、构建多元主体与协同机制、强化文化自信与价值输出、注重受众分析与精准传播以及加强公共外交与人文交流六个方面。

第一，强化内容创新与差异化叙事是提升中国国际话语权的首要策略。内容创新对于塑造中国形象十分重要，通过讲述具有共情共鸣的中国故事，可以增强国际受众对中国文化的理解和认同。① 因此，宣传策略应聚焦于挖掘具有普遍价值和吸引力的中国故事，如中国传统文化、现代化建设成就、社会进步与人民幸福生活。在此基础上，差异化叙事成为关键。面对全球多样化的文化背景和价值观，中国话语能力建设需采用差异化叙事策略，以适应不同受众的认知习惯和情感需求。② 这要求我们在讲述中国故事时，不仅要注重故事的普遍性和共鸣性，还要结合当地文化背景，进行巧妙的本土化改造，使故事更加贴近受众，增强传播效果。

第二，优化传播手段与平台布局。在宣传策略上，应充分利用现代传播技术和多元化平台，提升中国话语的传播效率和影响力。具体而言，一是要加强主流媒体和外宣媒体的建设，提升中国媒体的国际传播能力和水平，包括加强新闻报道的时效性、深度和广度，提高媒体的专业性和公信力。二是要拓展新媒体和社交媒体的应用，利用这些平台受众广、互动性强的特点，增强中国话语的传播力和影响力。同时，还需注重跨媒体融合，实现内容、形式和渠道的多元化，构建全方位、多层次、立体化的传播体系。

第三，构建多元话语主体与协同机制。习近平总书记指出："要着力提高国际传播影响力、中华文化感召力、中国形象亲和力、中国话语说服力、国际舆论引导力。"③这要求我们在宣传策略上构建多元话语主体，形成政府、媒体、学术机构、民间团体和公民个体等多方参与的协同机制。④ 其中，政府应发挥主导作

---

① 张恒军：《提升中国国际话语权的四个关键要素》，《新闻采编》2024 年第 4 期，第 7-8 页。

② 杨丽莉，李智：《新时代中国国际传播能力建设的意义、内涵和路径》，《现代传播（中国传媒大学学报）》，2024 年第 46 卷第 6 期，第 50 页。

③ 中国政府网：《习近平主持中共中央政治局第三十次集体学习并讲话》，https://www.gov.cn/xinwen/2021-06/01/content_5614684.htm，访问时间：2024 年 11 月 10 日。

④ 张恒军：《提升中国国际话语权的四个关键要素》，《新闻采编》2024 年第 4 期，第 8-9 页。

用，制定国际传播战略和政策，提供资源和支持；媒体应成为传播中国声音、展示中国形象的主要力量；学术机构则可通过研究、交流和合作项目，提供学理支撑和智力支持；民间团体和公民个体则可通过社交媒体、旅游、留学等方式，增进国际交流与互信。这种多元主体协同机制，有助于形成中国话语的多元化表达，增强国际受众对中国话语的认同感和接受度。

第四，强化文化自信与价值输出。文化自信是提升中国话语能力的精神支柱，也是提升国家文化软实力和中华文化影响力的必然要求。因此，在宣传策略上，应强化文化自信，通过讲述中国故事、传播中国声音，展示中华文化的独特魅力和价值。在实践中，我们不仅要深入挖掘中华文化的历史底蕴和时代价值，提炼具有标识性和国际影响力的文化符号和概念，还要注重文化创新，推动中华文化与现代科技、时尚元素的融合，打造具有时代感和吸引力的文化产品，通过举办文化节、艺术节、展览等活动，增进国际社会对中华文化的了解和认同。在建立文化自信的同时，向世界输出中国价值也是提升中国话语能力的重要途径。[1] 在全球化背景下，不同国家之间的价值观交流日益频繁。中国应积极参与全球价值观对话，提出自己的价值主张和理念，如"人类命运共同体""全球三大倡议"等，增进国际社会对中国的理解和认同。

第五，注重受众分析与精准传播。在宣传策略中，受众分析至关重要。只有深入了解受众的需求、偏好和认知特点，才能制定有针对性的传播策略，实现精准传播。[2] 因此，在提升中国话语能力的过程中，应注重受众分析，加强对国际受众的研究和了解。通过市场调研、问卷调查等方式，运用大数据分析等技术建立受众数据库，收集国际受众对中国话语的反馈和意见，分析国际受众的信息消费行为，通过对受众进行分类以制定个性化的传播策略。确定受众类别后，我们就可以采用定制化内容、个性化推送等方式，采取精准传播，提高传播效果。同时，还可以利用社交媒体等平台的互动功能，加强与受众的沟通和互动，及时了解受众的反馈和需求，调整传播策略。

第六，加强国际公共外交与人文交流。公共外交是提升中国话语能力的重要

---

[1]　杨青：《因势制变提升对外传播话语权》，《中国广播电视学刊》2021年第9期，第26页。

[2]　刘辉：《媒体创新话语策略做好国际传播的路径》，《中国报业》2024年第17期，第177页。

手段，可以增进国际社会对中国的了解和认知，提升中国话语的国际影响力和认同感。在举办文化节、艺术节等文化交流活动的同时，注意加强与国际媒体的合作，提高中国在国际上的曝光度，从而增强中国话语的影响力。此外，人文交流也是提升中国话语能力的重要途径。通过加强与国际学术界、文化界、艺术界等领域的交流与合作，同样可以增进国际社会对中国的理解和认同，提升中国话语的学术影响力和文化感召力。

总而言之，提升中国话语能力需要采取多方面的宣传策略，但不难发现，以上策略并非孤立存在，而是相互交织、相互促进的。在实际操作中，应根据具体情况灵活运用这些策略，形成综合效应。

三、主流媒体的宣传革新

随着中国经济的快速发展及国际地位和影响力的日益提升，世界对中国的关注逐渐增多。然而，在国际舆论场上，中国仍然面临着话语权不平等乃至失衡的问题。西方主流媒体长期占据话语权优势，不时抛出"中国威胁论"、"中国崩溃论"等陈词滥调，试图扭曲国际社会对中国的认知。因此，强化中国国家主流媒体的对外宣传工作，已成为提升中国国际话语权的重要课题。

随着全球化的深入发展，国际话语权竞争日益激烈，西方国家凭借强大的传播体系和传播能力，长期占据话语权优势。中国要在国际舞台上发挥更大的作用，就必须提升国际话语权。在此背景下，中国主流媒体必须创新外宣方式，提升宣传能力，以应对国际舆论的挑战。主流媒体作为中国国际传播的重要力量，承担着塑造国家形象的重要任务，创新主流媒体外宣方式，有助于更好地展示中国的发展成就和文化魅力，提升国家形象。

通过强化议题设置能力，主流媒体能够精准选择议题，塑造积极的中国形象。主流媒体长期关注国际社会的热点问题和全球性议题，积极参与国际对话和交流，展示中国在国际事务中的积极作用和贡献。除了国际大事，主流媒体还应深入挖掘中国的优秀传统文化和现代化成就，通过真实的故事和案例，展示中国的文化魅力和发展情况。[①] 中国的扶贫减贫、生态治理、科技创新等主题，都是

---

① 刘辉：《媒体创新话语策略做好国际传播的路径》，《中国报业》2024 年第 17 期，第 176-177 页。

体现中国之治的优秀素材，适合作为中国在解决全球性问题方面的努力和成果加以展示。

通过更新表达策略，主流媒体能采用更加生动、形象、易于接受的方式，增强中国故事的吸引力和感染力。我们不仅可以运用纪录片、短视频等多种叙事手法和表现形式，使中国故事更加生动具体，也可以邀请外国专家、记者和民众参与报道和评论，以多元的视角和声音讲述中国故事、了解国外观点，增强故事的客观性和说服力。

通过利用信息时代的多样化平台，主流媒体能融合多种传播渠道，放大中国声音。通过加强与海外主流媒体的合作与交流，我国媒体能够建立国际传播网络，将中国声音传播到世界各地。同时，积极利用社交媒体平台等新兴媒体渠道，通过发布短视频、直播等方式，还可实现与海外受众进行实时互动和交流。

通过加强技术创新力度，主流媒体能运用新技术手段提升传播效果。一方面，运用大数据、人工智能等技术手段对受众进行分析和定位，能够实现精准传播和个性化推送。另一方面，我们还可以运用虚拟现实、增强现实等新技术手段打造沉浸式讲述模式，让观众身临其境地体验中国故事，感受中国的发展。

作为中国对外发声的主力和官方代表，主流媒体宣传方式的创新对于提升中国国际话语权具有重要意义。通过强化议题设置、更新表达策略、融合多种传播渠道和加强技术创新等途径，主流媒体可以更加有效地传递中国声音、塑造中国形象和提升国际影响力。然而，在这一过程中也面临着诸多挑战和困难，需要我国的媒体在政府和社会各界的支持和帮助下，不断加强自身建设。只有这样，才能更好地发挥主流媒体在国际传播中的作用和价值，为中国的话语权建设做出更大的贡献。

四、新媒体的兴起与宣传主体多元化建设

在全球化与信息化的双重浪潮下，新的媒体形态不仅改变了信息传播的方式，更深刻地影响了国家话语权的构建与传播，传播主体间的话语权正从传统媒体逐渐向新的大众媒体转移，广大的自媒体、社交媒体已成为国际话语权竞争的主战场。在网络全面普及下的新媒体时代，几乎每个人都成为了"见证人"，庞

大的人口数量意味着众多的话语主体，中国应该、也必须利用新媒体趋势，乘势
而上，加强自身的话语权能力建设。

新兴媒体，以其交互性、即时性、去中心化等特点，正在重塑全球信息传播
格局。它们打破了传统媒体的单向传播模式，使得信息传播更加多元化、民主
化。随着生成式人工智能、大数据、云计算等技术的飞速发展，新兴媒体的内容
生产、分发与消费模式正在经历深刻变革。这些技术不仅提高了信息传播的效
率，更催生了全新的媒体形态，推文、短视频、直播等新传播形式进一步拓宽了
信息传播的渠道。与此同时，新兴媒体赋予了用户更多的参与权与表达权，使得
信息传播不再是单向的灌输，而是双向的互动与反馈。这种参与度的提升，不仅
增强了信息的传播效果，更推动了社会舆论的形成与演变。新兴媒体的崛起，打
破了传统媒体对信息传播的垄断，使得信息传播更加去中心化、多元化。这种趋
势不仅促进了信息的自由流动，更推动了社会话语权的分散与重构。

随着新兴媒体的普及与发展，信息传播正经历着从官方主导、精英掌控向个
体化、大众化转变的趋势。① 新兴媒体为个体提供了更多的表达平台与机会，使
得每个人都有可能成为信息的发布者、传播者与接收者。新兴媒体的普及，使得
信息传播不再局限于特定的精英阶层或官方机构，而是广泛渗透到社会的各个角
落。这种大众化传播的趋势，不仅提高了信息的覆盖面与影响力，更推动了社会
舆论的形成与演变。不仅如此，新兴媒体还促进了基于兴趣、价值观等共同点的
社群化聚合。这些社群不仅为个体提供了归属感与认同感，更成为了信息传播与
舆论引导的重要力量。

综上所述，新媒体以其独特的优势，必然将对增强中国话语权的能力发挥不
可替代的作用。新媒体的多元化与去中心化特点，为中国话语权的传播提供了更
多的渠道与平台。通过新媒体，中国可以直接与国内外受众进行沟通，传递自身
的声音与立场。新媒体的交互性、即时性等特点，使得信息传播更加生动有趣，
更容易引起受众的关注与共鸣。通过新媒体，中国可以更加有效地塑造自身形
象。新媒体不仅是信息传播的平台，更是文化输出的重要渠道。通过新媒体，中

---

① 黄日涵、张丹玮：《议程设置的新路径：新媒体时代如何增强中国国际话语权》，《对外传
播》2024 年第 1 期，第 60 页。

国可以更加深入地传播自身的文化与价值观，增进国内外受众对中国的了解与认同。在这一过程中，不仅提升了中国的文化软实力，更推动了中国话语权的国际化与多元化。

在享受新媒体带来的便利时，我们也必须认识到，新媒体因其多元化与去中心化特点，虽然拓宽了信息传播的渠道，但也带来了信息真实性与准确性的问题。为了避免虚假信息的传播与误导，首先，在使用新媒体的同时，政府需要加强对新媒体的监管与引导，民众则需要提高对信息的甄别能力，确保信息的真实性与准确性。其次，新媒体上消息的发布具有随意性和主观性，这要求我们在利用新媒体进行文化输出的过程中，也需要尊重与受众之间的文化差异。不同国家和地区有着不同的文化背景与价值观念，中国需要尊重这些差异，避免文化冲突与误解的发生。最后，新媒体的快速发展也对个体的文化素养与表达能力提出了更高的要求。为了提高在新媒体时代的话语竞争力，中国需要加强对国民文化素养、表达能力以及道德水平的培养，通过便捷的新媒体渠道传递出真实、生动、得体且具有时效性的优质话语。

五、多领域人才培养

中国的国际地位日益提升，对国际话语权的需求也愈发迫切，然而，要有效提升中国的国际话语权，必须加强人才培养，构建一支高素质、专业化的国际传播和外交人才队伍。国际话语权的竞争，实质上是人才、知识和价值观的竞争。一个国家在国际上的声音能否被听到、被理解、被接受，很大程度上取决于其是否拥有具备国际视野、专业素养和跨文化交流能力的人才。因此，加强人才培养，提升人才质量，同样是增强中国国际话语权的关键。为了增强中国话语权的实践能力，我们需要培养和储备以下四个领域的人才队伍。

第一类是国际传播人才。国际传播人才是提升中国国际话语权的重要力量，他们不仅需要具备扎实的新闻传播学知识，还需要了解国际传播的基本规律和受众心理。在国际传播实践中，他们要能运用多种媒体手段，向世界展示真实、立体、全面的中国。国际传播人才应具有三方面的能力：一是新闻敏感度，能够迅速捕捉国内外热点事件，准确判断其新闻价值；二是跨文化交流能力，能够跨越文化障碍，与不同文化背景的人进行有效沟通；三是新媒体运营能力，能够熟练运用社交媒体、短视频等新媒体手段，扩大中国声音的国际传播范围。

第二类是外交人才。外交人才是中国在国际舞台上发声的重要代表，他们不仅需要具备深厚的外交学和国际关系学知识，还需要具备高超的谈判技巧和敏锐的洞察力。在外交实践中，他们能够代表中国处理国际事务，维护国家利益和形象。外交人才的培养应注重以下四个方面：一是国际视野，能够站在全球高度审视国际形势，把握国际趋势；二是外语能力，能够熟练掌握一门或多门外语，进行流利的外交交流；三是专业素养，具备扎实的国际关系、国际法、外交政策等专业知识；四是应变能力，能够在复杂多变的国际环境中迅速作出决策，妥善处理各种突发事件。

第三类是区域国别研究人才。区域国别研究人才是提升中国国际话语权的重要支撑，他们通过对特定区域或国家的深入研究，为中国在国际事务中提供决策依据和支持。[①] 区域国别研究人才需要具备扎实的国际关系学、历史学、地理学等知识，同时还需要具备跨文化交流和实地调研能力。对区域国别研究人才的培养应注重以下四个方面：一是跨学科知识，能够综合运用语言、地理、人文、国际关系等多学科知识进行分析和研究；二是实地调研能力，能够深入目标区域或国家进行实地考察和调研；三是跨文化交流能力，能够与目标区域或国家的人民进行有效沟通，了解当地的文化、历史和社会状况；四是数据分析能力，能够运用统计学、数据分析等方法对收集到的数据进行处理和分析。

第四类是国际组织人才。国际组织人才是中国在国际组织中发挥作用的重要力量，他们不仅需要具备扎实的国际法和国际组织知识，还需要具备高超的协调能力和团队合作精神。在国际组织中，他们代表中国参与国际规则的制定和实施，维护中国的国际权益和形象。国际组织人才的培养也需注重 4 个方面：一是国际法知识，能够熟练掌握国际法和国际组织的相关规定和程序；二是协调能力，能够在国际组织中与其他成员进行有效沟通和协调；三是团队合作精神，能够积极参与国际组织的各项工作，为团队目标的实现贡献力量；四是语言能力，

---

① 赵磊：《增强中国国际话语权的现实挑战与应对》，《人民论坛·学术前沿》2024 年第 5 期，第 79 页。

能够熟练掌握国际组织的工作语言，进行流利的国际交流。

当然，为中国扩大国际话语权的人才和学科领域远不止此，各行各业对中国国家发展的贡献，都将成为中国国际形象的一部分，展现在世界眼前。但上述的四个方面是当前最为迫切需要的学科领域，为实现人才培养，我国需要采取科学、全面、务实的教育培养政策：首先，高校是培养相关人才的重要基地。应加强相关学科的建设和改革，完善课程体系和教学方法，提高人才培养质量，同时加强与国外高水平大学的交流与合作，引进优质教育资源，提升学生的国际竞争力。其次，实践锻炼和职业培训是提高人才素质和能力的重要途径。应鼓励和支持人才参与国际传播、外交、区域国别研究和国际组织等领域的实践活动，积累实践经验，同时关注对人才的职业培训，提升他们的专业素养和职业技能。再次，构建多元化的人才培养体系。通过加强高校与政府、企业、社会组织等各方面的合作，形成人才培养的合力，通过多元化的人才培养体系，为不同领域、不同层次的人才提供广阔的发展空间。最后，国家应努力营造良好的人才成长环境，包括政策环境、文化环境和社会环境。在政策上为人才提供优惠待遇和广阔的发展空间，在文化上倡导开放包容的交流氛围，鼓励创新和探索，在社会上加强对人才的关注和支持，为他们提供实现自己志向的道路。

结语

中国拥有悠久的历史与灿烂的文化，多年的发展使我国在话语权能力建设方面取得了非凡的成就。从沉默到发声，从边缘到中心，中国话语权经历了从无到有、从弱到强的变革历程，这一历程不仅见证了中国国力的提升，更展示了中国在国际事务中日益增长的影响力。

回顾历史，中国的话语权能力建设始于新中国成立之初。面对美西方国家的政治孤立、经济封锁与军事包围，中国领导人深刻认识到发出自己声音的重要性，他们将提升中国的国际话语权视为国家战略的重要组成部分。中国话语权的能力提升始终伴随着中国国力的发展与进步，经过多年的变化和调整，中国的话语已经展现出独特的魅力与影响力。

在实践路径上，中华文化的核心价值与独特魅力，通过现代化的表达方式与传播手段，成功地传递给了国际社会。同时，中国也注重话语策略的转变，通过内容创新与差异化叙事、优化传播手段与平台布局、构建多元话语主体与协同机制等策略，有效地提升了中国话语的国际影响力与认同感。主流媒体与新媒体的革新与发展，则为中国话语权的提升注入了新的活力。主流媒体通过强化议题导向、更新表达策略、融合多种传播渠道和加强技术创新等途径，增进了中国声音的深度，而新媒体的兴起与宣传主体的多元化，则为中国话语权的传播拓宽了宣传渠道和平台。在人才培养方面，中国也取得了显著的成果。通过建立一支高素质、专业化的国际传播和外交人才队伍，中国在国际事务中的发声更加有力、更加自信。

展望未来，中国话语权的能力建设仍将继续深化与发展。作为话语"权利"和"权力"的基础，能力将继续在中国话语权的实践过程中发挥至关重要的作用。能力的提升将为中国在国际事务中争取更多的权利、塑造更有效的权力提供坚实的支撑与保障。通过不断提升自身的话语表达能力、传播能力与影响力，中国将更加自信地走向世界舞台的中心，为世界和平与发展贡献更多的中国智慧与中国方案。

第二节 中国话语权的权利提升

今天，中国的话语权能力建设取得了长足进步，中国开始更加自信地履行自身的话语权利，在国际舞台上积极发声，为维护国际秩序与广大发展中国家的利益贡献力量。中国充分利用国际组织这一平台，通过参与联合国、国际货币基金组织等多边组织，积极表达自身立场和诉求。国际组织不仅为中国提供了展示实力的舞台，也成为中国传播中国声音、扩大国际影响力的关键渠道。在全球治理中，中国在经济、安全、气候等多个领域中的积极参与和显著贡献，不仅体现了中国在全球治理中的重要作用，也为中国话语权利的提升奠定了坚实基础。

然而，随着中国国际影响力的增强，西方国家开始将中国视为竞争对手，通过多种手段对中国进行抹黑和批评，这为中国通过国际组织和全球治理进一步发挥作用带来了挑战。

一、通过国际组织维护中国话语权利

在当今复杂多变的国际环境中，国际组织已成为国家间交流、合作与竞争的重要平台，更是各国表达自身话语权利、塑造国际形象的舞台。中国深知国际组织在推动全球治理、维护国际秩序、促进共同发展中的重要作用。因此，充分利用国际组织这一舞台，传播中国声音，已成为中国话语权利的重要组成部分。

国际组织不仅是各国政策协调、利益博弈的场所，更是国际规则制定、国际舆论引导的重要阵地。中国通过积极参与国际组织，不仅能够在国际事务中发挥更加积极的作用，还能够有效维护自身利益和发展空间。在联合国、国际货币基金组织(IMF)等多边组织中，中国通过投票、倡议、合作等方式，积极表达自身立场和诉求，推动构建更加公正合理的国际秩序。同时，中国也注重在非政府组织等平台上发挥作用，通过参与全球议题讨论、推动国际合作等方式，拓宽国际视野，增强国际影响力。

国际组织作为表达中国话语权利的舞台，具有独特的优势和价值。国际组织不仅为各国提供了平等交流、协商合作的平台，使中国能够在国际事务中发出声音，同时也是国际规则制定和国际舆论引导的重要场所，中国的积极参与使得中国能够在其中发挥更响亮的声音。

(一)通过联合国发出中国声音

1. 联合国 2758 号决议是中国话语权利的起点

1971 年 10 月 25 日，联合国 2758 号决议在第 26 届联合国大会上表决通过，恢复了中华人民共和国在联合国的合法席位。[1] 对于新中国而言，联合国合法席位的恢复，不仅是我国在国际体系中地位上升、影响力增强的直接反映，也是在提升中国话语权利的进程中具有里程碑意义的起点。

在联合国合法席位恢复之前，由于历史与现实的复杂因素，中国在国际话语体系中长期处于相对边缘的位置。美西方国家凭借其经济实力、军事力量以及文

---

① 　中国政府网：《联合国 2758 号决议(1971 年 10 月 25 日)》，https://www.gov.cn/test/2006-02/28/content_213294.htm，访问时间：2024 年 11 月 12 日。

化影响力，构建了以自身为中心的国际传播网络，主导了国际舆论的走向。① 在这一背景下，中国的声音往往被掩盖在"主流话语"的"夹缝"之中，难以在国际舞台上得到有效传播。中国虽然通过外交、国际会议等多种渠道，努力向世界传递自身的立场与声音，但这些努力往往受到国际话语体系中固有偏见与误解的限制，难以达到预期的效果。

联合国作为第二次世界大战之后最具普遍性和权威性的政府间国际组织，其合法席位直接关系到一国在国际体系中的地位与影响力，代表着世界各国对一国的承认和认同感。这一事件标志着中国终于得以在二战后的国际秩序中占据一席之地，拥有了在国际社会中平等表达自身立场的合法权利。联合国合法席位的恢复，为中国在国际舞台上发挥更大作用提供了重要平台。中国开始积极参与联合国及其下属机构的各项活动，就国际和平与安全、经济发展、人权保护等议题发表见解，提出倡议，推动构建更加公正合理的国际秩序。在这一过程中，中国的话语权利得到了显著提升，中国声音和中国故事开始在国际舞台上引起广泛关注与重视。

2. 联合国是中国发出全球南方声音的扬声器

中国作为联合国安理会常任理事国，不仅承担着维护国际和平与安全的责任，还积极利用联合国平台，在国际社会上表达中国和全球南方国家的声音。作为世界上最全面、最具官方性质的国际组织，联合国为各国提供了基本的国际秩序和合作框架。习近平总书记高度重视联合国在多边合作中的引领作用，他强调，世界只有一个体系，就是以联合国为核心的国际体系。只有一个秩序，就是以国际法为基础的国际秩序。只有一套规则，就是以联合国宪章宗旨和原则为基础的国际关系基本准则。② 中国积极参与联合国主导下的国际合作，通过多边机制表达中国声音，促进国际社会的共同发展与繁荣。和平与发展是当今的时代主题，而在联合国主导下的维和行动和发展合作正是为了在这一主题下促进全人类的共同进步，中国对联合国的举措表示出高度认可和全力支持。

---

① 叶淑兰：《中国国际话语权建设：成就、挑战与深化路径》，《国际问题研究》2021 年第 4 期，第 35-36 页。

② 中国政府网：《习近平出席第七十六届联合国大会一般性辩论并发表重要讲话》，https://www.gov.cn/xinwen/2021-09/22/content_5638596.htm，访问时间：2024 年 11 月 12 日。

一方面，中国积极参与联合国维和行动。维和行动是联合国为维护国际和平与安全而采取的重要措施，中国作为联合国维和行动的重要参与国，不仅派遣维和人员参与实地行动，还多次在联合国安理会维和问题会议上提出要加强维和行动效率、保障维和人员安全等主张，这些声音得到了国际社会的广泛关注和认可。① 通过参与维和行动，中国不仅展现了负责任大国的形象，还促进了中国在国际维和领域的话语权利。另一方面，中国积极参与全球发展合作，通过联合国等平台推动国际合作，共同应对全球性发展困境，促进全球经济的可持续发展和消除贫困。② 中国通过"一带一路"倡议、金砖合作机制、上海合作组织等国际合作机制，为全球发展提供了中国方案和贡献。此外，中国积极参与联合国发展峰会、全球减贫大会等国际会议，分享中国发展经验，为推动全球协调可持续发展贡献了中国智慧和力量。

安理会是联合国负责维护国际和平与安全的主要机构，也是各国表达诉求、维护利益的重要平台。除了维和与发展等合作领域的投入，中国还积极利用安理会常任理事国的身份，为发展中国家表达诉求，争取权益，维护国际社会的公平与正义。安理会的代表性问题是国际社会关注的焦点之一。中国积极支持发展中国家在安理会的代表性，推动安理会改革，增加发展中国家的席位和发言权。例如，中国多次在联合国大会和安理会等场合呼吁改革安理会，增加发展中国家的代表性，以更好地反映国际社会的现实和意愿。通过支持发展中国家在安理会的代表性，中国不仅推动了安理会的改革进程，还促进了发展中国家在国际事务中的话语权利。

(二)通过国际组织拓宽发声渠道

1. 提升在 IMF 等多边组织中的话语份额

在当今的国际秩序中，国际组织作为多边外交的重要平台，对于国家话语权的塑造与提升具有至关重要的作用。除联合国之外的多边政府间组织，如国际货

---

① 中国政府网：《中国代表敦促利用新技术增进维和人员安全，强调尊重当事国主权和意愿》，https://www.gov.cn/xinwen/2021-08/19/content_5632122.htm，访问时间：2024 年 11 月 12 日。

② 黄超：《全球发展治理转型与中国的战略选择》，《国际展望》2018 年第 3 期，第 32 页。

币基金组织(IMF)、世界贸易组织(WTO)以及各类区域性和专门性国际组织，都是中国展示自身实力、传播中国声音、扩大国际影响力的广阔舞台。

谈到国家在 IMF 中的权力和权利，一个事实是不可绕过的，即美国在 IMF 中事实性的一票否决权。当前根据 IMF 的协议，重大决策通过所要求的投票比例为 85%，而美国如今拥有 16.5% 的投票份额，这意味着只要美国不愿意，IMF 无法达成任何重大决策。[①] 事实上，在 IMF 建立之初，美国的投票份额高达 35.1%，彼时 IMF 重大决策要求的投票比例是 80%。随着新兴经济体的发展和对国际经济秩序的改革需要，美国的投票权重已不足当年的一半，但仍然通过修改投票规则和要求维系美国的一票否决权。美国在 IMF 的一票否决权虽不能完全保证本国提案都能得到通过，但却能够通过胁迫与讨价还价致使其他国家在 IMF 中行事时需要考虑美国的态度。

但这一情况正在发生变化，新兴经济体迫切需要在全球金融体系中扩大话语权利，冲击美国的金融霸权。在 2023 年 12 月 15 日结束的第 16 次份额检查中，71 个国家的代表性被低估，中国的被低估程度更是高达 52%，而美国、日本等发达国家的代表性则被高估。新兴经济体对全球经济的贡献接近 60%，在 IMF 中占有的份额却只有不到 40%，这是世界经济体地位与代表性的失衡。[②]

自 2008 年全球金融危机以来，中国等新兴市场经济体在国际金融体系中的重要性日益凸显。为了更好地反映新兴市场和发展中国家的经济利益和诉求，IMF 进行了多次份额和投票权改革。在这些改革中，中国的投票份额得到了显著提升，逐步与中国在全球经济中的地位相匹配。随着 2008 年《国际货币基金组织修订案》的提出以及该文件在 2011 年的通过，中国在 IMF 的投票份额从 2.94% 提高至 3.65%，而在 2023 年的第 16 次份额调整中，中国的投票份额再次增长，达到 6.08%。[③] IMF 承诺，将在 2025 年 6 月前制定下一步份额调整指南，可以预

① 王祎纯，欧明刚：《展望国际货币基金组织第 17 次份额总检查》，《银行家》2024 年第 11 期，第 96 页。

② 王祎纯，欧明刚：《展望国际货币基金组织第 17 次份额总检查》，《银行家》2024 年第 11 期，第 95-97 页。

③ International Monetary Fund, "IMF Members' Quotas and Voting Power, and IMF Board of Governors," https://www.imf.org/en/About/executive-board/members-quotas, 2024. 11. 15.

见，中国等新兴经济体在国际金融秩序中的话语权还将进一步扩大。

2. 增加在国际组织中任职的职员数量

除了投票份额的增加外，中国在国际组织中任职人员的增加也是提升话语权的重要途径。随着中国国际地位的提升和国际影响力的扩大，我们需要更多的中国人在国际组织中任职，这不仅有助于提升中国议题在国际组织中的权重，也为中国在国际事务中发挥更加积极的作用提供了有力的人才支撑。

但现实情况并不乐观。2023 年中国向联合国缴纳的会费达 4.46 亿美元，世界第二，而根据联合国官方网站最后更新的统计，截至 2022 年 12 月 31 日，中国在联合国任职的雇员仅有 1564 人，占总雇员人数的 1.2%，排在近 20 位。① 在联合国等国际组织任职人员的匮乏无疑是中国话语权利的损失。除了雇员，当前大多数国际组织的主要负责人都由欧美等发达国家的人员担任，这使中国等新兴经济体提出议程、促进改革的声音受到削弱。

鉴于国际组织在国际话语场中发挥着举足轻重的作用，首先，我国应从各领域甄选顶尖人才进入国际组织任职。这不仅要求高校在培养国际组织人才方面扮演重要角色，如增设"国际组织""国际胜任力"相关课程，培养具备国际视野、跨文化沟通能力和专业技能的人才，使其毕业后有能力直接进入国际组织工作；更需通过优化选拔机制，确保优秀人才能够脱颖而出，为我国在国际组织中填补更多职位。除此之外，通过官方渠道与国际组织建立联系，为中国人才争取更多进入国际组织学习和训练的机会。同时，政府还应加大对国际组织人才选拔输送的资金支持和政策引导，资助青年学子到国际组织实习，积累宝贵的工作经验。

通过上述措施，我国将增加在国际组织中的任职人数，进而提升我国在国际规则塑造中的能力。这将为中国拓展了巨大的话语空间，使中国话语通过中国职员在各大国际组织中传播和发散。在此过程中，中国将能够塑造对自身有利的国际规则和环境，每一名在国际组织任职的中国人都是展示中国魅力的一扇窗口。

3. 扩大社会组织的参与度

全球化带来了对传统国家主权的解构，作为全球化时代国际事务中的重要参

---

① UN System Chief Executives Board for Coordination, "PERSONNEL BY NATIONALITY," https://unsceb.org/hr-nationality，2024. 11. 15.

与者，社会组织以其独特的灵活性和专业性，在推动全球议题、塑造国际舆论、促进国际合作等方面发挥着不可忽视的作用。中国通过与非政府组织的合作，不仅能够拓宽在国际舞台上的发声渠道，还能更全面、多样地参与全球治理。

在推动全球议题方面，非政府组织往往能够敏锐地捕捉到全球性的社会问题，如气候变化、人权保护、公共卫生等，并通过研究报告、公开信、政策倡议等方式，将这些议题引入国际社会的视野，推动政府、国际组织和社会各界对这些问题的关注和讨论。在塑造国际舆论方面，非政府组织通过媒体宣传、网络传播等手段，能够迅速地将自己的观点和立场传达给国际社会，形成特定的舆论氛围。同时，它们还能够通过与国际媒体的合作，将中国的声音和故事传递给世界，增强中国在国际舆论场中的影响力。在促进国际合作方面，非政府组织具有独特优势。它们能够自由跨越国界，与不同国家和地区的组织建立联系，共同开展项目、研究或活动。通过搭建国际合作平台，非政府组织能够促进各国政府、企业、学术界和民间社会之间的交流与合作。

通过广泛而灵活的活动，非政府组织拓宽了中国的话语权利。一方面，非政府组织通常扎根于环保、卫生、节能、军控等某一专门领域，拥有专业的研究团队和丰富的实践经验，能够对全球性问题进行深入分析。通过发布研究报告、政策建议等方式，非政府组织为国际社会提供了充分的信息和依据，从而在一定程度上塑造国际舆论和决策方向。另一方面，非政府组织具有一定的社团属性，其在一个领域纵向深挖的运作方式容易吸引具有相同志向和积极政治参与倾向的公众，这使得非政府组织能够动员大量的成员参与到特定议题的讨论和行动中来。他们善于表达、乐于表达、敢于表达，容易形成强大的社会舆论压力。通过组织公益活动、发起签名运动、开展社会调查等方式，非政府组织能够激发公众的参与热情，推动政府和国际组织对问题的关注和解决。中国与非政府组织的合作领域广泛，涵盖了气候变化、环境保护、扶贫发展、公共卫生等多个方面。

例如，在气候变化和环境保护领域，中国与非政府组织的合作尤为紧密。中国环境与发展国际合作委员会（CCICED）就是一个由中国政府、国际组织和非政府组织共同组成的国际合作平台，该平台致力于推动中国环境保护政策的制定和实施，促进国际环保经验的交流与合作。通过吸引国际组织和非政府组织的参与，中国向世界展现出积极落实气候转型的积极形象。通过 CCICED 这样的平台，中国在更广泛的目光监督下，推动符合人类发展的共同诉求、全球亟待解决的共性问题得到伸张和解决。

二、通过全球治理表达中国话语权利

全球治理的内涵极为丰富，简单来说，全球治理是通过特定机制解决全球性的安全冲突、环境保护、公共卫生、科学技术、人权等共性问题，以维持正常的国际政治经济秩序。全球治理本是世界各国通力合作、共同应对的普遍性问题，但在今天的全球治理框架下，美国为首的西方国家试图将全球治理进程变为扩大国际影响力的渠道。解决问题固然重要，但由谁来解决问题，最后是谁解决了问题更加重要，这已然偏离了全球治理的初衷。在这种背景下，各国在合作与竞争中应对全球性挑战，而话语权的强弱则直接影响到一国在全球治理中的地位和影响力。话语强，则事半功倍；话语弱，做出的贡献不仅无人知晓，可能还会遭受抹黑。

全球治理是这是人类对抗发展阻碍的战场，也是中国等发展中国家对抗发达国家话语霸权的战场。充分动员我们的话语权利，才能在西方媒体的话语攻势中辨明方向，以解决问题为导向，将全球治理落到实处。中国作为新兴大国，积极参与全球治理不仅是对自身国际责任的担当，也是表达国际话语权的重要途径。通过参与全球治理，中国将为世界贡献中国的解决方案，中国的话语正一步步深入国际社会。

(一)中国参与全球治理的实践

在当今全球化和科技日新月异的背景下，国际话语权的争夺已成为国家间竞争的重要领域。经济治理、安全治理、气候治理以及技术标准治理作为当今世界全球治理的四大代表性领域，对于全人类的长远发展和国际地位的提升具有不可估量的价值。通过分析中国在全球经济治理、安全治理、气候治理和技术标准治理中的积极参与和显著贡献，我们能够了解到中国如何在全球舞台上逐步扩大影响力，提升国际话语权。在这些领域、尤其是在技术标准治理领域中，中国企业正成为一支主力。通信技术企业的崛起，不仅为全球技术进步和产业发展注入了新的活力，也为中国在全球科技竞争中赢得了宝贵的话语权。

1. 经济治理

经济问题是全球发展问题的首要领域，随着新兴经济体的国力提升，经济治理正面临着话语权的转移。2008 年金融危机爆发后，二十国集团(G20)由各国的财政会议机制升级为领导人峰会，用以补充西方七国集团(G7)的作用，G20 相较于 G7 而言纳入了大量的发展中国家，这意味着全球经济治理已经绕不开发展中国家的作用。在那之后，G20 正成为一个至关重要的全球经济治理论坛，其每年的举办都将引发全世界的关注。通过二十国集团(G20)等平台，中国积极参与全球经济政策的协调与合作，推动全球经济治理体系的完善。在 2016 年 G20 杭州峰会上，中国成功推动峰会达成多项重要成果，包括创新增长方式、构建开放型世界经济、落实 2030 年可持续发展议程等，展现了中国在全球经济治理中的引领作用和话语权提升。[1]

中国通过积极参与全球经济治理机制，推动全球经济体系的变革与完善。在国际货币基金组织和世界银行中，中国积极支持组织份额和投票权的改革，要求提升新兴国家在国际金融秩序中的代表性和发言权。同时，中国还倡导建立亚洲基础设施投资银行和金砖国家新开发银行，为发展中国家提供基础设施建设资金支持，推动全球经济治理体系的多元化和民主化。

2. 安全治理

安全是发展的保障，近年来，俄乌冲突、巴以冲突等地缘政治危机不断，世界陷入巨大的安全赤字。传统安全问题激化，非传统安全问题交织，在这一背景下，中国代表全球南方国家发声具有重要意义。[2]

在安全治理领域，中国积极参与联合国维和行动和地区安全合作机制等，为维护世界和平与稳定作出了重要贡献。中国是联合国维和行动的主要出兵国和出资国之一，派出了大量维和人员参与联合国在多个地区的维和行动，展现了负责

---

[1] 中国政府网：《二十国集团领导人杭州峰会公报》，https://www.gov.cn/xinwen/2016-09/06/content_5105602.htm，访问时间：2024 年 11 月 16 日。

[2] 孙吉胜：《"全球南方"国际话语权的构建及前景》，载《当代世界》2024 年第 7 期，第 42 页。

任大国的形象。在联合国维和行动中，中国维和部队不仅在黎巴嫩、苏丹、南苏丹等冲突地区执行维和任务，还积极参与了医疗救援、工程建设、难民保护等多项工作，以实际行动诠释了"人类命运共同体"的理念。特别是在非洲地区，中国维和人员通过提供医疗援助、培训当地警察和军队等方式，有效提升了当地的安全能力和治理水平，深受当地政府和民众的欢迎。

同时，中国还积极推动地区安全对话与合作，从 APEC 到"东盟+"，从上海合作组织到解决朝核问题的"六方会谈"机制，中国积极参与相关地区组织和机制，加强与周边国家的安全合作，共同应对地区安全挑战。[①] 在安全治理的话语方面，习近平主席提出总体国家安全观、亚洲新安全观、核安全观等新型安全观理念，中国发挥本国的发展优势和政治意愿，倡导以对话协商、合作共赢的方式解决国际争端和热点问题，为维护周边地区乃至国际范围内的和平稳定都发挥了重要作用。[②] 这些理念的提出和传播，不仅增强了中国在国际安全事务中的话语权和影响力，也为推动国际安全治理体系的变革和完善提供了有益的思路和方案。

3. 气候治理

与经济治理类似，气候治理也存在显著的南北差异。欧美国家能够凭借其媒体优势和发展先导性抢占气候治理的高点，在气候谈判中优先保证本国利益。[③] 这不仅是发达国家的优势，同时也是发展中国家的短板。发展中国家缺乏相关的传播能力和国力支撑，在国际舆论引导和议题设置上能力上远弱于发达国家，但中国话语权的提升正在改变这一情况。

在气候治理领域，中国积极履行国际承诺，推动全球气候治理体系的完善。中国作为《联合国气候变化框架公约》和《巴黎协定》的缔约方，认真履行减排承诺，加强国内气候变化政策的制定和实施。同时，中国还积极推动国际气候合作，通过南南合作基金、绿色"一带一路"倡议等方式，为发展中国家提供气候

---

① 马荣久：《国际组织中的国家话语权》，《国际展望》2021 年第 13 卷第 4 期，第 110 页。

② 梁琪：《中国国际话语权演变进程及提升路径研究》，硕士学位论文，中共江苏省委党校，2022 年，第 22 页。

③ 李昕蕾：《全球气候治理中的知识供给与话语权竞争——以中国气候研究影响 IPCC 知识塑造为例》，《外交评论（外交学院学报）》，2019 年第 36 卷第 4 期，第 39-41 页。

融资和技术支持，帮助他们应对气候变化的挑战。①

在气候治理领域的具体实践中，中国不仅停留在承诺与倡议层面，更是以实际行动践行责任。中国已提前完成 2020 年气候行动目标，即单位国内生产总值二氧化碳排放比 2005 年下降 40%~45%，并正朝着 2030 年前达到碳排放峰值、2060 年前实现碳中和的长远目标稳步迈进。② 这此过程中，中国大力发展可再生能源，太阳能、风能等清洁能源装机容量位居世界前列，电动汽车推广量全球领先，展现了中国从能源消费结构到产业转型的全面绿色转型决心。

在国际合作层面，中国通过南南合作基金已支持了多个发展中国家的气候适应和减缓项目，涵盖清洁能源、森林保护、农业适应等多个领域。绿色"一带一路"倡议则促进了沿线国家绿色基础设施的互联互通，共同构建低碳、循环、可持续的发展模式。此外，中国还积极参与国际气候谈判，倡导"共同但有区别的责任"原则，推动建立更加公平合理的国际气候治理秩序，确保所有国家的权益得到充分尊重和保护。③

4. 技术标准治理

在全球技术治理的大舞台上，中国的话语权正逐步增强，这一过程不仅得益于政府层面的战略布局和外交努力，更离不开中国企业在技术标准治理中的积极参与和贡献。在科技竞争日益激烈的背景下，技术标准作为科技创新与产业发展的重要支撑，其重要性愈发凸显。对于中国企业而言，尤其是在通信技术领域，积极参与技术标准治理已成为提升我国国际竞争力和影响力的关键路径。

技术标准是科技竞争的核心要素之一，它不仅关乎技术产品的兼容性和市场准入，更是决定产业主导权和未来发展方向的关键。在全球科技竞争中，谁掌握了技术标准，谁就掌握了行业的话语权和规则制定权。因此，技术标准治理成为各国竞相争夺的制高点。中国企业，特别是通信技术企业，凭借在 5G、物联网、

---

① 中国一带一路网：《绿色"一带一路"让世界共享生态红利》，https://www.yidaiyilu.gov.cn/p/0U9KFLFV.html，访问时间：2024 年 11 月 17 日。

② 中国政府网：《中国应对气候变化的政策与行动》，https://www.gov.cn/zhengce/2021-10/27/content_5646697.htm，访问时间：2024 年 11 月 17 日。

③ 中国气候变化信息网：《什么是共同但有区别的责任》，https://www.ccchina.org.cn/Detail.aspx?newsId=27910&TId=59，访问时间：2024 年 11 月 17 日。

人工智能等领域的技术积累和创新能力，开始在全球技术标准治理中崭露头角。

以华为、中兴等为代表的中国通信技术企业，不仅在国内市场占据主导地位，更在国际市场上与跨国巨头展开激烈竞争。这些企业积极参与国际标准化组织的活动，推动中国技术标准的国际化进程。通过与国际同行的交流与合作，中国企业不仅提升了自身技术标准的国际认可度，还为中国在全球技术标准治理中争取到了更多的话语权。

中国企业在技术标准治理中的作用不仅体现在标准的制定和推广上，更在于通过技术创新引领行业发展。在 5G 领域，中国企业凭借领先的技术优势，推动了一系列创新技术标准的制定和应用，如大规模天线阵列、超密集组网等，这些技术标准不仅提升了 5G 网络的性能和效率，更为全球 5G 产业的发展树立了标杆。① 中国企业的这些努力，不仅增强了自身在全球技术标准治理中的影响力，也为全球科技进步和产业发展做出了积极贡献。

在全球技术治理的背景下，中国企业通过积极参与技术标准治理和国际组织活动，不仅提升了自身的国际竞争力和影响力，更为中国在全球科技竞争中争取到了更多的话语权。这一过程不仅展现了中国企业的实力和担当，也为中国在全球技术治理体系中发挥更加积极的作用奠定了坚实基础。未来，随着中国企业实力的不断增强和国际化的深入发展，我们有理由相信，中国将在全球技术治理中发挥越来越重要的作用，为推动全球科技进步和产业发展做出更大贡献。

（二）全球治理对中国话语的促进与冲击

中国在参与全球治理的过程中，不仅为维护公正的国际秩序与平等的发展机会做出了积极贡献，还显著提升了自身的国际话语权利。然而，随着中国国际影响力的日益增强，西方国家开始将中国视为全球影响力的主要竞争对手，通过多种手段对中国进行抹黑和批评。这些行为不仅损害了中国的国际形象，也阻碍了中国在全球治理中发挥更大作用的进程。面对西方国家的抹黑和批评，中国需要

---

① 国家互联网信息办公室：《5G 概念白皮书：明确 5G 概念及主要技术场景》，https://www.cac.gov.cn/2015-02/13/c_1114360830.htm，访问时间：2024 年 11 月 17 日。

保持冷静和理性，通过加强国际交流与合作，积极展示自身的发展成就和贡献，以更加开放和自信的姿态参与全球治理，逐步赢得国际社会的理解和支持。

1. 参与全球治理促进中国话语权利

在全球化和多极化的国际背景下，全球治理成为国家间竞争与合作的重要领域，也是提升国家话语权的关键舞台。中国作为新兴大国，通过积极参与全球治理，不仅维护了公正的国际秩序与平等的发展机会，也充分表达了中国的观点和主张，显著提升了中国的国际话语权利。

中国在全球治理中的议题设置能力显著增强，体现了中国话语权的提升。通过主场外交、多边会议等平台，中国积极提出并推动国际议题的讨论和解决，如气候变化、减贫、可持续发展等。特别是在气候变化领域，中国通过积极履行国际承诺，推动《巴黎协定》的实施，为全球气候治理作出了重要贡献。同时，中国还通过南南合作基金、绿色"一带一路"倡议等方式，为发展中国家提供气候融资和技术支持，推动了全球气候治理议程的深入发展。①

中国在全球治理中提升话语权的过程中，还注重构建具有中国特色的话语体系。通过提出"人类命运共同体"理念、"一带一路"倡议等新型国际理念和方案，中国为全球治理提供了中国智慧。② 这些理念和方案不仅符合世界各国的共同利益，也体现了中国对全球治理的深刻思考和积极贡献，为提升中国的话语权创造了理论基础。

2. 中国在全球治理上遭受西方抹黑

然而，中国在参与全球治理过程中也面临着诸多挑战。一方面，西方发达国家在全球治理体系中仍占据主导地位，试图维护旧有的国际秩序和规则体系，对中国等新兴大国的崛起持戒备和打压态度；另一方面，全球治理领域存在诸多复杂敏感的问题和矛盾，西方国家借机对中国进行污蔑和指责，试图抹黑中国的国际形象，削弱中国的国际话语权。

随着中国在全球治理中角色的日益重要，西方国家普遍感受到了前所未有的

---

① 柯慧玲，柯益龙：《全球气候治理中的中国国际话语权构建研究》，《水文化》2024 年第 7 期，第 26-27 页。

② 孙吉胜：《"全球南方"国际话语权的构建及前景》，载《当代世界》2024 年第 7 期，第 43 页。

战略压力。① 这种压力源自中国综合国力的显著提升，包括经济实力、科技实力、军事实力以及国际影响力的全面增强。在压力的驱动下，西方国家往往倾向于将中国视为威胁，而非合作伙伴。这种认知偏见导致了西方媒体和政界在报道和评论中国时，常常带有预设的负面立场。自中国深度参与全球治理以来，西方国家逐渐将中国视为全球影响力的主要竞争对手，并通过多种手段对中国进行抹黑和批评。这一现象反映了国际政治中权力转移与竞争加剧的现实，也揭示了西方国家在面对新兴大国崛起时的抵制态度与话语策略。

西方媒体在抹黑中国方面扮演了重要角色。这些媒体往往利用其在全球信息传播中的主导地位，有选择性地报道和解读中国事务，以塑造对中国不利的舆论环境。② 具体来说，西方媒体在报道中国时，常常倾向于突出中国的所谓"不透明性""政治体制"以及"人权问题"，而忽视或淡化中国在经济发展、减贫事业、全球治理等方面的积极贡献。这种有偏见的报道方式不仅误导了国际公众对中国的认知，也为中国在国际舞台上争取话语权制造了障碍。

为应对这一挑战，中国需要不断提升自身实力和国际影响力，加强国际传播能力建设，积极参与全球治理体系改革和建设，以更加开放、包容、自信的姿态走向世界舞台。同时，中国还应加强与西方国家的沟通和对话，增进相互理解和信任，共同推动构建更加公正合理的国际秩序。

结语

通过不断加强自身能力建设，中国得以在国际舞台上表达本国的话语权利，这不仅是中国国家实力提升的结果，也是中国在全球治理体系中日益发挥重要作用的体现。中国在联合国等国际组织中的积极参与和显著贡献，展示了中国作为负责任大国的形象，也为国际社会带来了中国智慧和中国方案。从联合国合法席位的恢复到积极参与全球治理，再到通过"一带一路"倡议等推动全球发展合作，

---

① 孙吉胜：《新时代中国国际话语权的塑造与提升——以党的十八大以来的中国外交实践为例》，第39-43页。

② 梁琪：《中国国际话语权演变进程及提升路径研究》，硕士学位论文，中共江苏省委党校，2022年，第26-27页。

中国的话语权利在国际事务中得到了显著提升。同时，在全球治理的各个领域中，中国也展现出了强大的能力和积极的意愿。这些努力不仅彰显了中国的大国担当，也为中国在全球治理体系中赢得了更多的话语权。

然而，中国话语权的提升并非一帆风顺。随着中国话语的扩散，一些西方国家，尤其是美国对此产生警惕，试图通过各种手段遏制中国话语权的发展。以美国为首的西方国家通过"下绊子""泼脏水"等手段，试图遏制中国在国际事务中的影响力。在这一过程中我们体会到，在为美国等发达国家设计的国际秩序中是永远无法战胜他们的。IMF 就是一个典型的例子，尽管美国的投票份额与最初相比有所下降，但发达国家依然通过修改协议、更改规则，继续护持美国在 IMF 重大决策中的决定权。这充分说明，在现有的国际秩序中，中国要想完全战胜美国等发达国家，必须建立国际政治经济新秩序。

为此，我们迫切地需要建立自己的合作框架和治理机制，通过长期话语能力建设积蓄的力量和话语权利表达积累的经验，塑造真正属于我国的话语权力，这是中国话语权实践的最终形态，也是中国走向世界的必由之路。中国应该继续加强与广大发展中国家的团结合作，推动全球治理体系的改革和完善，使其更加公正、合理和有效。同时，中国也应该加强与国际社会的沟通和交流，增进相互理解和信任，共同应对全球性挑战。

第三节　中国话语权的影响力建构

权力维度关注的是中国说服听众的权力。这种权力并非单纯指强制力或支配力，而是指通过理性论证、情感共鸣和道德感召等观念手段，合作规则、行为规范等制度手段，影响和塑造他国对中国立场的理解和接受程度。话语权力是中国话语实践的高级形态，标志着中国在能力建设下、权利提升后迈入了一个新阶段，从"会说话"、"能说话"逐渐走向"有人听"的阶段，但这并不意味着话语权力得到实践后便无需关注话语能力和权利的发展。

我们在本章引言中提到，三者是紧密相连且互为支撑的环节。话语能力的建设使得我们学会写出中国故事，这是维护中国话语权利的基础，也是塑造中国话语权力的底气；话语权利的提升使我们在国际上讲出中国故事，这为中国话语的能力建设提供了调整思路，也为中国话语的权力建构积累了宝贵经验；话语权力的建构使中国声音在国际上传播越来越广、影响越来越大，为进一步深化话语能力建设提供资源，为巩固话语权利提供保障。

中国话语权力的建构从两个方面进行。通过构建一种基于共同利益和相互尊重的"话语权力"，中国在国际对话中能够更加有效地传递自身立场，促进国际合作与共识。通过提出并主导一系列区域合作机制，中国在促进了区域经济的繁荣和发展的同时，也显著提升了本国在国际事务中的话语权力。中国的话语正受到越来越多国家的关注和重视，中国正通过其独特的话语框架和理念体系，为世界和平与发展贡献着智慧和力量。

一、塑造中国的话语权力

话语权，作为一种对他国产生影响力并影响他国行为的话语，其产生过程涉及共同价值的观念塑造与合作机制的制度构建。话语权力是能够通过语言、符号等媒介影响他人思想、行为或决策的能力，其不仅体现在政治、经济等显性领域，也渗透于文化、教育等隐形层面。在全球化的时代背景下，话语权力成为影响社会变迁、塑造公众认知的关键力量，更成为了一种重要的国际影响力，普遍涉及全球信息传播与国际公众思想观念的塑造。

共同价值在话语权的形成过程中居于内核的地位。共有认知之所以能够形成，话语之所以强而有力，是源于其本身拥有的价值共识。当代表了共同利益的共同价值形成并成为话语中最核心、最具有灵魂的内容时，话语才有了相应的感召力与说服力，成为内容饱满并经得起历史与实践考验的文化力量。通过倡导和传播共同价值，中国在国际社会中构建具有吸引力和感召力的话语体系，进而形成对他国的影响力。这种影响力不仅体现在对国际舆论的引导上，更体现在对国际行为具体决策和行为的实际影响上。

构建国际共识是共同价值塑造话语权力的基本路径。国际社会中的每个行为体背后都有着自己的文化底蕴和历史价值，要想超越差异，达成和而不同的境界，就要在共同价值上达成共识，形成共有的社会认同。当国家在国际事务与外交行为中根据共识而深刻践行共同价值时，才能引发广泛的国际共鸣，使其行为充分符合全人类的共同利益。国际共识能够为国家在国际舞台上享有话语权提供有力支撑与广泛的公众基础，增强群体内部的凝聚力和向心力，为话语权力提供强有力的社会支持，从而增强话语权力的统一性和有效性。通过塑造国际共识，国家间能够建立更为紧密的合作，形成利益共同体与责任共同体，并根据共有认知推动全球治理体系的完善与发展。

中国提出的人类共同价值体现了中国一贯主张的尊重彼此发展道路、核心利益和重大关切的理念。① 这种价值观念具有普遍性和包容性，能够跨越国界和文化差异，引起国际社会的广泛共鸣。通过倡导和传播人类共同价值，中国能够在国际话语体系中占据道德高地，增强自身话语的说服力和影响力。中国通过提出和倡导人类命运共同体理念、新型国际秩序观等具有中国特色和全球视野的观念，提升了观念性话语权。

随着共同价值一步步深入人心，制度作为共同价值等观念的保障和具体化表达，其出现也就变得理所应当。通过创设和主导国际合作机制，国家能够在制度层面形成对他国的影响力和约束力，进而提升自身的制度话语权。制度性话语权不仅作为观念性话语权的补充，也是观念得以表达和外显的必要路径。在制度创设、制度运行和制度竞争的不同阶段，国家行为体通过对话语资源的掌控与调试，将自身参与特定领域制度互动的意图导入制度框架中，从而将观念融入制度话语体系中，提升在特定领域的制度性话语权。②

合作机制是制度性话语权产生和发挥作用的重要平台。中国主要通过参与和构建地区合作框架增强制度性话语权。③ 通过参与和主导地区性国际组织和多边机制，中国不仅赢得了在互动进程中的发言权和影响力，还成功地在地区层面构建了具有中国特色的合作机制，如"一带一路"倡议、亚洲基础设施投资银行等。这些合作机制不仅体现了中国的全球视野和战略意图，还为中国在国际社会中赢

---

① 肖河：《中国外交的价值追求——"人类共同价值"框架下的理念分析》，《世界经济与政治》2017 年第 7 期，第 5-10 页。

② 岳圣淞：《观念、话语与制度演化：国际制度话语权理论与中国实践》，《当代亚太》2023 年第 4 期，第 164-165 页。

③ 马荣久：《国际组织中的国家话语权》，第 109-111 页。

得了更多的制度性话语权。

二、共同价值与观念性话语权力

共同价值是人类社会普遍认可与追求的基本信念，包括和平、发展、公平、正义、民主、自由等内容。这些价值超越了地域、文化和民族的界限，是国际社会的基本准则，也是推动全球治理与人类文明进步的重要动力。总体而言，共同价值具有普遍性、包容性与实践性特征。普遍性表现在这些价值观念被国际社会广泛认可，成为衡量国家行为与国际关系的标尺。包容性体现在这些价值观念能够接纳不同文化、不同社会制度的多样性，促进全球治理的多元化发展。实践性则是指这些价值观念能够转化为实际国际行动，推动全球治理体系不断完善并促进人类社会的共同发展。

共同价值作为社会成员普遍接受和认同的信念体系，对话语权力的塑造发挥着重要作用。共同价值为话语权力的形成提供了内容与方向，也为话语权力的行使提供了正当性与合法性。共同价值作为社会成员普遍认同的价值观念，往往能够成为影响国际舆论走向的重要力量。怀有共同价值的国际行为体能够增强彼此认同，从而使话语拥有更高层次的可信度与说服力。这表明当话语与共同价值相一致时，行为体能够获得更多、更持久的支持与维护，为自身话语获得竞争力、影响力，进而为形成相应话语权力奠定基础。

(一) 人类命运共同体

2015 年 9 月，中国国家主席习近平在第 70 届联合国大会上提出，"大道之行也，天下为公"，"和平、发展、公平、正义、民主、自由，是全人类的共同价值，也是联合国的崇高目标"，"我们要继承和弘扬联合国宪章的宗旨和原则，构建以合作共赢为核心的新型国际关系，打造人类命运共同体"。① 人类命运共同体是中国提出的重要外交理念，这一理念的提出体现了中国对全球治理与人类

---

① 中国外交部：《习近平在第七十届联合国大会一般性辩论时的讲话（全文）》，https://www.mfa.gov.cn/web/ziliao_674904/zyjh_674906/201509/t20150929_9869654.shtml，访问时间：2024 年 11 月 20 日。

文明进步的深刻洞察与责任担当。中国倡导各国在平等、互利、共赢的基础上开展合作，共同应对全球性挑战，推动全球治理体系的改革与完善。这一理念不仅符合国际社会的共同利益与期待，也为中国在国际舞台上塑造积极、正面的形象提供了重要支撑。

全人类共同价值是人类命运共同体理念内含的核心要素，它强调在国际关系中尊重各国主权、独立和领土完整，维护国际公平正义，反对霸权主义和强权政治，并为全人类共同利益做出贡献。全人类共同价值的提出，表明中国致力于推行符合全球共同利益、凝聚全人类价值共识的价值体系，这个价值体系既囊括了中国对国际关系的深刻理解，也体现了中国对人类美好未来的远大展望。

在人类命运共同体理念中，全人类共同价值主要体现在以下三方面：第一，和平与发展。中国倡导通过和平方式解决国际争端与冲突，推动各国共同发展、共同繁荣。人类命运共同体理念体现了对和平与发展的高度重视与坚定承诺，为国际社会提供了共同的美好目标与愿景。第二，公平与正义。人类命运共同体强调各国在国际事务中应享有平等权利与机会，反对霸权主义和强权政治。中国倡导建立更加公正合理的国际秩序，推动各国在国际事务中发挥更大作用。中国对公平与正义的坚定追求，有助于凝聚国际社会的共识与力量。第三，民主与自由。人类命运共同体倡导各国应当尊重彼此的主权与民主制度，推动全球治理体系的民主化与法治化。中国积极参与国际事务的决策过程，倡导各国通过平等协商、共同决策来推动全球治理体系的改革与完善。中国对民主自由的尊重与追求，有助于构建更符合全人类共同利益的全球治理体系与治理结构，推动国际关系民主化。

人类命运共同体为中国在国际舞台上提供了独特的话语框架，一方面体现了中国外交话语的"发展导向"与"多元包容"特征，超越了传统的零和博弈思维，倡导合作共赢，为中国在国际事务中赢得了更多的理解和支持。① 另一方面还为

---

① 刘昌明，杨慧：《构建人类命运共同体：从外交话语到外交话语权》，《理论学刊》2019年第4期，第6-7页。

中国的话语体系赋权，在联合国等国际组织中，中国积极推动将人类命运共同体理念写入多项决议，彰显了中国在全球治理中的引领作用。① 人类命运共同体的理念促进了中国与其他国家的交流与合作，为中国在国际事务中发挥了更大的作用提供了平台，这一理念得到了世界各国的广泛认同和支持，为中国在国际合作中赢得了更多的话语权。

(二) 三大全球倡议

三大全球倡议是对习近平总书记发表的"全球发展倡议""全球安全倡议"与"全球文明倡议"的总称，它是中国针对当今全球面临的突出问题寻求的破解之道，是中国为推动世界各国共同发展而提出的远大构想。三大倡议的提出反映了时代的呼唤和人类进步的必然要求，共同构成了促进世界和平、安全、繁荣、包容以及环境美好和文明友好的行动指南和价值遵循。

全球发展倡议旨在促进全球共同发展进步，其实施涉及广泛的国际合作，体现了中国始终将自身发展与全球发展密切联系的视角。全球发展倡议强调发展优先为全球发展的核心理念，以人民为中心为全球发展的根本原则，将普惠包容视作全球发展的价值遵循，将创新驱动作为全球发展的动力之源，并将行动导向作为全球发展的实现途径。② 全球安全倡议旨在为解决全球安全问题提供新思路和新方向，推动全球安全治理体系改革，应对日益复杂的安全挑战。全球安全倡议不仅是中国对国际社会的一种贡献，也展现了中国在全球治理中承担的责任。倡议倡导以团结精神适应国际格局，以共赢思维应对安全挑战，最终消弭国际冲突根源、完善全球安全治理，为动荡的时代注入稳定性和确定性，实现世界的持久和平与发展。③ 全球文明倡议旨在促进不同文明之间的交流互鉴和共同进步，尊重世界文明的多样性，加强国际人文交流合作，并促进各国共同应对全球性危

---

① 夏芳，戴运财：《论人类命运共同体的国际话语权建设》，《未来传播》2023 年第 30 卷第 4 期，第 64-68 页。

② 中国外交部：《全球发展倡议：加快落实 2030 年可持续发展议程，推动实现更加强劲、绿色、健康的全球发展(概念文件)》，第 1-5 页。

③ 中国外交部：《全球安全倡议概念文件 (全文)》，https://www.mfa.gov.cn/wjbxw_new/202302/t20230221_11028322.shtml，访问时间：2024 年 11 月 20 日。

机。该倡议体现了人类命运共同体的理念，意在重塑全球治理的知行体系，推动不同文明间的相互尊重和合作。①

三大全球倡议的提出，体现了中国在全球治理中的积极角色和贡献，这是中国为应对全球治理赤字而提出的中国方案，展现了中国作为负责任大国的担当，为全球治理体系改革和建设注入了正能量。② 三大全球倡议的提出，是对人类命运共同体的生动化和具体化，体现了中国话语的实践能，进一步巩固了中国的话语权力。③

三、合作机制与制度性话语权力

各类合作机制已成为当今国家间交往的重要平台，也是当今世界多边主义合作的表现形式。这些合作机制涵盖的地理范围多样，有全球性的，也有地区性的；涉及的领域多样，有发展合作，也有安全合作；合作形式多样，有少数国家参与的小多边团体，也有世界水平的大范围合作。

中国正通过一系列国际合作机制，积极展现中国观念话语权的实体化力量。作为这一进程的关键体现，下文将要探讨的"一带一路"倡议、金砖国家组织以及上海合作组织等合作机制，不仅是中国深度参与地区和全球治理的重要平台，更是中国将观念性话语权转化为制度性话语权的有效途径。通过这些机制，中国得以在合作框架内，与其他国家共同制定和遵循一系列国际规则与制度，将自身的发展理念、合作愿景等观念性内容，转化为具有约束力和影响力的制度性安排，进而实现从观念性话语权力中衍生出制度性话语权力。

（一）"一带一路"倡议与亚投行

"一带一路"倡议和亚洲基础设施投资银行作为中国在全球经济治理中提出

---

① 刘建超：《积极落实全球文明倡议 合力推动人类文明进步》，《求是》，http://www.qstheory.cn/dukan/qs/2023-04/01/c_1129477739.htm，访问时间：2024 年 11 月 20 日。

② 于江：《三大倡议与全球治理体系改革和建设》，《亚太安全与海洋研究》2024 年第 2 期，第 8-11 页。

③ 曲莹璞：《对外宣介"三大倡议"，阐释中国方案的世界贡献》，《新闻战线》2023 年第 17 期，第 5 页。

的重要举措，不仅为沿线国家带来了实质性的经济和社会发展效益，也对塑造中国的制度性话语权具有重要意义。"一带一路"倡议是中国政府于 2013 年提出的重大国际合作倡议，旨在通过政策沟通、设施联通、贸易畅通、资金融通和民心相通，促进沿线国家的经济发展和区域合作。① "一带一路"覆盖亚洲、欧洲、非洲等多个地区，涉及众多发展中国家和新兴市场国家，是一个包容性、开放性的国际合作平台。作为与"一带一路"在同一时期提出的合作机制，亚洲基础设施投资银行是由中国倡议成立的多边开发银行，旨在支持亚洲及其他地区的基础设施建设，促进区域经济合作与发展。亚投行自 2016 年正式运营以来，已成为全球重要的多边金融机构之一，为众多发展中国家提供了资金支持和技术援助。

　　"一带一路"沿线国家多为发展中国家，基础设施建设需求巨大，中国通过提供融资、技术和管理经验，帮助这些国家建设了众多基础设施项目，如公路、铁路、港口和电力设施等。在项目实施过程中，中国积极参与了建设标准、环保要求等相关国际规则的制定，确保项目符合国际标准并兼顾当地实际情况。这一过程不仅展示了中国的技术和管理能力，还增强了中国在国际规则制定中的影响力。② "一带一路"倡议致力于推动沿线国家的贸易投资便利化，通过简化通关手续、降低关税壁垒等措施，促进了区域贸易和投资的自由化便利化。中国在这一过程中积极倡导开放、包容、透明的国际贸易规则，推动沿线国家加强合作，共同应对贸易保护主义和单边主义挑战。③ 这些努力不仅促进了沿线国家的经济发展，还增强了中国在全球贸易规则制定中的话语权和影响力。除此之外，"一带一路"倡议还推动了多边机制的建设和完善，如"一带一路"国际合作高峰论坛、亚洲基础设施投资银行等。这些多边机制为沿线国家提供了政策沟通、项目对接和合作协调的平台，促进了区域合作的深化和拓展。

　　亚投行则主要通过提供贷款、股权投资等多种金融支持方式，帮助沿线国家

---

　　① 中国政府网：《习近平总书记关于共建"一带一路"重要论述综述》，https://www.gov.cn/yaowen/liebiao/202310/content_6909316.htm，访问时间：2024 年 11 月 21 日。

　　② 岳圣淞：《观念、话语与制度演化：国际制度话语权理论与中国实践》，第 163-164 页。

　　③ 张弛：《"一带一路"倡议下中国国际合作话语权的提升》，《河海大学学报(哲学社会科学版)》，2024 年第 26 卷第 1 期，第 24-25 页。

解决了基础设施建设的资金瓶颈问题。亚投行的成功运营展示了中国在全球金融治理中的实力和责任感，提升了中国在国际金融体系中的制度性话语权。[①]　在运行过程中，亚投行积极参与相关国际规则的制定和实施，通过借鉴国际先进经验并结合亚洲地区实际情况，制定了一系列符合区域特点和发展需求的国际规则，推动了国际金融体系的改革和完善。[②]

"一带一路"倡议和亚洲基础设施投资银行通过拉动沿线国家发展、提供金融支持、推动区域合作和加强国际规则制定等举措，展示了中国的国家实力、责任感和影响力，增强了中国在全球经济治理中的制度性话语权。未来，中国应继续深化与沿线国家的合作，推动"一带一路"和亚投行的高质量发展，进一步提升自身的制度性话语权和国际影响力。

(二)金砖国家组织

金砖国家组织由巴西、俄罗斯、印度、中国和南非五国于 2006 年发起，旨在加强新兴市场和发展中国家之间的经济合作与政治协调。自成立以来，金砖国家组织在推动全球治理体系改革、促进南南合作等方面发挥了重要作用。近年来，金砖国家组织经历了历史性扩员，吸纳了埃及、埃塞俄比亚、伊朗、阿联酋和沙特等国，标志着"大金砖"时代的到来。这一扩员不仅增强了金砖国家的代表性和影响力，也为金砖合作注入了新的动力和方向。

"大金砖"的扩员是金砖国家组织发展历程中的重要里程碑，具有深远的时代意义。扩员增强了金砖国家在全球经济治理中的分量，在大多数领域都超越了七国集团和欧盟，这种经济规模的扩大为金砖国家在全球经济治理中发挥更大作用提供了物质基础。[③]　扩员还提升了金砖国家在全球政治舞台上的影响力。根据《金砖国家合作：新时代多边合作的国际制度创新_ 林宏宇》一文，金砖国家扩

---

① 苏雅文，薛志华：《亚投行发展话语权的确立、困境及提升路径》，《国际经济合作》2024 年第 40 卷第 5 期，第 57-58 页。

② 薛志华：《亚投行提升中国国际话语权的国际组织法保障》，《国际法研究》2024 年第 5 期，第 57-59 页。

③ 张蛟龙：《金砖扩员与全球治理变革[J].亚太安全与海洋研究》，2024 年第 5 期，第 118-119 页。

员后，其成员国涵盖了亚洲、非洲、拉美和中东等多个地区，使得金砖国家在全球政治格局中的代表性更加广泛，这种代表性的增强有助于金砖国家在全球事务中发出更强有力的声音，推动建立更加公正合理的国际秩序。①

金砖国家组织的扩大对于强化中国的制度性话语权具有重要意义。首先，金砖国家组织是中国参与全球治理的重要机制之一，为中国提供了与其他新兴市场和发展中国家交流合作的机会。金砖国家组织在推动全球经济治理体系改革、加强南南合作等方面与中国有着共同利益和诉求，通过金砖国家组织这一平台，中国可以与其他成员国共同推动全球治理体系的改革和完善。

金砖国家组织在推动建立国际政治经济新秩序方面发挥了重要作用。金砖国家通过加强经济合作和政治协调，促进了全球经济的多元化和平衡发展，推动了全球治理体系的民主化。根据《金砖国家合作机制扩员的动因、影响与深化合作路径》一文，在经济方面，金砖国家通过成立新开发银行、应急储备安排等金融机制，为新兴市场和发展中国家提供了融资支持，有助于打破西方金融机构的垄断地位，推动全球金融体系的改革和完善。② 在政治方面，金砖国家在国际事务中坚持多边主义，反对单边主义和霸权主义，推动国际关系民主化，为全球治理体系的改革提供了动力和方向，有助于增强新兴市场和发展中国家在全球治理体系中的话语权和影响力。

金砖国家组织的发展不仅推动了金砖国家合作机制的发展和完善，也促进了中国等发展中国家在全球制度性话语权的提升。金砖国家组织的扩员为"大金砖"时代的到来奠定了坚实基础，增强了金砖国家在全球经济治理和政治舞台上的影响力。金砖国家组织为中国提供了一个重要的国际合作平台，支持中国推动全球治理体系改革，通过继续参与金砖国家合作，推动金砖国家组织的发展和完善，中国将为发出更大的南方声音做出贡献。

---

① 林宏宇：《金砖国家合作：新时代多边合作的国际制度创新》，《当代世界》2024 年第 11 期，第 18-19 页。

② 徐飞彪，王友明，翟崑，等：《"大金砖"与"全球南方"：合作、治理与变革》，《俄罗斯东欧中亚研究》2024 年第 3 期，第 14-16 页。

（三）上合组织

上海合作组织成立于 2001 年，是由中国、俄罗斯、哈萨克斯坦、吉尔吉斯斯坦、塔吉克斯坦和乌兹别克斯坦六国在上海共同发起成立的政府间国际组织。上合组织以"互信、互利、平等、协商、尊重多样文明、谋求共同发展"的"上海精神"为核心价值观，致力于在政治、经济、安全、人文等多个领域开展合作，促进地区和平、稳定与发展。自成立以来，上合组织不断发展壮大，从最初的六国安全合作机制逐渐发展成为涵盖安全、经济、人文等多个领域的综合性区域合作组织。近年来，上合组织成员国不断扩大。2017 年，印度和巴基斯坦成为上合组织正式成员国，进一步提升了组织的代表性和影响力。2023 年，伊朗和白俄罗斯相继加入，使得上合组织成为涵盖更多地理区域和文明类型的综合性国际组织。

通过在上合组织的合作，中国积极参与地区和国际事务，推动构建人类命运共同体和新型国际关系。上合组织的运行和发展有助于增强中国的制度性话语权，在上合组织框架内，中国作为重要成员国之一，参与组织规则制定和议程设置。经过二十多年的发展，上合组织已然成为中国在国际制度性权力场中追赶西方影响力的重要平台。

上合组织的合作领域从最初的安全合作逐渐拓展到经济、人文、科技等多个领域。在经济领域，上合组织成员国签署了《上合组织成员国政府间国际道路运输便利化协定》，为成员国之间的贸易往来提供了更加便利的条件。[①] 此外，上合组织还通过成立实业家委员会和银行联合体，为成员国之间的经济合作提供了平台和机制保障。在人文领域，上合组织加强教育、文化、旅游等方面的交流合作，增进成员国人民之间的相互了解和友谊。上合组织不断加强机制建设，完善组织架构和运作机制，同时还积极推动与其他国际组织和国家的交流合作，是当代国家间多边合作的典范。

上合组织的运行对中国制度性话语权的发展具有重要意义。一方面，上合组

---

① 中国政府网：《上合组织成员国共促国际道路运输便利化》，https://www.gov.cn/xinwen/2017-07/08/content_5208853.htm，访问时间：2024 年 11 月 24 日。

织为中国提供了一个参与国际规则制定和议程设置的平台。在上合组织框架内，中国积极参与组织规则的制定和修改，推动组织合作议程的设置和实施。另一方面，通过在上合组织中的合作，中国可以与其他成员国共同推动地区和国际事务的发展，有助于提升上合组织的国际地位和声望，吸引更多的国家参与进来、相互了解。

结语

中国话语权的实践从能力逐渐走向权力，这不仅是中国国际地位增强的体现，更是中国为全球治理与人类文明进步贡献智慧和力量的重要途径。中国话语权力的提升，不仅体现在对国际舆论的影响上，更体现在中国能够通过话语更加有效地传递自身立场，促进国际合作与共识。

展望未来，中国话语能力、权利和权力将是一个相互贯通、相互促进、互为支撑的有机过程。一方面，中国需要继续加强话语能力建设，提升国民的文化素养和国际视野，加强国际传播能力建设，让中国故事更加生动、更加感人。另一方面，中国还需要积极参与国际事务和全球治理，提升话语权利，增强与其他国家的相互理解和信任。在此基础上进一步推进话语权力的建构，通过构建更加完善、更加公正合理的国际秩序和规则体系，中国将为全球治理和人类文明进步贡献更多的中国智慧和力量。

在中国话语权不断上升的同时，我们也应注意到，中国话语权的发展必然引发传统话语霸权国的警惕和打压。国际话语权中本就蕴含着话语权力的差异分布，不同国家在国际话语体系中的地位和影响力存在显著差异。中国作为新兴大国，在提升话语权的过程中也领导着以更广大国家的发展利益为核心的新国际秩序向以西方为主导的旧国际秩序产生冲击。这种冲击不仅体现在对国际规则制定的参与和主导上，更体现在对国际机制运行的实际影响上。面对未来国际形势的复杂变化和挑战，中国应继续坚持和完善自身的话语体系和合作机制建设，不断提升自身的话语权和国际影响力，为建设人类命运共同体发声，为全人类的发展和进步发声。

致　谢

　　这本书的诞生是一段漫长而充满挑战与收获的旅程。在接到写作任务时，我正承担本科生和研究生的国际关系理论课程。对我来说，这本书不仅是完成一项学术任务，更是重新学习和自我提升的机会。在备课和写作的双重驱动下，我重新研读了经典与前沿的国际关系理论文献，在课堂上跟同学们分享、讨论和评判这些理论更深层次的逻辑和知识生成过程。同学们提出的看似"简单"的问题，督促着我再次阅读和反思，从中获得更多感悟。在这个寓教于学的过程中，我对西方国际关系理论知识脉络的理解更加体系化，也对中国国际关系理论建设有了新的思考。一些思考以科研成果形式体现在本书中，还有一些因自身笔力不足，尚在"痛并快乐"转化中，为自己后续研究指明了方向。

　　从思考到成书是一个复杂而艰难的过程。本书写作过程中得到了多人的鼓励和支持。感谢武汉大学沈壮海书记的信任和鼓励，为本书写作提供了充分的时间和平台。感谢耿协峰教授、王志教授及志同道合的各位同仁们，在我们对共同学术理想推动下的观点交流、碰撞乃至争论中，完善了本书。感谢所有修过我主讲的高级英语（理论篇）和国际政治理论的本硕博们，你们在课堂上的每个提问和评价都对本书做出了贡献。感谢周灏堃、陈奕蓉、刘沛尧、杨昊锴、马一文、车初兮、刘福临、吴奕瑶、杨天姿、李戈、俱星怡等同学在资料整理、内容写作和文字校对方面的协助。感谢武汉大学出版社细致认真的工作，对我一再推迟交稿的宽容。感谢并把此书献给我的夫人吴博士，以她的聪慧博学和辛勤付出，成为我事业和生活的坚强后盾。有你的付出，才有此书的顺利完成。

2025 年 4 月 25 日于珞珈山